Jürgen Meffert | Holger Klein

DNS der Weltmarktführer

McKinsey Perspektiven

Jürgen Meffert | Holger Klein

DNS der Weltmarktführer

Erfolgsformeln aus dem Mittelstand

REDLINE WIRTSCHAFT

Bibliografische Information der Deutschen Nationalbibliothek
Die Deutsche Nationalbibliothek verzeichnet diese Publikation in der Deutschen National-
bibliografie. Detaillierte bibliografische Daten sind im Internet über http://dnb.d-nb.de
abrufbar.

ISBN 978-3-636-03109-9

© 2007 by Redline Wirtschaft, Redline GmbH, Heidelberg.
Ein Unternehmen von Süddeutscher Verlag | Mediengruppe.
www.redline-wirtschaft.de

Lektorat: Michael Schickerling, Landsberg am Lech
Umschlaggestaltung: Jarzina Kommunikations-Design, Köln
Umschlagabbildung: Colin Anderson, Corbis
Satz: Jürgen Echter, Landsberg am Lech
Druck: Himmer, Augsburg
Bindearbeiten: Thomas, Augsburg
Printed in Germany

Inhalt

Die Wachstumsformel der großen Mittelständler

Sie residieren oft in eher unbekannten Orten wie Dietzenbach oder Bienenbüttel, doch ihr Feld ist die Welt. Deutschlands große Mittelständler meistern aus der Provinz die Herausforderungen der Globalisierung – und wie: Sie wachsen schneller und verdienen besser als die Unternehmen jedes anderen Größensegments der deutschen Wirtschaft.

Als unsere große Umfrage »Unternehmertum Deutschland« unter mittelständisch geprägten Großunternehmen das Grundmuster des Erfolgs dieser tüchtigen Unternehmen aufdeckte, war unsere Neugier geweckt. Was macht die Unternehmen mit Jahresumsätzen zwischen 50 Millionen und 3 Milliarden Euro so erfolgreich? Wie ist es ihnen gelungen, so kräftig zu wachsen, dass sie allein im Inland während der vergangenen fünf Jahre eine knappe Million neue Arbeitsplätze schufen?

Gemeinsam mit McKinsey-Kollegen machten wir uns auf zu einer Reise durch den deutschen Mittelstand. In einer Vielzahl von Gesprächen und strukturierten Interviews spürten wir den »Erfolgsgenen« nach, überprüften Hypothesen, diskutierten mit Gründern, Erben und Managern. Reihenweise fielen dabei Vorurteile. So muss es selbst im Hochlohnland Deutschland nicht immer Hightech sein – Erfolgsgeschichten werden auch auf dem Bau geschrieben oder im Handel mit Gartenerde. Oder: Die mythische Figur des Unternehmers ist kein Garant für den Erfolg – inhabergeführte Mittelständler schneiden im Schnitt nicht besser ab als Unternehmen, die von angestellten Managern gesteuert werden.

Andere Thesen bestätigten sich: Flache Hierarchien, schnelle Entscheidungen, unprätentiöses Auftreten – die Erfolgsunternehmen meiden die Meetingkultur großer Konzerne, das Management ist durchweg nah am Kunden und kann auch mit dem Facharbeiter in der Fertigung ohne Dolmetscher kommunizieren.

Was ist nun das Erfolgsgeheimnis der großen Mittelständler? Sie vereinen das Beste aus zwei Welten: Trotz stattlicher Unternehmensgröße haben sie sich die schlanken Strukturen erhalten, agieren eher als Schnellboot denn als Tanker. Die ärgsten Härtetests haben diese Unternehmen mit dem Passieren der Umsatzmarke von 50 Millionen Euro hinter sich: Sie sind groß genug, um sich die nötigen Finanzierungsquellen zu erschließen und professionelle Managementmethoden zu erarbeiten. Doch die Hybris vieler Großer – Motto: »Wir können alles« – ist ihnen fremd. Sie konzentrieren sich auf ihr Kerngeschäft statt zu diversifizieren und halten so die Komplexität im Griff.

Nachdem die Erfolgsfaktoren großer Mittelständler auf Basis der Mittelstandsumfrage herausgearbeitet worden waren, wollten wir wissen, wie es die Besten denn nun genau machen: Wie engagiert sich der Werkzeugmaschinenhersteller Trumpf für Innovation, was unternimmt Hella in Sachen Strategie, wie geht Seidensticker mit dem Thema Outsourcing um? Längst nicht alle Vorbilder tragen bekannte Namen, Exzellenz fanden wir ebenso bei Unternehmen, die der breiten Öffentlichkeit unbekannt sind: Auch von Hasenkamp, Bürkert und Omicron, um nur drei Beispiele zu nennen, lässt sich viel lernen.

In diesem Buch schildern wir Beispiele für Best Practice und stellen moderne Managementansätze vor – Anregungen für den Praktiker. Zielgruppe sind Manager und Unternehmer in Firmen aller Größenklassen: Die Relevanz für das Management im großen Mittelstand liegt auf der Hand. Manager in der Größenklasse darunter stehen vor ähnlichen Herausforderungen. Sie werden vergleichen, für welche Lösungen und Methoden ihre Ressourcen reichen. Und für Manager in Konzernen ist es wertvoll zu erfahren, was die Entrepreneure in dem erfolgreichen Segment der großen Mittelständler anders machen. Sie werden reflektieren, welche Ansätze sich übertragen lassen.

Checklisten erlauben dem Leser, den eigenen Standort zu bestimmen. Fallbeispiele und Methoden geben ihm eine Idee, wo er ansetzen muss, um erkannte Defizite zu beheben. Tenor: Wachstum ist möglich, Sie haben es selbst in der Hand!

Eine anregende Lektüre wünschen Ihnen

Jürgen Meffert und Holger Klein

1 Die DNS des Erfolgs

Die Manager haben es in der Hand: Auch am Standort Deutschland können Unternehmen stetig und profitabel wachsen. Das beweisen viele große Mittelständler. Fünf Faktoren bringen den Erfolg: Die richtige, konsequent verfolgte Strategie, stetige Konzentration auf Innovationen, frühzeitige Internationalisierung, ständige Optimierung der Wertschöpfung und professionelle Führung. Was sich von den Besten lernen lässt.

Politiker interessieren sich dafür, Arbeitnehmer wollen es wissen und Unternehmer denken schon von Berufs wegen darüber nach: Wo kommt das Wachstum her? Wer bringt die deutsche Volkswirtschaft voran?

Denn ohne Wachstum geht es nicht. Rund 2 Prozent beträgt der jährliche Produktionsfortschritt der deutschen Wirtschaft. Das bedeutet: Den gleichen Output wie im Vorjahr schafft die Volkswirtschaft mit 2 Prozent weniger Produktionsmitteln – und das geht fast immer zu Lasten der Arbeitnehmer. Soll sich an der Arbeitsmarktsituation in Deutschland etwas ändern, muss Wachstum her – je kräftiger, desto besser.

Der öffentliche Sektor, da sind sich inzwischen alle einig, liefert das Wachstum nicht. Zwar gilt hier per Definition: Kosten gleich Umsatz, da lässt sich Wachstum leicht erzielen. Weil aber Mehrausgaben finanziert werden müssen, führt dies zu mehr Schulden für den Staat. Langfristig ist dies nicht wünschenswert.

Gern und oft werden die Wachstumsparameter unserer Großkonzerne untersucht, ebenso häufig kümmern sich Politik und Wissenschaft um den klassischen deutschen Mittelstand, die kleinen und mittleren Unternehmen (»KMU«). Tatsache ist: Die dazwischen sind es – mittelständisch strukturierte Großunternehmen mit Umsätzen zwischen 50 Millionen und 3 Milliarden Euro sind der Wachstumsmotor der deutschen Wirtschaft. Wendig und eng am Kunden wie die Kleinen, international aktiv und professionell geführt wie die Großen verbinden viele dieser Unternehmen das Beste beider Welten. Wenn dann noch ein tüchtiger Schuss deutschen Innovationsgeistes hinzukommt, sind sie auf den globalen Märkten kaum zu schlagen. Mittelständische Weltmarktführer wie Stihl, Kärcher und Vaillant sind durch ihre Produkte den meisten Menschen bekannt, aber auch unbekannte Unternehmen wie Bürkle (Plastiklaminierpressen), Kässbohrer (Pistenbullys) oder Becker Marine Systems (Schiffsruderanlagen) sind auf ihren Feldern global die Nummer 1.

Die großen Mittelständler bilden das erfolgreichste Segment der deutschen Wirtschaft

Doch gerade die Gruppe dieser großen Mittelständler – insgesamt gut 5.000 – wurde bislang kaum systematisch untersucht. Dieses Buch beschreibt die Erfolgsfaktoren in diesem Segment der deutschen Wirtschaft: Basis der Analyse bildet die bisher größte und umfangreichste Umfrage unter diesen Unternehmen, an der bis 2005 rund 700 von ihnen teilgenommen haben. 2006 folgten dann fast 100 Tiefeninterviews und Unternehmergespräche, um das Erfolgsrezept der Mittelständler genauer zu verstehen. Parallel untersuchte McKinsey den Zugang dieser Unternehmen zu den Auslandsmärkten. Überdies profitiert dieses Buch von den Erkenntnissen dreier weiterer McKinsey-Untersuchungen: der Studie ProNet, die sich 2006 mit der Optimierung der Wertschöpfungskette befasste, dem InnovationCompass, der den effizientesten Weg von der Idee zum neuen Produkt beschreibt, sowie dem BrandMatics genannten Konzept für Markenmanagement, das die Markenführung analysiert.

Die Umfrageteilnehmer repräsentieren das erfolgreichste Segment der deutschen Wirtschaft: Sie bringen es im Zeitraum von

1998 bis 2003 im Schnitt auf eine jährliche Wachstumsrate von 4,6 Prozent und verdienen dabei auch noch kräftig. Die durchschnittliche Umsatzrendite liegt bei 5,0 Prozent. Zum Vergleich: Die Top 150 der Konzerne wachsen im gleichen Zeitraum im Mittel mit einer Rate von 3,7 Prozent und erwirtschaften dabei eine Umsatzrendite von 3,8 Prozent. Die knapp zwei Millionen Unternehmer mit einem Jahresumsatz unter 50 Millionen Euro verlieren im Schnitt sogar 0,9 Prozent Umsatz pro Jahr, ihre durchschnittliche Rendite liegt bei 3,0 Prozent (Abbildung 1).

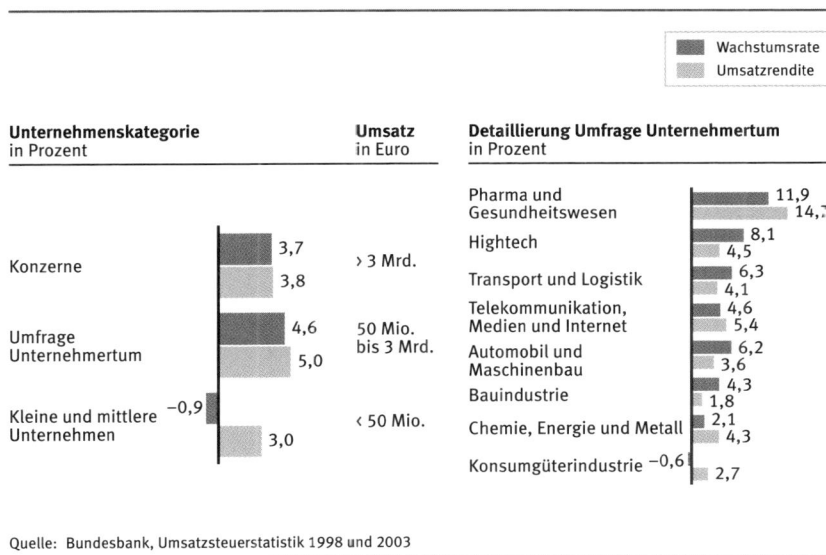

Quelle: Bundesbank, Umsatzsteuerstatistik 1998 und 2003

Abbildung 1: Wachstumsrate und Umsatzrendite Unternehmertum vs. Vergleichssegmente

Natürlich sind nicht alle großen Mittelständler automatisch gleich gut, sprich wachstums- und ertragsstark. Die Durchschnittswerte von Rendite und Wachstum variieren je nach Branche: Ganz vorn liegen die Mittelständler in Pharma und Gesundheitswesen, die im Schnitt mit einer Jahresrate von 11,9 Prozent wachsen und dabei stolze 14,7 Prozent Umsatzrendite erwirtschaften. Im Mittelfeld liegen Automobil- und Maschinenbau mit einem Durchschnittswachstum von 6,2

Prozent und einer mittleren Umsatzrendite von 3,6 Prozent. Ganz unten rangieren die Konsumgüterhersteller, die im Schnitt 0,6 Prozent Umsatz pro Jahr verlieren, ihre Rendite liegt bei 2,7 Prozent.

Vorbild Mittelstand

Die stattlichen Wachstumsraten und auskömmlichen Renditen erzielten die großen Mittelständler ganz unbeeindruckt von den deutschen Wirtschaftsproblemen. Seit vielen Jahren wächst das Sozialprodukt nicht nur schwächer als das der Aufsteigerstaaten in Fernost, sondern ist auch niedriger als das der USA, Großbritanniens und sogar Frankreichs (Abbildung 2).

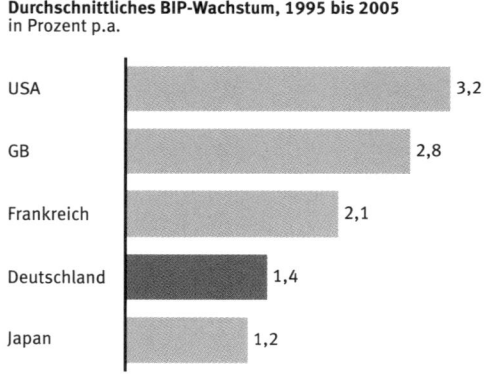

Durchschnittliches BIP-Wachstum, 1995 bis 2005
in Prozent p.a.

USA	3,2
GB	2,8
Frankreich	2,1
Deutschland	1,4
Japan	1,2

Quelle: OECD, Global Insight, Hoppenstedt Unternehmensdatenbank, Statistisches Bundesamt

Abbildung 2: Deutschlands BIP-Wachstum fällt im Vergleich zurück

Jahrelang hat Deutschland über seine Verhältnisse gelebt. Spitze sind nur die Arbeitskosten, unerreicht kurz die Arbeitszeiten, unterdurchschnittlich die Arbeitsproduktivität – »Made in Germany« ist in der Defensive. Die deutsche Arbeitsproduktivität (gemessen in Bruttoinlandsprodukt pro Arbeitnehmer) um 34 Prozent unter der in den USA; auch Japan, Frankreich und Großbritannien schaffen pro Kopf deutlich mehr als die Deutschen (Abbildung 3).

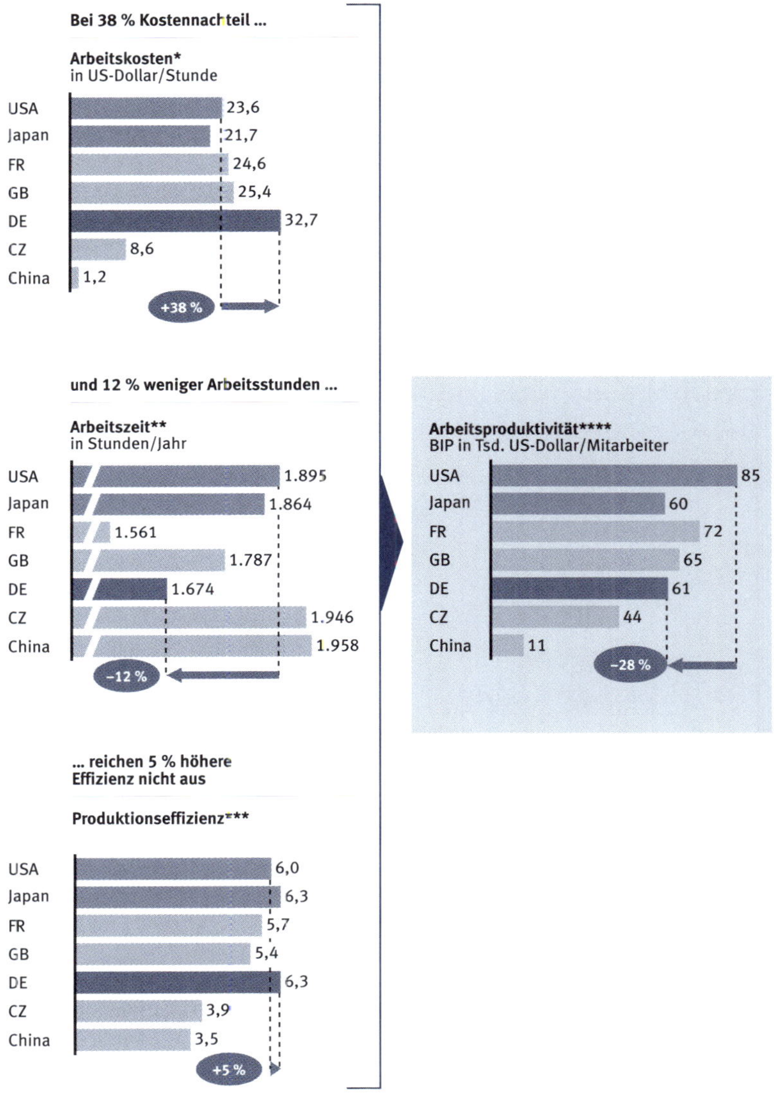

Bei 38 % Kostennachteil ...

Arbeitskosten*
in US-Dollar/Stunde

USA	23,6
Japan	21,7
FR	24,6
GB	25,4
DE	32,7
CZ	8,6
China	1,2

+38 %

und 12 % weniger Arbeitsstunden ...

Arbeitszeit**
in Stunden/Jahr

USA	1.895
Japan	1.864
FR	1.561
GB	1.787
DE	1.674
CZ	1.946
China	1.958

−12 %

Arbeitsproduktivität****
BIP in Tsd. US-Dollar/Mitarbeiter

USA	85
Japan	60
FR	72
GB	65
DE	61
CZ	44
China	11

−28 %

**... reichen 5 % höhere
Effizienz nicht aus**

Produktionseffizienz***

USA	6,0
Japan	6,3
FR	5,7
GB	5,4
DE	6,3
CZ	3,9
China	3,5

+5 %

* EIU Viewswire, Sept. 2006
** IMD World Competitiveness Yearbook, 2006
*** The Global Competitiveness Report, 2004/2005, World Economic Forum, Genf, Schweiz, 2004
**** Angaben zu Kaufkraftparitäten, IMD World Competitiveness Yearbook, 2006

Abbildung 3: Deutschland 2005 – hohe Kosten, kurze Arbeitszeit, niedrige Arbeitsproduktivität

1   Die DNS des Erfolgs

Die Globalisierung der Wirtschaft verschärft die hausgemachten Probleme. Drastisch gesunkene Transaktionskosten erlauben es, egal für welche Märkte an jedem beliebigen Ort rund um den Globus zu produzieren. 1,3 Milliarden arbeitshungrige Chinesen übernehmen fast jeden Job, eine Milliarde Inder, viele mit Spitzenausbildung, arbeiten für ein Zehntel deutscher Lohnkosten. Prompt verliert Deutschland Weltmarktanteile in vielen wichtigen Branchen. Zwischen 1995 und 2005 konnte nur die Autoindustrie ihren Anteil steigern, die Chemie verliert fast 13 Prozent, der Maschinenbau knapp 11 Prozent und die Elektrobranche sogar ein glattes Drittel des Weltmarktanteils (Abbildung 4). Im Zeichen der Globalisierung werden Fehler und Schwächen von Unternehmen sehr viel härter und schneller bestraft als früher – die Unternehmen verschwinden vom Markt. Fast 4 Millionen Arbeitslose sind der Beleg dafür, dass allzu viele deutsche Firmenchefs die Herausforderung deutlich unterschätzt haben.

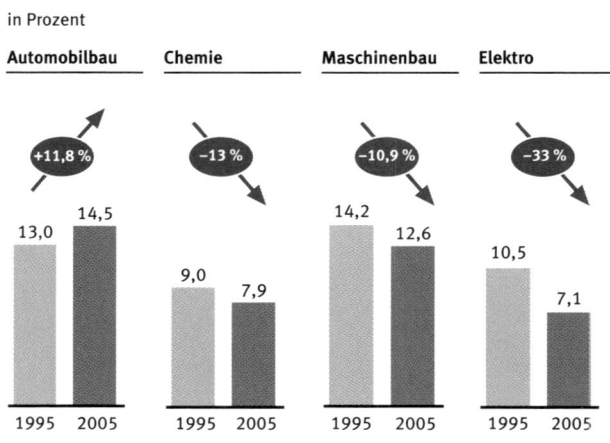

Quelle: OECD, Global Insight, Hoppenstedt Unternehmensdatenbank, Statistisches Bundesamt

Abbildung 4: Entwicklung Weltmarktanteile 1995 bis 2005 (Anteil des Bruttoproduktionswerts in Deutschland am Bruttoproduktionswert weltweit)

Zu beobachten ist eine wachsende Polarisierung in der deutschen Wirtschaft. Auf der einen Seite stehen die Verlierer – und finden sich schlimmstenfalls in der Insolvenzstatistik wieder. Auf der anderen Seite stehen wachstumsstarke, profitable Unternehmen, die auch in Branchen, die insgesamt wenig Dynamik zeigen, prosperieren. So stagniert beispielsweise bei vielen Konsumgüterherstellern der Umsatz, aber die fünf besten deutschen Unternehmen in diesem Segment wachsen mit einer durchschnittlichen Jahresrate von fast 15 Prozent. Das gleiche Bild im Maschinenbau, bei Autozulieferern und Pharmaherstellern: Die deutschen Topunternehmen dieser Branchen wachsen mit zweistelligen Raten.

Dies führt direkt zum Kerngedanken dieses Buchs. Es will die Frage beantworten, mit welchen Erfolgsfaktoren die Spitzenreiter ihren Kurs halten, was andere von ihnen lernen können – es will die DNS des Erfolgs entschlüsseln. Die prosperierenden Unternehmen beweisen, dass nicht der Standort mit seinen Hypotheken über Erfolg oder Misserfolg entscheidet, sondern die Fähigkeit der Manager, unter den gegebenen Bedingungen die richtige Strategie für ihr Unternehmen zu finden und umzusetzen.

Ein Negativbeispiel lieferte der Fall Grundig. Nur neun Jahre nachdem Wirtschaftswunder-Kapitän Max Grundig sein Unternehmen an Philips verkauft hatte, geriet Europas zweitgrößter Fernseherproduzent in Bedrängnis. 1993 fielen zum ersten Mal die Großhandelspreise für Farbfernseher unter die Kosten, die bei Grundig je produzierte Einheit anfielen. Es dauerte Jahre, bis das Unternehmen mit einem wirksamen Kostensenkungsprogramm reagierte. Erst ab 1996 sanken die Stückkosten bei Grundig – aber die Preise fielen im selben Tempo, die Erlöslücke klaffte weiter. Das Ende ist bekannt: Insolvenz 2001, das Vorzeigeunternehmen der Aufbaujahre wurde zerschlagen.

Grundigs Weg in die Insolvenz wäre abwendbar gewesen

Aus öffentlichen Quellen lässt sich rekonstruieren, wie teuer das Zögern des Managements bei Grundig wurde und schließlich zum vermeidbaren Ende führte. Aus der Handelsbilanz, aus Veröffentlichungen des Unternehmens, aus Tariflöhnen und Komponentenpreisen kann man auf die Stückkosten der Grundig-Produktion für jedes einzelne Jahr zurückrechnen. Weil die Unternehmensführung einerseits die Chance verpasste, über Innovationen und das Erkennen von Kundenwünschen Produkte zu entwickeln, die am Markt Spitzenpreise erzielen, und sich andererseits auf das Ziel versteifte, die Arbeitsplätze im Lande zu halten, gingen am Ende fast alle Jobs verloren (Abbildung 5).

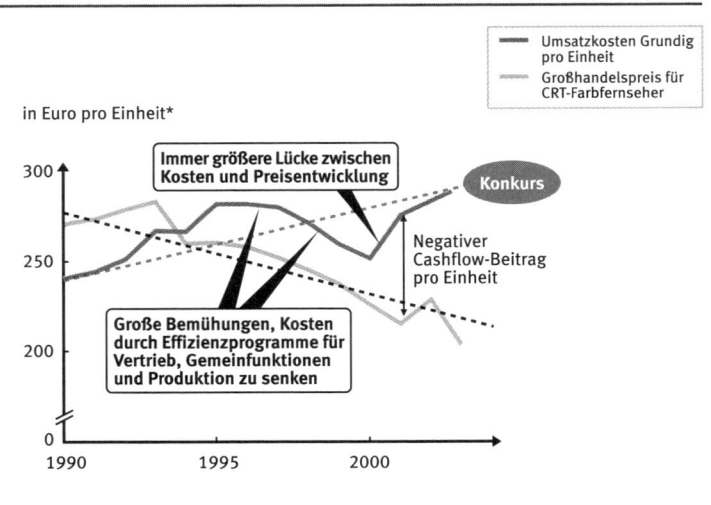

Abbildung 5: Grundig konnte die strukturelle Wettbewerbslücke nicht schließen

Wenn Grundig 1993, als die Probleme zum ersten Mal akut wurden, begonnen hätte, konsequent die Standortvorteile Osteuropas zu nutzen, hätten die kumulierten Cash-Abflüsse weniger als

10 Millionen Euro betragen, bis die Neustrukturierung gegriffen hätte – kein Problem bei Kreditlinien von rund 450 Millionen Euro. 1994 hätte die Restrukturierung schon gut 80 Millionen Euro gekostet, bei den bestehenden Kreditlinien auch noch finanzierbar. 1995 hätte Grundig schon fast 400 Millionen Euro für den Turnaround einsetzen müssen. Zu diesem Zeitpunkt hatten die aufgelaufenen Verluste bereits das Eigenkapital angegriffen, die Kreditlinien hätten aber noch gereicht. 1996 überstieg der Kreditbedarf schon die Bonität: Die Kreditinstitute mochten bei Grundig nur noch etwa 360 Millionen Euro ins Risiko stellen, benötigt hätte das Unternehmen aber 450 Millionen. Von nun an klaffte die Schere in jedem Jahr weiter auseinander, das Unternehmen war verloren und schlitterte in den Untergang.

Die Manager haben es in der Hand. Sie können Richtung Abgrund steuern oder das Schicksal wenden – auch in Branchen, denen allgemein wegen ihres geringen Hightech-Anteils wenig Chancen am Standort Deutschland gegeben werden. Das belegt der Turnaround von Schmitz Cargobull, einem münsterländischen Hersteller von Lkw-Aufliegern: Die Verluste wuchsen, das Unternehmen schien am Ende. Ein lohnintensives Gewerbe wie der Bau von Lastwagenanhängern und -aufliegern mit wenig Hightech-Anteil – im Deutschland der neunziger Jahre versprach dies wenig Zukunft.

Die Konzentration auf nur zwei Fahrzeugvarianten, dazu eine intelligente Arbeitsteilung in der Fertigung zwischen dem deutschen Zentralwerk, das die Komponenten für die Auflieger baut, und den Satellitenwerken in den Abnehmerländern, die die Komponenten zusammensetzen, plus konsequente Innovation haben die Wende gebracht. Heute ist Schmitz Cargobull hoch profitabler europäischer Marktführer für Lkw-Auflieger, hat seit 1996 seinen Umsatz verdreifacht und widerlegt mit seinem Erfolg der Deutschen liebstes Vorurteil vom niederdrückenden Standortnachteil, der nur durch radikale Verlagerung von Arbeitsplätzen ins Ausland wettzumachen sei: Schmitz Cargobull hat zwar in seinen fremdländischen Märkten Kapazitäten und Arbeitsplätze aufgebaut, gleichzeitig aber die Zahl der Jobs in Deutschland in fünf Jahren um knapp 30 Prozent aufgestockt.

Was ist das Erfolgsgeheimnis der mittelständischen Weltmarktführer?

Was machen die erfolgreichen großen Mittelständler anders als die Verlierer? Um diese Frage zu beantworten, hat McKinsey die Initiative »Unternehmertum Deutschland« gegründet. Gemeinsam mit dem Lehrstuhl für Mittelstand, Existenzgründung und Entrepreneurship der Universität Bremen sowie dem Lehrstuhl für Unternehmensentwicklung und Electronic Media Management der Wissenschaftlichen Hochschule für Unternehmensführung (WHU) in Koblenz hat die Initiative analysiert, welche Faktoren den Erfolg dieser Unternehmen bestimmen, was die Besten anders machen als die Nachzügler.

Die rund 5.000 mittelständisch geprägten Großunternehmen mit Umsätzen zwischen 50 Millionen und 3 Milliarden Euro erarbeiten zusammen rund ein Viertel der deutschen Bruttowertschöpfung. Einige dieser Unternehmen hatte schon Mitte der neunziger Jahre Professor Hermann Simon untersucht und ihren Weg zum Erfolg in dem Buch »Die heimlichen Gewinner – die Erfolgsstrategie unbekannter Marktführer« aufgezeichnet. Auf seine Umfrage hatten 122 Unternehmen geantwortet. Simon ergänzte die Daten durch Interviews und öffentlich zugängliche Fakten.

Die Mittelstandsinitiative »Unternehmertum Deutschland« hat die Analyse auf eine wissenschaftlich breitere Basis gestellt und dazu deutlich mehr Unternehmen intensiv befragt. Die Gruppe der Teilnehmer war so bunt wie die Wirtschaft selbst: Das Spektrum reichte vom Entwickler von Hochleistungsmikroskopen, der mit rund 180 Mitarbeitern 50 Millionen Euro Umsatz erzielt und alle führenden Forschungsinstitute weltweit beliefert, bis hin zum Pharma- und Chemieunternehmen mit 10.000 Mitarbeitern und fast 3 Milliarden Euro Umsatz. Ihre Heimat haben die meisten großen Mittelständler in der Provinz – zwei Drittel residieren weit abseits der Metropolen.

Rund 700 große Mittelstandsunternehmen (rund 14 Prozent aller Firmen in dem Segment) beantworteten die 120 Fragen des Fragebogens, zusätzlich wurden Informationen aus Unternehmensdatenbanken und Geschäftsberichten in die Auswertung einbezogen. Es ergab sich eine Matrix aus 700 mal 713 Datenpunkten, die einen tiefenscharfen Einblick in die Erfolgsstrategien der Unternehmen erlaubte (Abbildung 6).

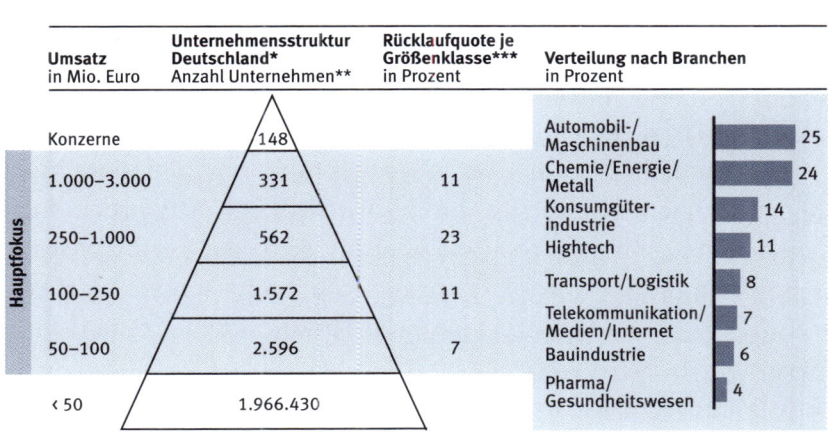

Umsatz in Mio. Euro	Unternehmensstruktur Deutschland* Anzahl Unternehmen**	Rücklaufquote je Größenklasse*** in Prozent	Verteilung nach Branchen in Prozent	
Konzerne	148		Automobil-/ Maschinenbau	25
1.000–3.000	331	11	Chemie/Energie/ Metall	24
250–1.000	562	23	Konsumgüter- industrie	14
			Hightech	11
100–250	1.572	11	Transport/Logistik	8
50–100	2.596	7	Telekommunikation/ Medien/Internet	7
			Bauindustrie	6
‹ 50	1.966.430		Pharma/ Gesundheitswesen	4

Hauptfokus

* Ohne Land- und Forstwirtschaft, Fischerei und Fischzucht, Handel, Finanzdienstleistungen
** Umsatzsteuerstatistik 2002, Amadeus-Datenbank
*** Ohne Unternehmen mit fehlenden Umsatzangaben

Abbildung 6: Rund 700 Unternehmen haben an der Umfrage teilgenommen

Hatten überproportional viele erfolgreiche Unternehmen auf die Fragen geantwortet, weil manch schlecht verdienendes Unternehmen sich mit seinen Daten weder vor den Fragestellern noch vor sich selbst bloßstellen mochte? Um herauszufinden, ob dieser

Verdacht zutraf, verglich das Team die Daten zu Gewinn- und Umsatzentwicklung der Studienteilnehmer mit den entsprechenden Angaben aus der Umsatzsteuerstatistik. Das Resultat: Die Verteilung in der Studie entsprach weitgehend der in der Fünftausender-Gruppe – die Stichprobe kann also als repräsentativ gelten.

Warum Umsatzwachstum und Umsatzrendite über Zeit den richtigen Maßstab für Erfolg bilden

Als Erfolgsmaß der Studie dienten Umsatzwachstum und Umsatzrendite. Die Daten wurden über zehn Jahre erfasst – Blender und Zufallstreffer ließen sich so verlässlich aussortieren. Zusätzlich wollte das Team noch eine Kennziffer zur Kapitalrendite berechnen. Doch die Fragen zur Rendite auf das eingesetzte Kapital wurden von den teilnehmenden Mittelständlern nur lückenhaft beantwortet – eine Erfahrung, die vorher schon andere Mittelstandsforscher gemacht hatten. Etwa die Hälfte der Unternehmen steht mehrheitlich in Familienbesitz und gibt nur verhalten detaillierte Finanzkennzahlen an die Öffentlichkeit weiter. Ein weiterer Teil der Unternehmen agiert in hart umkämpften Märkten mit engen Margen und möchte ebenso eine Veröffentlichung detaillierter Kennzahlen vermeiden. Bereitwilliger gaben die Unternehmen hingegen Auskunft über ihr Umsatzwachstum und ihre Umsatzrendite. Etwa 80 Prozent haben alle Fragen hierzu beantwortet.

Beide Größen bestimmen, wenn auch indirekt, in erheblichem Maße Kapitalrendite und Unternehmenswert. Die Korrelation zwischen Umsatzrendite und Profitabilität über Zeit sowie Kapitalrendite und Unternehmenswert ist hoch. Deshalb verwenden wir diese Größen zur Messung des Unternehmenserfolgs. In Teilbereichen, wie etwa beim Thema Innovation, waren die Teilnehmer auskunftsfreudiger. Hier berücksichtigt die Studie auch Kapitalrenditen. Die Ergebnisse passten zum großen Bild aus den Kennzahlen zu Umsatzwachstum und Rendite, was das Vertrauen des Studienteams zu den gewählten Parametern weiter erhöhte.

Wachstum ist nicht Kür, sondern Pflicht

Das Umsatzwachstum entwickelte sich bei der Auswertung zur zentralen Größe. Die Studie belegt einen eindeutigen Zusammenhang zwischen Wachstum und Rendite: Die höchsten Renditen, im Schnitt 9,0 Prozent, verzeichneten die Unternehmen, deren Umsatz über einen Zehnjahreszeitraum mit Jahresraten zwischen 9,0 und 12,0 Prozent gewachsen war. Je niedriger das Wachstum, desto niedriger fielen über die zehn Jahre die Renditen aus. Unternehmen mit Nullwachstum brachten es im Schnitt auf 1,4 Prozent Rendite. Erst jenseits der 12,0 Prozent Wachstumsrate kippte der Trend: Wo die Umsätze über Jahre explodieren, leidet offensichtlich oft die Wirtschaftlichkeit, die durchschnittliche Rendite sackt auf 5,9 Prozent (Abbildung 7).

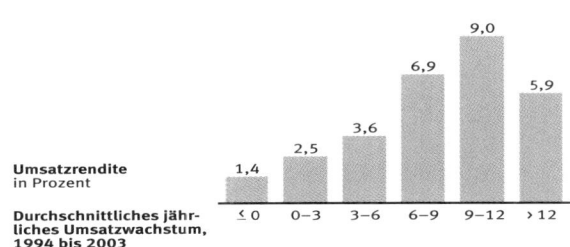

Abbildung 7: Unternehmen, die stärker wachsen, erzielen auch eine höhere Umsatzrendite

Die Notwendigkeit von Wachstum wird auch durch eine langfristige McKinsey-Studie amerikanischer Topunternehmen bestätigt.[1] Von den 500 größten Unternehmen im Standard & Poor's Index von 1957 finden sich 1997 nur noch 74 wieder. Die Autoren

1 Vgl. Richard Foster und Sarah Kaplan. *Schöpfen und Zerstören*. Frankfurt: Redline Wirtschaft, 2002.

Richard Foster und Sarah Kaplan beweisen, dass Unternehmen mit ihren Märkten wachsen und sich deren Veränderungen anpassen oder diese prägen müssen, um zu überleben. Zu oft aber sind sie in ihren Marktnischen und bestehenden Kundenbeziehungen gefangen. Der Schlüssel zum Erfolg ist die fortwährende Suche nach neuen Geschäften und der permanente, kreative Neuaufbau des Unternehmens. Bei Inflationsraten zwischen 1,5 und 2,0 Prozent bedeutet Nullwachstum sogar einen realen Umsatzverlust. Und bei jährlichen Produktivitätsfortschritten von ebenfalls 1,5 bis 2,0 Prozent bedeutet Nullwachstum jedes Jahr realen Beschäftigungsabbau. Damit ist klar: Starkes Wachstum ist für ein Unternehmen keine Option, sondern ein Muss.

Nachhaltigen Erfolg, das lehren diese Zahlen, erreichen Unternehmensführer nur über stetiges profitables Wachstum. Doch gerade der stetige Erfolg wird im Zeichen der Globalisierung immer schwieriger. Der scharfe Wettbewerb lässt wenig Spielraum zum Zaudern. Falsche Entscheidungen bestraft der Markt unbarmherzig.

Von den besten Mittelständlern lernen

Um das Erfolgsrezept der großen Mittelständler zu ergründen, untersucht die Studie »Unternehmertum Deutschland«, was die Spitzenreiter jeder Branche, die jeweils erfolgreichsten 40 Prozent, anders machen als der Rest. Jede betrachtete Gruppe – sortiert nach gemeinsamer Strategie, übereinstimmender Branche oder Größe – wird im Geiste in drei Gruppen unterteilt: die besten 40 Prozent, die mittleren 40 Prozent und die 20 Prozent Nachzügler (Abbildung 8).

Das Studienteam weicht bewusst von der in der Wissenschaft gängigen Unterteilung in gleich große Quartile ab. Der Grund: Die 40 Prozent Erfolgreichen bringen die für wissenschaftliche Signifikanz erforderliche Fallzahl auch bei Tiefenbetrachtungen in schmalen Segmenten oder Branchen.

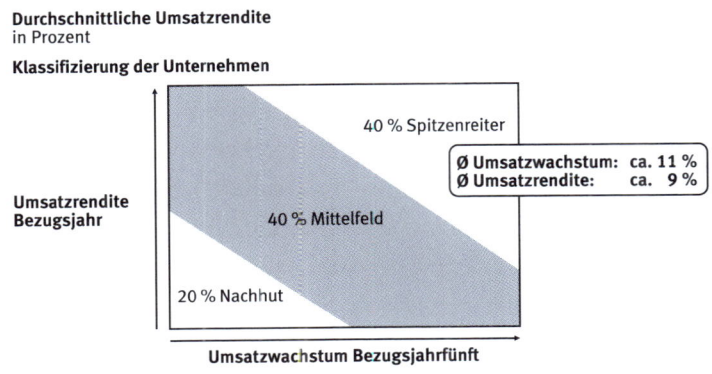

Durchschnittliche Umsatzrendite
in Prozent

Klassifizierung der Unternehmen

40 % Spitzenreiter

Ø Umsatzwachstum: ca. 11 %
Ø Umsatzrendite: ca. 9 %

Umsatzrendite Bezugsjahr

40 % Mittelfeld

20 % Nachhut

Umsatzwachstum Bezugsjahrfünft

Abbildung 8: Erfolgsfaktoren Umsatzwachstum und Profitabilität

Die Gruppe der erfolgreichsten 40 Prozent bietet ein eindrucksvolles Bild: Der Umsatz der Topunternehmen wächst im Durchschnitt mit einer Jahresrate von 10,9 Prozent, im Schnitt erzielen die Unternehmen eine Rendite von 8,9 Prozent – und das im Mittel über die vergangenen zehn Jahre. Wie gelingt es diesen mittelständischen Spitzenunternehmen, so viel stärker als ihre Wettbewerber zu wachsen? Was machen sie besser? Und vor welchen Barrieren für Wachstum und Ertrag bleiben die weniger Erfolgreichen stehen? Von den Antworten auf diese Fragen können alle Manager profitieren, egal wie groß oder klein ihr Unternehmen ist.

Fünf Faktoren: die DNS des Erfolgs

Fünf Faktoren, die über Erfolg und Misserfolg von Unternehmen entscheiden, hat die Studie isoliert – die DNS des Erfolgs:

• **Strategie:** Die Strategie leitet die Handlungen – ohne Strategie fehlt die ordnende Hand. Dabei gibt es nicht beliebig viele Optionen. Grundlegende strategische Typen sind spätestens seit dem Erfolg des Managementdenkers Michael Porter akzeptiert.

Und die Ergebnisse der Studie bestätigen diese: Die Daten zeigen ein klares Muster von Strategietypen im Mittelstand. Eine Clusteranalyse der Datensätze der rund 700 befragten Mittelständler identifiziert vier prototypische Ansätze für Wachstumsstrategien entlang den Dimensionen *Volumen* und *Innovation*: Wer den Fokus auf Volumen setzt, muss eine Strategie als *Kostenführer* wählen. Wer primär auf Innovation setzt, positioniert sich als *Innovationschampion*. Gerade kleinere Unternehmen können in der Nische, bei niedrigem Volumen und geringer Innovationstätigkeit, als *Spezialisierer* ertragreich am Markt agieren. Dazu müssen sie sich ganz auf die Bedürfnisse einer eng umrissenen Zielgruppe einstellen. Und wer in beiden Dimensionen stark sein will, braucht das umfassendste Set an Fähigkeiten. Dann kann er sich zur Gruppe der *Kompetenzführer* zählen. Wichtig: Erfolgreiche Unternehmen entscheiden sich explizit für eine dieser Strategien.

- **Innovation:** Die Untersuchung belegt eindeutig, dass Innovation zu den bedeutendsten Faktoren zählt, wenn ein Unternehmen profitabel wachsen will. Erfolgreiche Unternehmen investieren mehr in Forschung und Entwicklung als ihre Wettbewerber und setzen innovative Ideen konsequenter in neue Produkte und Prozesse um.

- **Internationalisierung der Absatzmärkte:** Eine frühzeitige Erschließung neuer Märkte treibt das Wachstum an – im Binnenmarkt stagniert bekanntlich die Nachfrage in den meisten Branchen. Dabei verstehen sich die besten Unternehmen aber nicht als reine Exporteure, sondern setzen auf Präsenz vor Ort und ergänzen ihr Management um die Kompetenz lokaler Kräfte.

- **Kostenoptimierte Wertschöpfung:** Nach Kosten- und Produktivitätsgesichtspunkten bauen erfolgreiche Unternehmen ein Netz von Standorten im In- und Ausland auf und lagern Prozesse, die nicht ihre Kernkompetenzen berühren, an externe Anbieter aus.

Ihre Wertschöpfung folgt stets dem Absatzmarkt, konsequent bauen sie in ihren Exportmärkten Präsenz auf, vom Verkauf über die Produktion bis zur Entwicklung.

- **Professionelle Führung:** Erfolgreiche Unternehmen verbinden das Beste aus zwei Welten: Sie erhalten die kurzen Entscheidungswege des Mittelstands und investieren in professionelle Führung wie die besten Großunternehmen. Im Mittelpunkt stehen dabei strategische Planung, Finanz- und Risikomanagement. Variable Vergütung und Weiterbildung sind dabei zentrale Elemente.

Strategie, Innovation, Internationalisierung, optimierte Wertschöpfung, professionelle Führung – insgesamt eine beeindruckende Liste von Anforderungen. Die gute Nachricht: Unternehmensführer müssen nicht in allen Disziplinen Spitzenleistung bringen, um erfolgreich zu sein. Abhängig vom Strategieansatz, den sie für ihr Unternehmen wählen, ergibt sich das spezifische Set von Anforderungen.

Es gilt, von einigen Vorurteilen Abschied zu nehmen

Die Studienergebnisse korrigieren manch lieb gewordenes Vorurteil. So sind beispielsweise eigentümergeführte Unternehmen im Schnitt keinesfalls erfolgreicher als solche, die von angestellten Managern gelenkt werden. Sie sind auch nicht risikobereiter, weder was die Finanzen noch was die Eroberung neuer Märkte oder die Einführung neuer Techniken angeht. Auch die Rechtsform spielt für den Erfolg keine Rolle, ebenso wenig wie die absolute Umsatzgröße.

Eine wichtige Erkenntnis aus der Studie: Es gibt nicht den allgemeingültigen Königsweg, der Unternehmen zu Profitabilität und Wachstum führt. Abhängig vom strategischen Ansatz gibt es spezifische Fähigkeiten, die Grundlage des Erfolgs sind. Manager, die diese Regeln erkennen und konsequent umsetzen, bringen ihre

Unternehmen auf Kurs zu Wachstum und Rendite. Denn auch dies ist eine grundlegende Erkenntnis aus der Mittelstandsumfrage: Bei allem Lamento über die Standortprobleme in Deutschland belegen die Erfolgsgeschichten quer durch alle Branchen und Unternehmensgrößen, dass niemand auf die Politik und irgendwann einmal verbesserte Rahmenbedingungen warten muss.

Hier und heute eröffnen sich Chancen – und beileibe nicht nur im Bereich Hightech, wie das Beispiel ASB Grünland beweist. Seit 1958 macht ASB-Gründer Helmut Aurenz Geld aus Dreck, genauer: aus Erde. Rund 80 Millionen Euro setzt das Unternehmen mit Blumenerde, Dünger und Granulat um. Als *Kostenführer* hat ASB seine Werke frühzeitig automatisiert, in den weltweit 16 Produktionsstätten arbeiten ca. 400 Mitarbeiter. Externe Prozessingenieure bringen regelmäßig alle Werke auf den neuesten technischen Stand. Bei nur drei Produkten erlaubt die Konsolidierung des Absatzes auf wenige Großhändler auch eine knappe Vertriebsmannschaft. In Deutschland touren nur vier Außendienstler für ASB, vergleichbare Wettbewerber schicken rund siebzig Vertreter durch die Lande. Um das nötige Absatzvolumen zu erreichen, ist ASB Grünland frühzeitig in ausländische Märkte expandiert. Die Werke stehen in sechs Ländern. Auch der Vertrieb von weltweit achtzig Handelsmarken steigert das Volumen. So sind jährlich 35.000 Lastzüge à 25 Tonnen mit Blumenerde und Dünger von ASB Grünland unterwegs – auch als Mutmacher für alle deutschen Unternehmen, die nicht in luftigen Hightech-Höhen, sondern in erdverbundeneren Branchen ihr Geld verdienen. Das Beispiel zeigt: Auf das richtige Management kommt es an.

Kernaussagen

Große Mittelständler sind die Motoren des Wachstums.
Es gibt eine Reihe von Erfolgsfaktoren – in unterschiedlicher Ausprägung je nach Strategietyp.
Unternehmenserfolg ist planbar.
Nicht der Standort Deutschland entscheidet über das Schicksal eines Unternehmens, sondern das Management. Dabei macht die Strategie-DNS, die geeignete Kombination aus verschiedenen Maßnahmen, den Unterschied.

»Die goldene Größe«
Interview mit Dr. Nicola Leibinger-Kammüller

So stellen wir uns das Wirtschaftswunder vor: Ein kleiner Familienbetrieb baut Werkzeugmaschinen, der Unternehmer, natürlich ein Schwabe, will hoch hinaus, schaut über Branchengrenzen hinweg, denkt, versucht, arbeitet. Er ist weltweit der Erste, der elektronische Steuerungen an seine Stanzen baut, er verkauft schon in Asien, als seine deutschen Wettbewerber sich noch kaum nach Frankreich trauen. Und als die Konkurrenz endlich auch Elektronik einzusetzen weiß, macht er den nächsten Technologiesprung zum Laser und hängt wieder alle ab: Wie Berthold Leibinger seine Trumpf-Gruppe zum Weltmarktführer machte, ist oft beschrieben. Seit Mitte 2006 führt seine Tochter Dr. Nicola Leibinger-Kammüller den Maschinenbauer. Wenn sie gefragt wird, was große deutsche Mittelständler so erfolgreich macht, verweist sie auf klassische deutsche Tugenden.

Grundlage seines Erfolgs, so sagt Ihr Vater, sei es, dass er viele Mitarbeiter für das Unternehmen begeistern konnte. Wie machen Sie das heute? Geht es mit Geld?

Leibinger-Kammüller: Nein, wir motivieren ausdrücklich nicht mit Geld. Wir bieten Heimat, interessante Aufgaben und viel Offenheit. Jeder soll sich ernst genommen fühlen und wissen: Er oder sie nimmt bei uns eine wichtige Rolle ein. So hat's mein Vater gemacht, und so werden wir es auch weiterhin tun.

Welche Rolle spielen dabei Werte? Und wie vermitteln Sie die?

Leibinger-Kammüller: Man muss sie vorleben: Fleiß, Hingabe, Bescheidenheit. Der Unternehmer darf nicht abheben.

Das sind sehr schwäbische Tugenden. Wie kommen Ihre Mitarbeiter rund um die Welt mit diesem Wertekanon zurecht?

Leibinger-Kammüller: Die meisten Mitarbeiter, die in der Welt für uns arbeiten, waren alle hier in Ditzingen. Und gerade für die Führungskräfte gilt, dass wir sie intensiv mit unserer Unternehmenskultur in Berührung bringen. Hier geht keiner in die Welt hinaus, der nicht gelernt hat, wie wir miteinander umgehen wollen.

Gerade Mittelständler lassen sich nicht gern in die Karten – vor allem in die Zahlen – schauen. Gibt es da bei Ihnen einen Zielkonflikt, weil doch eigentlich die offene Kommunikation ganz oben auf dem Wertekatalog steht?

Leibinger-Kammüller: Nein, wir haben gelernt, dass wir uns in die Karten schauen lassen müssen. Ich halte Transparenz für wichtig, nicht nur den Mitarbeitern, sondern auch der Finanzwelt gegenüber. Wir lassen uns regelmäßig auch von Banken beraten. Ich meine, dass man von den Banken lernen kann

Wie informieren Sie Ihre Mitarbeiter?

Leibinger-Kammüller: Wir berichten monatlich über die Umsätze und die Auftragslage, quartalsweise über die Ergebnislage. Und unsere 250 Führungskräfte informieren wir darüber hinaus noch detaillierter.

Warum treiben Sie damit so viel Aufwand?

Leibinger-Kammüller: Weil wir erwarten, dass alle mitziehen, wenn es einmal schwierig wird. Und das tun sie nur, wenn sie das Gefühl haben, als Partner ernst genommen zu werden.

Zu Bismarcks Zeiten galten die Sozialdemokraten als vaterlandslose Gesellen, heute sagen manche dies den Unternehmern nach. Kennt das Kapital eine Heimat? Was bindet Trumpf an den Standort Deutschland?

Leibinger-Kammüller: Wir glauben an dieses Land! Die Qualität der Mitarbeiter und die Verbindung zwischen Industrie und Wissenschaft, bei uns vor allem mit den Unis Karlsruhe, München, Stuttgart und Aachen, sind hervorragend. Natürlich ist nicht alles ideal. Jahrelang hat ja die Politik, haben die Gewerkschaften die Leute in die falsche Richtung gelenkt, zu immer kürzeren Arbeitszeiten und immer längeren Ferien. Dabei gibt es eine hohe Leistungsbereitschaft: Das merken wir immer wieder an den frisch eingestellten Universitätsabsolventen, die hoch motiviert und voller Tatendrang loslegen.

Ein überraschendes Ergebnis der Mittelstandsstudie zeigt, dass die untersuchten Unternehmen als Gruppe betrachtet zwar kräftig Arbeitsplätze im Ausland aufgebaut, gleichzeitig aber noch deutlich mehr neue Jobs in Deutschland geschaffen haben. Wie sieht es bei Trumpf aus?

Leibinger-Kammüller: Auch wir haben in den vergangenen Jahren mehr Jobs im Inland als im Ausland neu geschaffen.

Besteht eine Verpflichtung der Heimat gegenüber?

Leibinger-Kammüller: Wir haben eine ethische Verpflichtung unseren Mitarbeitern gegenüber. Anfang der neunziger Jahre gab es eine Krise im Maschinenbau, da mussten wir achtzig Leute entlassen. Das beeinflusst uns bis heute. Wir haben um jeden Einzelnen gekämpft – und wenn wir auf die Banken gehört hätten, dann hätten damals gleich vierhundert gehen müssen. Das hat mein Vater nicht mitgemacht, und er behielt recht: Bald setzte das Wachstum wieder ein.

Trumpf ist das Paradebeispiel für einen erfolgreichen großen Mittelständler. Worin liegt das Erfolgsgeheimnis? Und haben Sie eine Erklärung, warum viele Unternehmen aus diesem Segment so überdurchschnittlich erfolgreich sind?

»Die goldene Größe«

33

Leibinger-Kammüller: Es ist eine goldene Größe: Einerseits haben sie schon Zugang zu allen Ressourcen, von der Finanzierung bis zu den kreativen Mitarbeitern, andererseits sind sie noch in der Lage, flexibel und eben nicht konzernmäßig auf alle Herausforderungen zu reagieren, ihre Fehler sehr schnell zu korrigieren. Dazu herrscht – wie bei uns – in diesen Unternehmen oft noch ein echter Gründergeist.

Dabei ergab die Mittelstandsumfrage, dass es für den Erfolg völlig unerheblich ist, ob die Unternehmen vom Inhaber oder von einem familienfremden Management geführt werden. Können Sie sich das erklären?

Leibinger-Kammüller: Der Gründergeist ist nicht notwendigerweise an den Gründer oder seine Familie gebunden, der kann auch so in der Firma herrschen. Wir bemühen uns, die besten Manager in das Unternehmen zu holen. In unserer achtköpfigen Geschäftsführung sitzen drei Familienmitglieder – mein Mann, mein Bruder und ich. Dabei geben wir uns alle Mühe, nicht als Familie die Entscheidungen zu dominieren. Ich habe drei Jahre lang in Japan gearbeitet, seitdem weiß ich, wie man zum Konsens kommt und was man tun muss, damit niemand geknickt aus dem Sitzungssaal geht oder gar einer der Beteiligten das Gesicht verliert.

Sind bei Ihnen die besten Jobs automatisch für die Familie reserviert?

Leibinger-Kammüller: Unser oberstes Ziel ist es, die Firma in ihrer Unabhängigkeit zu erhalten. Dem ordnen wir alles andere unter. So soll Trumpf nach Möglichkeit von der Familie geführt werden, muss aber nicht. Die Firma ist keine Spielwiese für die Familie. In einem Kodex haben wir deshalb die Voraussetzungen klar geregelt. Wenn beispielsweise mein 18-jähriger Sohn einmal bei Trumpf eintreten will, muss er zunächst von einem unabhängigen Gremium begutachtet werden. Er muss in der Ausbildung einen vorgeschriebenen Weg gehen und Erfahrungen sammeln.

Viele der mittelständischen Weltmeister gedeihen wie Trumpf in der Provinz. Zufall oder besseres Wachstumsklima?

Leibinger-Kammüller: Die Provinz fördert das Zusammengehörigkeitsgefühl. Hier sind die Bindungen enger, die Menschen treffen sich nach Feierabend. Wenn dann noch religiöse Einflüsse wie die des Pietismus in Schwaben hinzukommen, die den Wert harter Arbeit preisen, haben Sie die Voraussetzungen für erfolgreiches Arbeiten. Bei uns hat dieses Klima viele große Köpfe hervorgebracht – angefangen bei Robert Bosch und Gottlieb Daimler –, die aus dem Nichts große Unternehmen geschaffen haben.

Die erfolgreichsten großen Mittelständler in der Umfrage setzen sich vor allem in vier Dimensionen von den durchschnittlichen Wettbewerbern ab: bei Innovationen, beim Erschließen ausländischer Absatzmärkte, bei der Optimierung der Wertschöpfung und bei der Professionalisierung des Managements. Welchen Faktor halten Sie für den wichtigsten?

Leibinger-Kammüller: Für uns bei Trumpf ist das Thema Innovation das wichtigste. Unsere Kreativität und unsere Ideen schaffen erst die Basis des Erfolgs. Deshalb beschäftigen wir uns sehr intensiv mit der Frage, wie wir unsere Innovationskraft erhalten können. Im Rahmen unserer letzten Führungskräftetrainings haben wir gefragt: Herrscht bei uns ein innovatives Klima? Da haben wir diskutiert, wie wir sicherstellen können, dass auch künftig das Unerwartete eine Chance hat, der große Sprung möglich ist. Dazu muss man immer wieder die Dinge in Frage stellen, Gewohnheiten umwerfen, darf keine Fünfjahrespläne aufstellen. Vor allem müssen wir verhindern, dass gute Ideen nach Konzernmanier so viele Genehmigungsstufen durchlaufen müssen, bis sie im Kompromiss gestorben sind.

Was haben Ihre Führungskräfte gesagt? Macht Trumpf in Sachen Innovation alles richtig?

Leibinger-Kammüller: Es kam viel konstruktive Kritik an Prozessen und Vorgehensweisen. Ich glaube, dass wir uns schon zu viele Regeln und Regularien verordnen. Wir haben viel mehr Ideen, als wir umsetzen können. Deshalb überlegen wir, eine Gruppe von Entwicklern ganz von der Tagesarbeit freizustellen. Die sollen dann all die Projekte aus der Schublade durchdenken.

Ist Mittelstand eigentlich größenabhängig, oder ist es so etwas wie ein Lebensgefühl?

Leibinger-Kammüller: Es ist eine Geisteshaltung. Wir denken viel darüber nach, denn wir wollen uns den Mittelstandsgeist erhalten, auch wenn wir mit 1,65 Milliarden Euro Umsatz und mehr als 6.500 Mitarbeitern langsam aus dem Segment herauswachsen. Wir streben 15 Prozent Umsatzwachstum pro Jahr an und sind an einem Punkt, wo wir auch über Akquisitionen nachdenken. In diesen neuen Größenordnungen dann noch so schnell, unbürokratisch und nah an den Mitarbeitern zu agieren wie bisher, wird eine große Herausforderung.

Wie ist das Verhältnis des Mittelständlers zu Managern in Großkonzernen?

Leibinger-Kammüller: Wenn ich die Kollegen aus der Großindustrie treffe, bin ich natürlich schon beeindruckt von den riesigen Unternehmen, für die sie stehen. Aber unterlegen fühle ich mich nicht. Insgeheim denke ich oft: Aber gehören tut euch nichts.

2 Erfolg braucht Strategie – aber welche?

Erfolgreiche Mittelständler verfolgen eine trennscharfe, klare Strategie. Vier Grundmuster können zu profitablem Wachstum führen. Welche Strategie passt zu wem? Und was müssen Unternehmen mitbringen, um mit einem der vier Strategietypen nachhaltig erfolgreich zu sein?

Wann haben Sie zuletzt über die Strategie Ihres Unternehmens diskutiert? Viele Mittelständler stutzen bei dieser Frage – gehört doch eine gewisse Hemdsärmeligkeit und eine Vorliebe für Bauchentscheidungen zum gängigen Klischee vom erfolgreichen Unternehmer.

»Im Jahr 2004 haben wir uns die Frage gestellt: Wo wollen wir in acht Jahren stehen?«, erinnert sich Dr. Rolf Breidenbach, Vorsitzender der Geschäftsführung beim Automobilzulieferer Hella. Auslöser war damals eine Anfrage des persönlich haftenden Gesellschafters. Dieser wollte von seinem Management wissen, in welche Richtung sich Hella entwickeln soll und welche Schritte zur Zielerreichung eingeleitet werden müssen.

Dr. Breidenbach und sein Team entwickelten daraufhin die Hella-Vision 2012. Als Eckpfeiler ihrer Vision sahen sie eine Umsatzverdopplung, die Sicherstellung von Topqualität und ein global operierendes Unternehmen bis zum Jahr 2012 vor. Dann konkretisierten die Hella-Visionäre ihr Zielbild, schlüsselten es auf die einzelnen Geschäftsbereiche auf und definierten strategische Stoßrichtungen, wie aus der Vision Wirklichkeit werden kann. Detailarbeit erfolgte im Rahmen von 25 Strategieprojekten, die jetzt vorangetrieben werden. Im Fokus der Projekte stehen vor allem Wachstumsthemen, etwa: In welchen Regionen und mit welchen Produkten soll das Wachstum generiert werden? Aber auch Effizienzthemen: Für welche Komponenten lassen sich Low-Cost-Standorte nutzen, welches Design führt zu preiswert herzustellenden Produkten? Oder es geht um konzeptionelle Fragen, beispielsweise: Wie sieht das optimale Netzwerk von Partnern für Forschung und Entwicklung aus und wie der optimale Standortmix? »Ein strategischer Planungshorizont von acht Jahren ist für unser Geschäft genau richtig«, sagt Dr. Breidenbach, »er lässt uns genügend Freiheitsgrade, ohne aber unerreichbar fern zu sein.«

Um die Projekte voranzutreiben, installierte die Geschäftsführung eine strategische Planungsabteilung. Diese steuert den gesamten strategischen Planungsprozess, definiert Meilensteine für die Entwicklung der Maßnahmen und überprüft zusammen mit dem Topmanagement in regelmäßigen Sitzungen, ob die Etappenziele erreicht sind. Insgesamt 11 der 25 Projekte sind inzwischen aus dem Ideenstadium in die operative Phase übergegangen und werden in den zuständigen Abteilungen umgesetzt. »Je mehr Projekte in die operative Phase kommen, desto größer wird die Akzeptanz unserer strategischen Planung in der Belegschaft«, beobachtet Dr. Breidenbach.

Die vier Strategietypen des deutschen Mittelstands

Wie wichtig eine klare Strategie entlang den Dimensionen *Volumen* und *Innovation* ist, belegen die Umfrageergebnisse der Studie: Erfolgreiche, also wachstums- und ertragsstarke Unternehmen, haben trennscharfe, klare Profile. Bei der Erhebung kreisten vier Fragebatterien das Thema ein: Wie häufig legt Ihr Unternehmen seine Strategie fest? Was können Sie deutlich besser als Ihre Wettbewerber? Welche strategischen Ziele verfolgen Sie? Und wie wollen Sie im Licht dieser Ziele Ihre Fähigkeiten verbessern? Aus den Antworten ließen sich alle Umfrageteilnehmer einem der vier Strategietypen zuordnen.

Eine Clusteranalyse führt zu einem Quadrantensystem entlang den beiden Achsen *Innovation* und *Volumen* (Abbildung 9): Im

Feld unten links werden Unternehmen einsortiert, die sich weder stark auf Innovation (in den Bereichen Technologie, Marke, Qualität oder Dienstleistung) noch auf Volumen (das heißt Kostenführerschaft, Standardisierung, Volumenstrategie) fokussieren. Doch auch diese Unternehmen haben eine Chance auf profitables Wachstum: als *Spezialisierer*. Dies sind meist kleinere Unternehmen mit einem Umsatz von bis zu 200 Millionen Euro, die in einer Nische ganz gezielt und erfolgreich proprietäres Kundenwissen aufgebaut haben und deshalb auch ausgefallene Wünsche der Kunden bedienen können.

Wer sich für einen klaren Fokus auf Innovation entscheidet, landet unten rechts, als *Innovationschampion*. Wer eher meint: Die Masse macht's, orientiert sich oben links, als *Kostenführer*. Und wer das Kunststück beherrscht, sich zugleich auf Innovation und Volumen zu fokussieren, erobert einen Platz im oberen rechten Quadranten als *Kompetenzführer*.

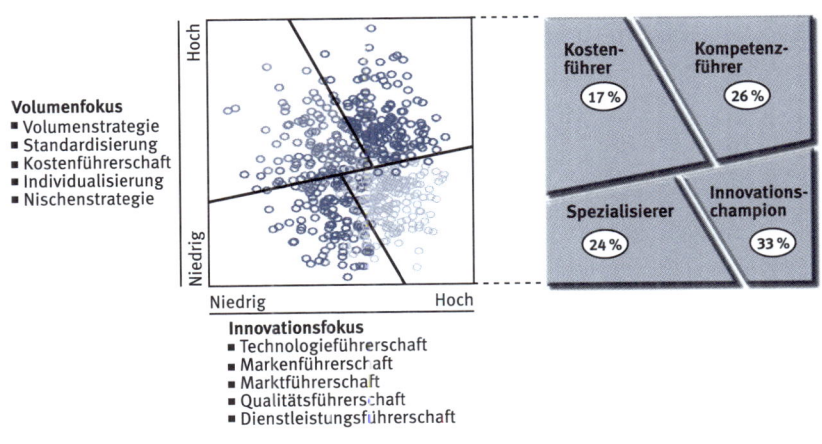

Abbildung 9: Von der Clusteranalyse zu den vier Strategietypen

Die meisten großen Mittelständler nutzen eine klassische Stärke des Standorts Deutschland und setzen auf Innovation: Insgesamt 59 Prozent der betrachteten Unternehmen positionieren sich entweder als *Innovationschampion* oder *Kompetenzführer*. 24 Prozent verdienen ihr Geld als *Spezialisierer* und 17 Prozent beweisen, dass es sich auch im Hochlohnland Deutschland als *Kostenführer* leben lässt.

Die Faktor- und Clusteranalyse führt dazu, dass die Grenzlinien zwischen den Strategietypen weder senkrecht noch waagerecht verlaufen, sondern schräg versetzt. Ein Lesebeispiel: Der typische *Innovationschampion* legt den Fokus stärker auf Technologie, Qualität, Dienstleistung und Marke als der typische *Spezialisierer*. Dabei zielt seine Strategie auf ein Volumen, das größer ist als das des *Spezialisierers*.

Diese Typisierung ergab sich aus der Auswertung der Antworten der rund 700 großen Mittelständler in der Umfrage zum »Unternehmertum Deutschland«. Die Clusteranalyse ergab ein System von Strategietypen, die sich perfekt in die in der Managementliteratur beschriebenen prototypischen strategischen Ansätze für Unternehmen einordnen lassen. Bei der Diskussion der faktenorientierten Zuordnung ihres Unternehmens zu einem der Strategietypen hatten viele Mittelständler ein Aha-Erlebnis. Dies nicht nur, weil lediglich etwa 30 Prozent der befragten Unternehmen einen regelmäßigen Strategieprozess haben, sondern weil sie ihr Unternehmen noch nie unter diesem Aspekt betrachtet haben. Der Abgleich der eigenen Kompetenzen mit dem Anforderungsprofil für erfolgreiches Arbeiten im jeweiligen Strategietyp war allemal aufschlussreich. Natürlich gibt die Zuordnung zu einem der vier Typen nur die strategische Grundausrichtung vor. Doch die Studie zeigt: Je konsequenter die jeweilige Strategie verfolgt wurde, desto erfolgreicher arbeiteten die Unternehmen.

Große Mengen, hohe Standardisierung: der typische Kostenführer

Niedrigkosten im Hochlohnland Deutschland – unmöglich? Weit gefehlt: Eine ganze Reihe hoch profitabler Teilnehmer an der Studie beweisen, dass es doch geht. Zum Erfolg kommen diese *Kostenführer* auf ganz unterschiedlichen Wegen:

- **Komplexität senken:** Vielfalt ist teuer zu produzieren – nur die wenigsten Kunden wollen dafür auch bezahlen. Deshalb reduzierte Schmitz Cargobull, der Produzent von Lkw-Aufliegern, im ersten Schritt aus der Krise drastisch die Komplexität. Der Modellwildwuchs wurde auf nur zwei Fahrzeugtypen zusammengestrichen: die Modelle »Pritsche« und »Koffer«. Und statt wie zuvor 136 verschiedene Varianten von Stützwinden zu verbauen, reichen Schmitz Cargobull heute zwei Modelle. Konsequente Standardisierung brachte die Kostenführerschaft in der Branche und schaffte die Basis für den Aufstieg. Da die Standardisierung und Modularisierung als Prinzipien quasi in den Genen der Unternehmensstrategie verankert sind, gibt es zwei weitere Modelle: Containerchassis und Kipper.
- **Automatisierung steigern:** Wenn die Löhne hoch sind, müssen die Unternehmen Arbeit durch Technik substituieren. So hat die Bielefelder Böllhoff GmbH, Hersteller von Verbindungstechnik aller Art, ihre Fertigung so hoch automatisiert, dass auch eine Verlagerung in Niedriglohnländer keinen spürbaren Unterschied mehr brächte. Weil die Produkte im scharfen Preiswettbewerb stehen, schafft Böllhoff heute den größten Teil der Wertschöpfung mit Dienstleistungen rund um Schrauben, Muttern & Co. – von der Logistik bis zur Anwendungsberatung. Die Basis dafür aber bildet die Kostenführerschaft in der Produktion.
- **Produktion verlagern und weltweit einkaufen:** Outsourcing, Offshoring und *Global Sourcing* sind die Schlüsselworte, wenn die

heimische Produktion zu teuer wird – also die Nutzung externer Dienstleister und die Verlagerung in Niedriglohnländer. Konsequent exerziert das die Hans Einhell AG aus Landau vor. Sie produziert und vertreibt erfolgreich Produkte für Hobbygärtner und Heimwerker in Baumärkten in fünfzig verschiedenen Ländern. Bis auf die sperrigen Gartenhäuschen und Saunen wird das komplette Sortiment in Asien gefertigt. Eigene Inspektoren – allein in China sind sechzig Einhell-Prüfer unterwegs – sichern Qualität und Pünktlichkeit der fernen Partner. *Kostenführer* Einhell konzentriert seine Innovationstätigkeit auf die Optimierung der Wertschöpfungskette, bei den Produkten begnügen die Landauer sich meist mit der Rolle des *Fast Follower*. Viel Energie verwendet Einhell auf die zügige Internationalisierung, um aus der starken Position des *Kostenführers* auf möglichst vielen Märkten Umsatz und Profit zu generieren.

- **Nähe nutzen:** Produkte mit relativ hohem Gewicht oder Volumen und vergleichsweise niedrigem Preis sind auf die Nähe zu Rohstoffinput und Kunden angewiesen: Durch Optimierung seiner Standorte baute ASB Grünland sein Geschäft mit Dünger und Gartenerde als *Kostenführer* auf. 35.000 Lastwagen mit jeweils 25 Tonnen Nutzlast schickt das Unternehmen jährlich auf die Reise von 16 Produktionsstandorten in 14 Ländern.

Gemeinsam sind den Unternehmen die charakterisierenden Eigenschaften des Strategietyps *Kostenführer*: Sie setzen auf die Reduktion von Komplexität und den Absatz großer Mengen stark standardisierter Produkte zu niedrigen Preisen. Effiziente Produktion ist die Basis des Geschäfts, im Mittelpunkt der Überlegungen stehen die Produktionsprozesse. *Kostenführer* brauchen nicht unbedingt eine starke Marke und müssen bei den Produkten auch nicht technologische Vorreiter sein. Bei neuen Produkten können sie auch als *Fast Follower* erfolgreich sein, wenn sie die Innovation in kurzer Zeit besonders effizient nachvollziehen.

Deshalb gilt die Innovationstätigkeit des *Kostenführers* vor allem Prozessinnovationen zur Optimierung seiner Wertschöpfungskette. In Sachen Produktentwicklung unterhält er einfache, aber effiziente Netzwerke mit ausgesuchten Partnern. Komplexität reduziert der *Kostenführer* auf mehreren Ebenen: durch weniger Varianten im Angebot, durch einen modularen Aufbau der Produkte und durch eine konsequente Gleichteilestrategie, bei der die Konstruktion dafür sorgt, dass verschiedene Modelle trotzdem einen hohen Anteil gleicher Teile verwenden. So verschafft sich der *Kostenführer* Vorteile im Einkauf, weil er große Volumina ordert, und sorgt für schlanke Prozesse. Sowohl beim Absatz als auch in der Produktion setzen erfolgreiche *Kostenführer* frühzeitig auf Internationalisierung, einerseits, um hohe Verkaufsvolumen zu erzielen, andererseits, um von niedrigeren Produktionskosten an ausländischen Standorten zu profitieren.

Allerdings haben es Unternehmen des Strategietyps *Kostenführer* im Hochlohnland Deutschland besonders schwer – sie sind deshalb in der Gruppe der großen Mittelständler mit einem Anteil von 17 Prozent nur unterdurchschnittlich repräsentiert.

Innovative Produkte, starke Marke: der typische Innovationschampion

Hightech-Schwächen am Standort Deutschland? Nicht im jungen Feld der Nanotechnologie. Wenn es darum geht, kleinste Teilchen bis hin zu einzelnen Atomen zu betrachten und zu analysieren, vertrauen Forscher weltweit auf die Rastertunnelmikroskopie (STM) und Rasterkraftmikroskopie (AFM) des Taunussteiner Mittelständlers Omicron. 40 Prozent der 200 Mitarbeiter sind vom Unternehmensgründer Norbert Nold handverlesene Spitzenphysiker: »Die meisten hab' ich direkt von der Uni geholt«, sagt der Unternehmer. Omicron schaffte 2004 einen Umsatz von rund 40 Millionen Euro und trotz des stürmischen Wachstums (mit Jahresraten von gut 20 Prozent) eine stolze Rendite. Der Gründer des gerade 20 Jahre alten Unternehmens setzt auf eine innovationsfördernde Unternehmenskultur. Mehr als 500 Aufsätze zur Nanoforschung in den Fachjournalen zeugen von wissenschaftlicher Fruchtbarkeit. Omicron hält engen Kontakt zu den Hochschulen: »Wir arbeiten an vielen gemeinsamen Projekten«, so Nold. Denn: »Die Grundlagenforschung ist sehr leistungsfähig«, lobt der Unternehmer den Standort Deutschland, »auch wenn's viel zu verbessern gibt.« Omicron profitiert nicht nur von Fördergeldern für Verbundprojekte, die Teil der Nanotechnologie-Offensive der Bundesregierung sind. Ebenso wichtig ist der Austausch mit den Uni-Forschern: »Unsere Kunden fragen in der Regel nach Sonderlösungen, die auf ihre speziellen Anwendungen zugeschnitten werden. Es kommt auch häufig vor, dass diese Sonderlösungen Entwicklungsleistungen beinhalten. Hieraus ergibt sich wertvoller Input zu zukünftigen Wünschen des Marktes«, erklärt Norbert Nold.

Um die Wünsche der Kunden zu verstehen, halten die Omicron-Entwickler engen Kontakt mit dem Vertrieb. »Wir sind sehr nah am Kunden«, sagt Norbert Nold, »und sorgen dafür, dass das auch für unsere Physiker gilt.«

Damit die stolze Wachstumsrate auch in Zukunft fortgeschrieben werden kann, bricht Omicron jetzt aus der engen Nische des Geschäfts mit den Nanoforschern aus. Neben den Mikroskopen für Materialforschung bietet Omicron jetzt auch eine neue Generation von Geräten vor allem für die Halbleiterindustrie an. Dies ist der Einstieg ins Geschäft der Fehleranalyse und Qualitätskontrolle für die Großindustrie, ein ergiebiges Wachstumsfeld für Omicron. Zur Finanzierung künftigen Wachstums haben sich schon eine Reihe Private-Equity-Investoren angeboten – vergeblich. Omicron will aus eigener Kraft wachsen, dank hervorragender Bonität sind die Finanzierungskonditionen günstig. Schwieriger als die Finanzierung ist das Überwinden der mentalen Hürden. Auf dem Weg zur industriellen Serienfertigung muss das Tüftlerunternehmen jetzt eine Businesskultur entwickeln, das Management sich an Schlips statt Pulli gewöhnen, an *Lean Production* statt Manufaktur.

Trotz des vergleichsweise geringen Umsatzvolumens ist Omicron ein typischer *Innovationschampion*. Die Taunussteiner sind in ihrem Segment Weltmarktführer, bieten als *First Mover* visionäre Innovationen, die sie konsequent global vermarkten. 80 Prozent ihres Umsatzes erwirtschaften sie im Ausland. Omicron bringt technische Möglichkeiten und Kundenwünsche zu erfolgreichen Produkten zusammen, ehe Wettbewerber auch nur die Chance erkennen, und verfügt über eine starke Marke. Die Unternehmenskultur setzt auf Kreativität und eröffnet konsequent Freiräume, der Kern der Mitarbeiter ist hoch qualifiziert.

Im Mittelpunkt der Anstrengung steht bei *Innovationschampions* die Entwicklung neuer Produkte, oft direkt verbunden mit der Einführung neuer Prozesse. Dafür investieren sie im Durchschnitt rund 5,4 Prozent ihres Umsatzes in Forschung und Entwicklung (Omicron gibt sogar 10 Prozent vom Umsatz für Innovationen aus, die gesamte Gruppe der Mittelständler investiert durchschnittlich 4,2 Prozent des Umsatzes hierfür) und stellen klare Regularien für den Wissenstransfer und die Zusammenarbeit mit Universitäten und anderen Forschern auf.

Internationalität in Sachen Verkauf ist für *Innovationschampions* ein Muss: Forschung und Entwicklung sind teuer und müssen sich bei den oft schmalen Märkten global amortisieren. Bei der Produktion setzen sie häufig auf lokale Partner, um die knappen Ressourcen nicht zu stark zu beanspruchen. Meist bleibt der Löwenanteil der Produktion am Heimatstandort. Lieber bauen sie rund um den Globus Forschungslabors auf, um die internationalen Trends ihrer Technologie nicht zu verpassen. Denn der technologische Vorsprung liefert den Schlüssel zum Erfolg: Mit ihm verteidigen *Innovationschampions* auch lukrative Märkte gegen hereindrängende Konkurrenten.

Wissen, was der Kunde wirklich will: der Spezialisierer

»Wenn Ihnen eine Ladung Waschmaschinen vom Lkw kippt, ist das ärgerlich, aber reparabel: Die Maschinen sind zu ersetzen«, sinniert Hans-Ewald Schneider, »aber wenn unsere Transportgüter zerstört werden, sind sie unwiederbringlich dahin.« Schneider ist Geschäftsführender Gesellschafter der Kölner Spedition Hasenkamp (70 Millionen Euro Jahresumsatz, gut fünfhundert Mitarbeiter), deren Hauptgeschäft der Transport von Kunst ist: »Zu Picasso können Sie nicht sagen: Mal das Bild noch mal – der ist tot.«

Seit das traditionsreiche Umzugsunternehmen Hasenkamp in der Nachkriegszeit mit dem Rücktransport der evakuierten Kunstschätze ins ausgebombte Köln beauftragt wurde, haben sich die rheinischen Spediteure immer stärker auf den Nischenmarkt der Kunsttransporte konzentriert. Als typischer *Spezialisierer* ist Hasenkamp heute mit Abstand die Nummer 1 in Europa, wenn es darum geht, Bilder, Plastiken oder kostbare Antiquitäten zu verladen.

Arbeitsgebiet ist die ganze Welt: So sind die Kölner beispielsweise exklusiv mit allen Transporten der berühmten chinesischen Terrakotta-Krieger aus Xian betraut. Hasenkamp brachte 2004 die Bilder des Museum of Modern Art zur großen Ausstellung nach Berlin, holte 2006 die ägyptischen Unterwasserschätze nach Deutschland und steht bei vielen Großausstellungen für die Logistik. Damit die empfindlichen Kulturgüter heil ankommen, haben die Kölner beachtliches Know-how entwickelt. Erfahrene Schreiner fertigen in Maßarbeit schützende Transportbehälter, speziell gefederte Lkw ersparen zerbrechlichen Skulpturen zerstörerische Stöße, sicherheitsüberprüfte Fahrer bürgen für Verlässlichkeit.

»Die Zahl der großen Ausstellungen nimmt weltweit kontinuierlich zu«, freut sich Hans-Ewald Schneider und schätzt das jährliche Marktwachstum auf rund 5 Prozent. Damit Hasenkamp davon kräftig profitiert, sind die Vertriebler global unterwegs: »Wir kennen alle wichtigen Akteure im Markt.« Eine Affinität zur Kunst setzt der Geschäftsführer bei seinen Mitarbeitern voraus, auch wenn er ihnen Kommentare zu den Werken den Kunden gegenüber verbietet. Schneider: »Da gilt unser Grundsatz: Kunst ist nicht diskutabel, nur transportabel.«

Erfolg in der Nische: Wie Hasenkamp besetzt der typische *Spezialisierer* eine meist recht enge Marktnische, die er erfolgreich verteidigt, weil kein Wettbewerber so genau die Kundenbedürfnisse auf diesem Sektor kennt wie er. Und weil das Marktsegment so schmal ist, lohnt es sich für neue Konkurrenten nicht, allzu viel Aufwand für die Eroberung zu treiben – der erfolgreiche *Spezialisierer* lebt relativ unbedrängt. Dafür dreht sich alles um den Kunden: Oft ist der Chefentwickler gleichzeitig Chefverkäufer, weiß deshalb, was gefordert wird. Ständig ersinnt der *Spezialisierer* neue kundenspezifische Dienstleistungen und Produktinnovationen. Das nötige Wissen hält er eher im eigenen Haus, Kooperationen in Forschung und Entwicklung sind ihm suspekt.

Die Internationalisierung betreibt er vorsichtig. Zwar nimmt er Absatzchancen wahr und nutzt die Vorteile des globalen Einkaufs, gibt aber die Produktion oder auch nur Teile der Wertschöpfung allenfalls zögerlich aus der Hand. Forschung und Entwicklung bleiben schon aus Überzeugung im eigenen Haus.

So kann der *Spezialisierer* in seiner Nische komfortabel und profitabel wachsen, stößt dabei aber auf ein Problem: Bei einer Umsatzgröße von maximal 200 Millionen Euro (oft auch schon darunter), das belegt die Mittelstandsumfrage, liegt die Grenze für sein profitables Wachstum. Freuen sich *Spezialisierer* unterhalb dieser Umsatzschwelle im Durchschnitt über eine Rendite von 6,5 Prozent, kommen die wenigen Unternehmen dieses Strategietyps, die über dieser Umsatzmarke liegen, nur noch auf knapp 2,5 Prozent Umsatzrendite. Der Grund liegt auf der Hand: Wenn sich in einer Nische nicht nur attraktive Renditen erzielen, sondern auch hohe Volumina absetzen lassen, lockt das Wettbewerber an. Beispielsweise ergeben sich hier Chancen für *Kostenführer.* Und dann funktioniert der Markt: Intensiver Wettbewerb ruiniert die Preise, die Margen der *Spezialisierer* leiden – Zeit für einen Strategiewechsel.

Innovativ und effizient: Kompetenzführer sind Alleskönner

Bei dem Tübinger Werkzeugbauer Walter AG wissen alle 2.000 Mitarbeiter, was die Stunde geschlagen hat: »Double in five« steht auf dem Zifferblatt der Armbanduhren, die Vorstandschef Peter Witteczek 2002 an die Belegschaft verteilte – als ständige Erinnerung, dass die Mannschaft bis 2007 den Umsatz auf rund 350 Millionen Euro verdoppeln will. Bei Wachstumsraten über 20 Prozent ist der Werkzeugbauer mit dem Schwergewicht auf Schneidewerkzeugen für Drehmaschinen auf gutem Wege zum Ziel. Die Ertragslage leidet unter dem rasanten Wachstum nicht.

Das sind stolze Werte für ein Unternehmen in einer Traditionsbranche. Um dieses Tempo aufzunehmen, musste die Walter AG ihre Strategie ändern – weg vom kreativen Nischenanbieter für alle Aufgaben rund um das Fräsen, hin zum Komplettanbieter in Sachen Hartmetallbearbeitung einschließlich vollständiger Fertigungssysteme. Dafür bewältigten die Württemberger den schwierigen Entwicklungspfad vom *Innovationschampion* zum *Kompetenzführer,* dem Strategietyp mit den höchsten Anforderungen an Kompetenzen und Ressourcen. Ohne die Innovation zu vernachlässigen, mussten sie ihre Prozesse so weit optimieren, dass sie in der Wertschöpfung mit den *Kostenführern* ihrer Branche mithalten können.

Die Initialzündung kam von den Kunden: Die Traditionskunden der Walter AG in der Autoindustrie, etwa die benachbarten Mercedes-Werke, verlangen die Garantie, dass die gelieferten Werkzeuge, mit denen beispielsweise Motorblöcke gefräst werden, im Schadensfall binnen 24 Stunden repariert sind. Das bedeutet:

2 Erfolg braucht Strategie – aber welche?

Wo immer ein Großkunde auf der Welt eine Fertigung unterhält, muss auch die Walter AG eine Niederlassung gründen. So entstanden Walter-Werke von São Paulo über Fredericksburg in Virginia und Wuxi in China bis nach Melbourne. Um die globale Expansion finanzieren zu können, verkaufte das Unternehmen das risikoreichere Geschäft mit den Werkzeugmaschinen und konzentrierte sich ganz auf das Segment Drehwerkzeuge.

Kooperationen mit den Technischen Universitäten Dresden und Karlsruhe sicherten den Nachschub an Innovationen und versorgten das Unternehmen auch mit qualifizierten jungen Chemikern und Materialforschern.

Neue Märkte betritt das Unternehmen stets nach Plan: Zunächst investiert es in eine Vertriebsmannschaft vor Ort, dann folgen Einkaufsfunktionen, danach Teile der Wertschöpfung. Die Walter AG erzielt knapp 80 Prozent ihres Umsatzes im Ausland und ist in den wichtigsten Regionen der Welt Marktführer.

Nach dem beherzten Strategiewechsel hat sich die Walter AG als typischer Kompetenzführer aufgestellt. Spitzenprodukte, starke Marke, Marktführer in vielen Bereichen, international vertreten, trotz innovativer Produkte hoher Grad an Standardisierung – so verbindet der Kompetenzführer geschickt die Vorzüge der Innovations- mit der Volumenstrategie. Erfolgreiche Kompetenzführer nutzen bei der Entwicklung intensiv Kooperationen mit Kunden und Forschungsinstituten, bringen neue Produkte schneller an den Markt als die Wettbewerber. Sie arbeiten hart an der Optimierung ihrer Prozesse, streben nach weltweiter Marktführerschaft und sind ganz selbstverständlich global präsent. In der Produktion nutzen sie die Kostenvorteile von Standorten rund um die Welt. Aktivitäten, die nicht zu den Kernkompetenzen zählen, werden oft an externe Spezialisten vergeben.

Der Strategietyp des Kompetenzführers ist ein Alleskönner – entsprechend groß ist der Bedarf an Ressourcen. Da liegt es auf der Hand, dass ein Zusammenhang zwischen Unternehmensgröße und

Erfolg besteht: Sehr kleine *Kompetenzführer* sind oft nur unterdurchschnittlich erfolgreich. In der Größenklasse über 350 Millionen Euro Jahresumsatz steigt die Wahrscheinlichkeit für profitables Wachstum drastisch, sie liegt 10 Prozent über dem Durchschnitt.

Innovationsfokus zahlt sich aus: Die Strategietypen sind unterschiedlich profitabel

Die Auswertung der Mittelstandsumfrage zeigt, dass die reine Volumenstrategie des *Kostenführers* im Schnitt die geringste Rendite und das schwächste Wachstum nach sich zieht: Gerade 2,8 Prozent des Umsatzes verdienen Unternehmen dieses Strategietyps durchschnittlich, die Wachstumsrate beträgt 4,2 Prozent. Das Geschäft des *Spezialisierers* lohnt sich da schon mehr: Im Schnitt kommen eine Umsatzrendite von 5,0 Prozent und ein Umsatzwachstum von 7,1 Prozent heraus. Seine Wachstumsrate ist Spitze: Selbst die *Kompetenzführer* bleiben mit durchschnittlich 6,0 Prozent darunter, ebenso die *Innovationschampions* mit 5,8 Prozent (Abbildung 10).

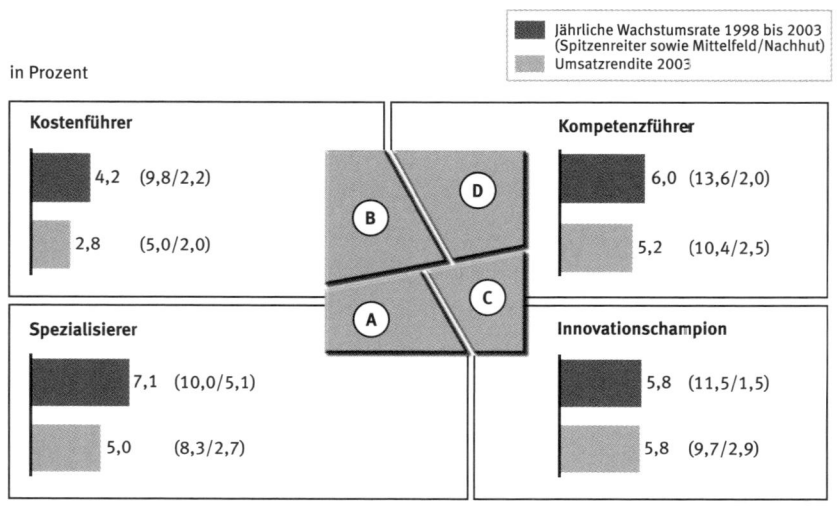

Abbildung 10: Wachstum und Rendite der Strategietypen

Diese beiden Strategietypen bescheren den Unternehmen jedoch die höchsten Umsatzrenditen: Durchschnittlich 5,2 Prozent des Umsatzes verdienen die *Kompetenzführer*, sogar 5,8 Prozent die *Innovationschampions*. Beider Geschäft ist lukrativ, aber gefährlich. Das zeigt jeweils der Vergleich der besten 40 Prozent mit dem Rest des Felds. Die besten *Kompetenzführer* wachsen im Schnitt mit einer Rate von 13,6 Prozent, der Rest gerade mal mit einer Rate von 2,0 Prozent. Die Rendite der Besten liegt durchschnittlich bei 10,4 Prozent des Umsatzes, die der Nachhut bei nur 2,5 Prozent. Das gleiche Bild bei den *Innovationschampions*: Die Besten wachsen mit einer Rate von durchschnittlich 11,5 Prozent und verdienen dabei 9,7 Prozent des Umsatzes, die anderen wachsen um 1,5 Prozent und erarbeiten eine Umsatzrendite von 2,9 Prozent.

Die Lehre aus diesem Vergleich zwischen den Besten und der Nachhut: Die innovationslastigen Strategietypen versprechen zwar die höheren Wachstumsraten und Renditen, doch wer sich mit seinen neuen Produkten und Prozessen vergaloppiert, stürzt leicht ins Bodenlose ab.

Branche und Unternehmensgröße beeinflussen die Erfolgswahrscheinlichkeit eines Strategietyps

Zwar gelten alle Strategietypen branchenübergreifend, doch bestimmt auch die Branchenzugehörigkeit, wie wahrscheinlich der Erfolg mit einem Strategietyp ist. *Spezialisierer* haben beispielsweise im Automobil- und Maschinenbau gute Chancen, ebenso in der Konsumgüter- und der Hightech-Branche. Im Pharmabereich sowie im Gesundheitswesen hingegen sieht die Lage für die *Spezialisierer* nicht so rosig aus.

Auch die Unternehmensgröße bestimmt mit über die Erfolgschancen eines Strategietyps. Unterhalb der Schwelle von 200 Millionen Euro Umsatz fahren die Mittelständler meist als *Spezialisierer* am besten. Unternehmen dieses Typs setzen im Schnitt rund

190 Millionen Euro im Jahr um und erzielen dabei immerhin eine durchschnittliche Umsatzrendite von 5,0 Prozent. *Kostenführer* setzen auf Volumen und haben deshalb deutlich mehr Umsatz: im Schnitt 250 Millionen Euro pro Jahr, allerdings bei durchschnittlich gerade mal 2,8 Prozent Umsatzrendite. Der typische *Innovationschampion* setzt etwa 260 Millionen Euro um und ist Spitzenreiter in Sachen Umsatzrendite: Er schafft im Schnitt 5,8 Prozent. Am meisten Umsatz machen *Kompetenzführer*, die es auf durchschnittlich knapp 330 Millionen Euro bringen – wer so viele Kompetenzen im Unternehmen versammeln muss, braucht eine gewisse Mindestgröße. Auch ihr Geschäft lohnt sich und bringt im Schnitt 5,2 Prozent Rendite. Am stärksten entscheiden jedoch die Fähigkeiten, die im Unternehmen vorhanden sind, darüber, welcher Strategietyp erfolgreicher ist.

Die Hebel für den Erfolg sind die gleichen, aber nicht jeder muss alles gleich gut können

Unternehmen aller vier Strategietypen finden die gleichen Ansatzpunkte, um ihren Erfolg zu steigern: Innovation, Internationalisierung der Absatzmärkte, Kostenoptimierung der Wertschöpfung und Professionalisierung der Managementfunktionen (Finanz- und Risikomanagement sowie Führung und Organisation). Jeder Strategietyp hat sein eigenes Anforderungsprofil, das allerdings vom *Spezialisierer* über den *Kostenführer* und den *Innovationschampion* bis zum *Kompetenzführer* immer anspruchsvoller wird.

Abbildung 11 erlaubt den Vergleich der für jeden Strategietyp erfolgsentscheidenden Kompetenzen, beispielsweise zwischen *Kosten*- und *Kompetenzführern*. Denkt der *Kostenführer* beim Stichwort Innovation schwerpunktmäßig an seine Prozesse, muss der *Kompetenzführer* gleichzeitig bessere Prozesse und neue Produkte sowie Dienstleistungen im Auge haben. Beide Strategietypen müssen dafür sorgen, dass sie umfassende internationale Präsenz und starke Marktpositionen aufbauen, aber der *Kompetenzführer*

	A Spezialisierer	B Kostenführer	C Innovations-champion	D Kompetenzführer
Innovation (1)	■ Fokus auf Produkt-innovationen für spezielle Kunden ■ Synergienutzung durch Koopera-tionen	■ Fokus auf Prozess-innovation zur Optimierung der Wertschöpfung ■ Kooperationen mit ausgesuchten Kunden und Zulieferern	■ Fokus auf Produkt-innovationen, First Mover ■ Hohe FuE-Investi-tionen und zahl-reiche Patent-anmeldungen ■ Ausgebildete Prozesse zum Wissensaustausch, vertrauensbasierte Kooperation	■ Fokus auf Prozess-innovationen ■ Kooperation mit Forschungs-instituten ■ Produktinnovation
Internationa-lisierung der Absatzmärkte (2)	■ Fokus auf Inlandsmarkt ■ Erste Absatz-gesellschaften im Ausland	■ Hohe Zahl Auslands-vertretungen ■ Große auslän-dische Standorte ■ Marktführende Position	■ First Mover auf ausländischen Märkten ■ Umfassende internationale Präsenz, häufig als Marktführer ■ Erfahrenes Management	■ Umfassende internationale Präsenz ■ Hoher Umsatz-anteil im Ausland ■ Sehr erfahrenes Management
Kosten-optimierte Wert-schöpfung (3)	■ Fokus auf Aufbau eigener Kern-kompetenzen ■ Nutzung Externer bringt kein Erfolgspremium ■ Kein Outsourcing von Forschung und Entwicklung	■ Frühe Optimierung der Wert-schöpfungskette mit Kostenfokus ■ Umfangreiche Ressourcen vor Ort im Ausland ■ Auslagerung von Produktion und Einkauf, dabei Offshoring – insbesondere nach Osteuropa	■ Unterstützung von FuE durch aus-ländische Dienst-leister, vor allem in Indien und China ■ Fokussierte Auslagerung ■ Entwicklung eigener Kern-kompetenzen im Unternehmen	■ Outsourcing und Offshoring, um Kostenvorteile zu nutzen und Kundennähe zu erreichen ■ Weitgehend optimierte Wertschöpfung ■ Starke Präsenz der Wert-schöpfung in Zielmärkten
Finanz- und Risiko-management (4)	■ Hohe Professionalisierung, insbesondere mit zunehmender Größe – Aktives Management der Kapitalstruktur – Vorausschauende Finanzplanung – Nutzung moderner Finanzierungselemente – Kontinuierliche Bewertung der Markt- und Absatzrisiken			
Führung und Organisation	Hohe Professionalisierung, insbesondere mit zunehmender Größe – Formeller Strategiebildungsprozess – Abbildung der Strategie (operative Einbindung der ersten Führungsebene, Zentralfunktionen als separate Einheiten) – Umfassende Fähigkeiten und Erfahrungen der ersten Führungsebene – Differenzierte Auswahl und interne Ausbildung des Managementnachwuchses – Hoher variabler Anteil der Vergütung, attraktive Weiterbildungsmöglichkeiten			

Abbildung 11: Jeder Strategietyp hat ein eigenständiges Profil

2   Erfolg braucht Strategie – aber welche?

braucht außerdem ein international erfahrenes Managementteam, weil er nur an der Spitze bleiben kann, wenn er auch die Impulse der internationalen Märkte in sein Geschäftssystem und seine Produkte übersetzt. Ähnlich der Unterschied bei der Optimierung der Wertschöpfung: Beide nutzen Outsourcing und Offshoring, aber der *Kompetenzführer* bringt zusätzlich noch Absatz und Produktion in ausländischen Märkten ins Gleichgewicht, baut immer mehr Funktionen, bis hin zur Forschung und Entwicklung, im Ausland auf. Nur bei der Professionalisierung des Managements – vom Umgang mit Finanzen und Risiken bis zur Führung und Organisation – gelten über alle Strategietypen hinweg die gleichen Erfolgsfaktoren.

Je konsequenter das Management eines Unternehmens die spezifischen Anforderungen seines Strategietyps umsetzt, desto erfolgreicher agiert es. Dies belegen die Ergebnisse der Unternehmertum-Umfrage. Um erforschen zu können, was die wachstumsstarken und profitablen Mittelständler besser machen als die anderen, wurden die Profile der Spitzenreiter mit denen des Mittelfelds und der Nachhut verglichen.

Zwischen Unternehmen des gleichen Strategietyps gibt es erhebliche Unterschiede

Was machen die Spitzenreiter besser? Beispiel *Spezialisierer*:

- Für *Innovationen* wenden die Topmittelständler im Schnitt 3 bis 5 Prozent des Umsatzes auf, die Nachhut investiert nur 2 bis 3 Prozent in Forschung und Entwicklung. Die Spitzenreiter binden dabei frühzeitig Kooperationspartner ein, die Nachhut versucht es meist allein. Die Topgruppe macht 47 Prozent ihres Umsatzes mit neuen Produkten, die weniger als drei Jahre auf dem Markt sind, die Nachhut nur 38 Prozent.
- Bei der *Internationalisierung des Absatzes* punkten die Besten durch Zurückhaltung: Sie konzentrieren ihre Ressourcen auf

weniger Märkte als die Nachhut, die sich oft auf zu vielen Schauplätzen verzettelt.

- Das Gleiche gilt für die *Optimierung der Wertschöpfung*. Weniger bringt offensichtlich mehr – die Besten haben ihre Wertschöpfung durchweg noch im Heimatmarkt konzentriert. Gerade die Nachhut hat oft schon ihre Produktion ins Ausland verlagert und ist damit wegen fehlender Internationalität des Managements sowie wegen allzu knapper Ressourcen – gerade *Spezialisierer* sind nämlich oft kleine Unternehmen – überfordert.
- Offensichtlich haben die Spitzenreiter das *professionellere Management*: längere Planungshorizonte, aktive Risikomessung und -vermeidung, mehr Einbindung der Mitarbeiter über erfolgsabhängige Vergütung.

Auch bei den *Innovationschampions* förderte die Studie zu Tage, warum die Nachhut so viel schlechter abschneidet als die Spitzenreiter dieses Strategietyps:

- Die Topunternehmen unter den *Innovationschampions* investieren fast 7,5 Prozent ihres Umsatzes in Forschung und Entwicklung, die Nachhut nur gut 4 Prozent.
- Die besten 40 Prozent haben in deutlich mehr Ländern eigene Organisationen aufgebaut und halten auf diesen Auslandsmärkten im Schnitt signifikant höhere Marktanteile als die weniger Erfolgreichen.
- Die Spitzenreiter haben eine höhere Eigenkapitalquote und arbeiten professioneller, vor allem im Finanz- und Risikomanagement. Sie schicken ihre Mitarbeiter im Schnitt fast 50 Prozent länger pro Jahr zur Weiterbildung und der Anteil erfolgsabhängiger Vergütung ist bei ihnen um gut ein Viertel höher als bei der Nachhut.

So klingt alles ganz einfach: Die richtige Strategie wählen, die notwendigen Fähigkeiten aufbauen und konsequent umsetzen, eben das Richtige tun, das Falsche lassen, dann ist der Erfolg programmiert – jedenfalls solange der gewählte Strategietyp noch zum Entwicklungsstand des Unternehmens passt. Denn auch aus seinem Strategietyp kann man herauswachsen – wann es so weit ist und was das Management dann tun muss, zeigt das nächste Kapitel. Doch am Anfang steht allemal die Einordnung des eigenen Unternehmens: *Spezialisierer, Kostenführer, Innovationschampion* oder *Kompetenzführer* – welcher Typ sind Sie?

Checkliste: Strategie

Wissen Sie, welchem Strategietyp Ihr Unternehmen entspricht? Schätzen Sie hierzu die Wichtigkeit der einzelnen strategischen Zielsetzungen anhand der folgenden Checkliste (Abbildung 12).

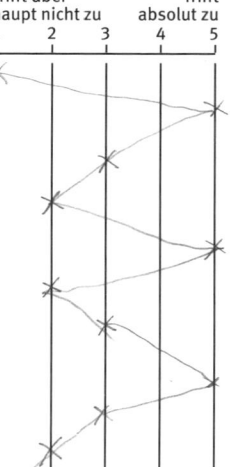

Trifft überhaupt nicht zu — Trifft absolut zu
1 2 3 4 5

1 **Kostenführerschaft:** Niedrigere Gesamtkosten als der Wettbewerb erzielen, um niedrigere Preise anzubieten

2 **Qualitätsführerschaft:** Höhere Qualität als der Wettbewerb anbieten, um einen Preisaufschlag zu realisieren

3 **Technologieführerschaft:** Jeweils als Erster die neueste Technologie in den Produkten und Produktionsverfahren anbieten

4 **Marktführerschaft:** Der umsatzstärkste Anbieter in der Produktsparte sein

5 **Nischenstrategie:** In speziellen Marktsegmenten agieren und dort aufgrund der Spezialisierung hohe Renditen erwirtschaften

6 **Volumenstrategie:** In vielen Marktsegmenten agieren und insgesamt ein hohes Volumen absetzen

7 **Standardisierung:** Standardisierte Produkte für definierte Zielgruppen anbieten

8 **Individualisierung:** Maßgeschneiderte Problemlösungen für einzelne Kunden/eng definierte Zielgruppen anbieten

9 **Dienstleistungsführerschaft:** Umfangreichen Service und Dienstleistungen anbieten

10 **Markenführerschaft:** Die stärkste Marke in der eigenen Branche etablieren

Was war die strategische Ausrichtung Ihres Unternehmens in den letzten fünf Jahren?

Nach der Bewertung der strategischen Ziele vergleichen Sie Ihr Ist-Profil mit dem Idealprofil der Spitzenreiter-Unternehmen. Das Profil, von dem Ihr Unternehmen am wenigsten abweicht, entspricht Ihrem Strategietyp (Abbildung 13).

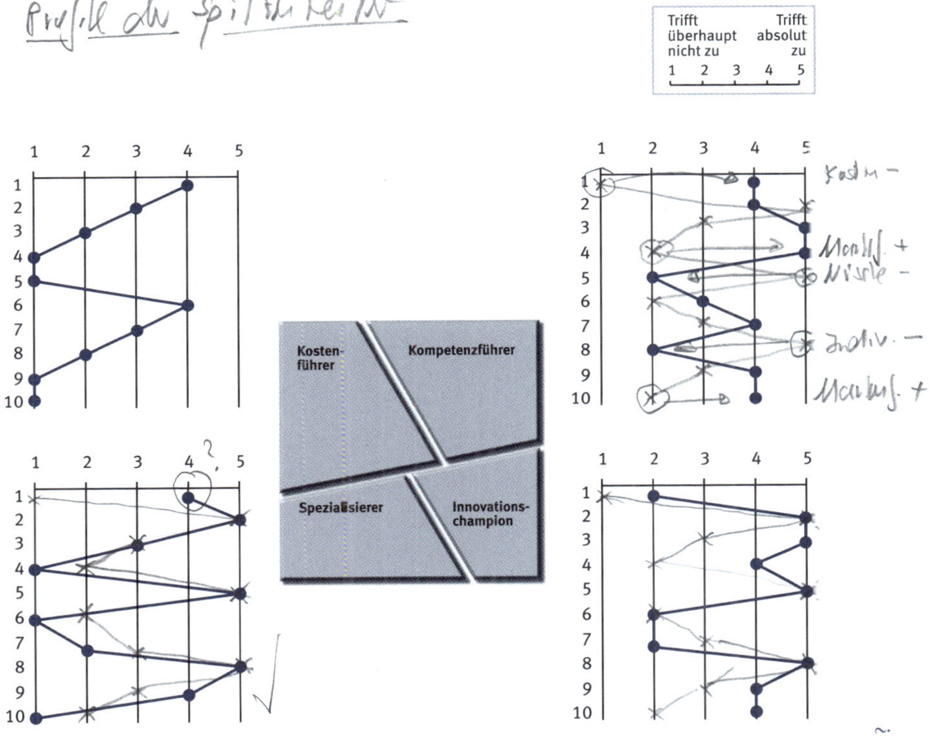

Trifft überhaupt nicht zu
Trifft absolut zu
1 2 3 4 5
Kostenführer
Kompetenzführer
Spezialisierer
Innovationschampion

1 Kostenführerschaft
2 Qualitätsführerschaft
3 Technologieführerschaft
4 Marktführerschaft
5 Nischenstrategie
6 Volumenstrategie
7 Standardisierung
8 Individualisierung
9 Dienstleistungsführerschaft
10 Markenführerschaft

Strategietypen im Vergleich

Unter *www.unternehmertum-deutschland.de/schnelltest* können Sie den Test zur Identifizierung des Strategietyps auch online durchführen.

Wie ist es um die strategische Ausrichtung Ihres Unternehmens bestellt? Wenn Sie die nachfolgenden Fragen nicht eindeutig mit Ja beantworten können, liegt der Gedanke an eine Strategieüberarbeitung nahe.

	Ja	Nein
Gibt es eine ausformulierte Strategie für das Unternehmen, die das momentane Wettbewerbsumfeld ausreichend widerspiegelt? Teilen Sie in der Geschäftsführung eine gemeinsame strategische Ausrichtung?	❑	❑
Liegt eine konkrete Zielvorgabe für Wachstum und Rentabilität vor, und liegt diese auch den Zielvorgaben für das Topmanagement und dem allgemeinen Planungsprozess zugrunde?	❑	❑
Stehen die gewählten strategischen Ziele in Einklang miteinander oder kollidieren sie (wie beispielsweise das gleichzeitige Streben nach Innovations- und Kostenführerschaft)?	❑	❑
Berücksichtigt die gewählte Strategie die bestehenden Stärken im Wettbewerb und die zur Verfügung stehenden Ressourcen ausreichend (oder überfordert die Strategie Ihre Organisation)?	❑	❑
Lassen sich die strategischen Ziele in der Branche überhaupt umsetzen, gibt es dafür schon Erfolgsbeispiele?	❑	❑
Wird die Strategie in regelmäßigen Abständen dem Wettbewerbsumfeld angepasst und im Führungskreis diskutiert?	❑	❑

Kernaussagen

Die vier erfolgversprechenden Strategietypen differenzieren sich durch ihren Fokus: Entlang den Achsen Volumen und Innovation ergeben sich vier Kombinationen, die jeweils für einen Strategietyp stehen. In allen vier Typen ist profitables Wachstum möglich.

Wer seinen Fokus weder stark auf Volumen noch auf Innovation legt, kann in der Nische als *Spezialisierer* reüssieren und viel Geld verdienen, wenn er genau die Bedürfnisse seiner Kunden kennt und bedient. Wer große Stückzahlen effizient produziert, hat Wachstumschancen als *Kostenführer*. Unternehmen, die stark auf Forschung und Entwicklung setzen, wachsen als *Innovationschampion*. Und wer sowohl bei der Wertschöpfung als auch bei der Innovation vorn liegt, hat alle Chancen als *Kompetenzführer*.

Zu jedem Strategietyp gehört ein anderes Set von Kernfähigkeiten als Voraussetzung für den Erfolg.

Die erfolgreichen und die weniger erfolgreichen Unternehmen eines Strategietyps unterscheiden sich darin, wie stark die jeweils benötigten Kernfähigkeiten bei ihnen ausgeprägt sind, ob sie das als richtig Erkannte auch erfolgreich umsetzen können.

3 Strategiewechsel: Wachsen oder Weichen auf dem Weg zum Kompetenzführer

Die Zuordnung eines Unternehmens zu einem Strategietyp zeigt eine Momentaufnahme. Wachsende Unternehmen entwickeln sich weiter – zumeist in Richtung Kompetenzführer. Dabei stehen ihnen grundsätzlich zwei Wege offen. Doch zum Strategiewechsel müssen die Unternehmen nicht nur neue Fähigkeiten entwickeln, sondern manche Verhaltensweisen, die bislang den Erfolg garantierten, schlicht vergessen.

Der Blick auf das System der Strategietypen mit den zugeordneten Unternehmen zeigt eine Momentaufnahme. Erfolg heißt Weiterentwicklung, da kann es keine statischen Zustände geben. Dafür sorgt schon der Faktor Wachstum, ein zentrales Element jeder erfolgreichen Strategie. Wachstum schafft, das belegt die Mittelstandsstudie, die Basis des Erfolgs: Eine dynamische Umsatzentwicklung ist die Voraussetzung für die Erwirtschaftung einer hohen Rendite.

Zumeist findet das Wachstum innerhalb des jeweiligen Strategietyps statt. Diejenigen Unternehmen, die besonders gut die spezifischen Anforderungen ihres Strategietyps erfüllen, wachsen schneller und verdienen mehr als ihre schlechter aufgestellten Wettbewerber.

Doch zu den Strategietypen *Spezialisierer*, *Innovationschampion* und *Kostenführer* gehört jeweils ein Umsatzkorridor, in dem ihre Chancen am besten stehen. Nur für den *Kompetenzführer* gibt es keine Umsatzgrenzen auf dem Weg zum Konzern mit mehreren unabhängigen Geschäftsbereichen. Bei Erfolgsunternehmen in den anderen drei Strategietypen verflacht irgendwann die Wachstumskurve, die Rendite sinkt – das Unternehmen stößt in seinem Strategietyp an die Grenze. Den *Spezialisierer* trifft es als ersten.

Dann ist es Zeit für einen Strategiewechsel, einen Kraftakt, bei dem Unternehmen alte Erfolgsfaktoren bewusst aufgeben und ganz neue Fähigkeiten entwickeln müssen. Wenn das Manöver gelingen soll, muss das Management hierzu klare Entscheidungen treffen und mit einem Bündel gezielter Maßnahmen das Ruder herumreißen: Das fängt mit einer langfristigen strategischen Planung an. Ein Horizont von acht bis zehn Jahren ist hier angemessen. Die Manager entwickeln dabei detaillierte Projekt- und Maßnahmenpläne und überprüfen deren stringente Einhaltung an klar definierten Meilensteinen.

Am niedrigsten liegt der Grenzwert für den *Spezialisierer*, für die meisten Mittelständler der Ausgangspunkt: Im Mittelpunkt stehen die Kundenwünsche, nichts ist unmöglich, jede Variante wird gebaut und verkauft. Doch wenn es gut läuft, das Unternehmen prosperiert und kräftig wächst, wird unweigerlich irgendwann die Nische zu eng, steht das Management spätestens bei einem Jahresumsatz von rund 200 Millionen Euro vor einer schwierigen Entscheidung: Das Unternehmen muss die bisherige Strategie wechseln.

Dabei ist das Ziel eindeutig, auch wenn es weit in der Ferne liegt: Alle erfolgreichen Unternehmen mit entsprechender Größe wollen irgendwann als *Kompetenzführer* ihre Märkte bearbeiten, hohe Innovationskraft mit effizienter Produktion und professioneller Führung verbinden.

Zwei Wege führen in Richtung Kompetenzführerschaft

Um sich in Richtung *Kompetenzführer* zu entwickeln, bieten sich dem aus seiner Nische herausgewachsenen *Spezialisierer* zwei Wege: Entweder er konzentriert sich zunächst schwerpunktmäßig darauf, seine Kreativität zu stärken, und entwickelt sich zum *Innovationschampion*. Oder er konzentriert sich vor allem auf die Optimierung der Wertschöpfung und steuert den Strategietyp des *Kostenführers* an (Abbildung 14).

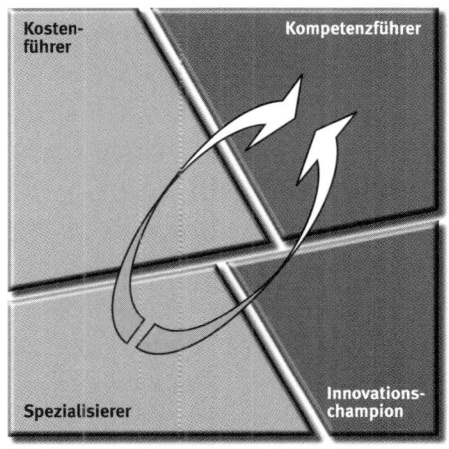

Abbildung 14: Zwei Wege zum Kompetenzführer

Vor allem zwei Faktoren bestimmen die Wahl der Richtung: die ökonomische Situation, also die Gesundheit des Unternehmens, und seine Fähigkeiten. Hat es den Strategiewechsel zu lange vor sich hergeschoben, sodass Wachstum und Rendite schon verfallen sind, ist Restrukturierung das Gebot der Stunde: Zunächst muss das Unternehmen gesunden und so eine starke Ausgangsposition schaffen. Mehr Effizienz ist das Etappenziel. Ist die Ertragssituation wieder komfortabler, kann das Unternehmen es sich erlauben, entweder in den Wandel zum *Kostenführer* oder in den zum *Innovationschampion* zu investieren.

Doch manchmal gibt die Branchenzugehörigkeit die Richtung vor: So gelingt es beispielsweise nur wenigen großen Mittelständlern in der Bauindustrie, als *Innovationschampion* erfolgreich zu sein. Eine Branche mit geringer technologischer Dynamik hat als quasi natürlichen Strategietyp den des *Kostenführers*. Umgekehrt werden deutsche Pharmahersteller kaum als *Kostenführer* reüssieren können. Sie tun besser daran, den Weg zum *Innovationschampion* einzuschlagen.

Der nächste Schritt in Richtung *Kompetenzführer* ist das Ergänzen der Fähigkeiten um die jeweils andere Dimension – *Kostenführer* lernen Innovation, *Innovationschampions* Effizienz. Klingt einfach, ist es aber nicht. Zunächst braucht das Management den richtigen Zeithorizont, muss fünf bis zehn Jahre vorausdenken: Gerade die großen Mittelständler haben oft die ersten hundert Jahre als *Spezialisierer* zugebracht. Den Sprung zum erfolgreichen *Kostenführer* oder *Innovationschampion* schafft man da nicht in ein, zwei Jahren. Wo der Übergang bis zu einer Unternehmergeneration dauert, ist langfristige Planung gefragt, gerade wenn man als Fernziel den *Kompetenzführer* im Blick hat. Dabei ist aller Anfang schwer, denn jeder Strategiewechsel bedeutet einen Kraftakt für das Unternehmen. Management und Belegschaft müssen vieles von dem verändern, was bisher den Erfolg gebracht hat. Das fällt allen Beteiligten schwer. Die Studienergebnisse zeigen deutliche Wachstumsbarrieren in Abhängigkeit von Strategietyp und Umsatzgrößenklasse auf. Die identifizierten Barrieren – auf die wir später noch detailliert eingehen werden – reichen von der Effizienz- bis zur Komplexitätsbarriere. Erreicht ein Unternehmen die Schwellenwerte, ist die Überwindung der Barrieren oft nur durch radikales Umdenken erfolgreich. Auch deshalb verharren viele Unternehmen in ihrem Strategietyp, bis es fast zu spät ist.

In zehn Jahren vom Spezialisierer über den Kostenführer zum Kompetenzführer

In einem gewaltigen Kraftakt schaffte Schmitz Cargobull, Hersteller von Lkw-Aufliegern, den langen Weg vom *Spezialisierer* zum *Kompetenzführer*: Das Unternehmen, das bis vor gut zehn Jahren seine Kunden mit einer Typenvielfalt vom Tank-, Kühl- über den

Pritschenauflieger bis hin zum Tieflader bedient hatte, musste die Strategie wechseln. Die teure Modellvielfalt hatte die Rendite gegen null gedrückt. Die damaligen Geschäftsführer nutzten die bedrohliche Situation und gaben die bisherige Strategie auf. Sie restrukturierten das Unternehmen und entwickelten es in Richtung Kosten- und Innovationsführer.

Konsequent strich das Unternehmen das Modellprogramm zusammen. Danach blieben nur noch zwei Trailer-Typen übrig. Die Belegschaft war gehörig verunsichert – galt doch die absolute Kundenorientierung mit einem breiten Spektrum als stärkster Trumpf. »Unsere Mitarbeiter sagten damals, wir könnten uns auf den Gang zum Konkursrichter einstellen«, erinnert sich Bernd Hoffmann, der heutige Vorstandsvorsitzende der Schmitz Cargobull AG. Die Pessimisten wurden eines Besseren belehrt: Eine Zeit des rasanten und profitablen Wachstums begann.

Die Grundlage schuf eine Reihe von Maßnahmen, mit denen Schmitz Cargobull die Komplexität reduzierte. Nachdem der Typenwildwuchs kräftig gestutzt war, galt es, die verbliebenen kundenorientierten Varianten kostenoptimal zu fertigen. Das Unternehmen entwickelte hierzu ein Modulkonzept, nach dem möglichst viele Gleichteile in alle Modelle eingebaut werden und die Variationen erst sehr spät im jeweiligen Produktionsprozess entstehen. Ein Beispiel: Statt wie zuvor 153 verschiedene Stützwinden zum Abstellen der Trailer zu verbauen, kam man jetzt mit zwei Typen aus – mit dramatischen Folgen bei Beschaffungs- und Lagerkosten. Und statt wie früher zunächst zu entwickeln und später auszurechnen, wie viel der neue Trailer kosten muss, setzte Schmitz Cargobull konsequent auf *Design-to-Cost.* Hierbei steht der Verkaufspreis fest, bevor ein neues Modell geplant wird, das zu den vorgegebenen Kosten gefertigt werden kann.

Was schnell erzählt ist, brauchte in der Realität viel Zeit und Energie: Jedes Jahr setzte das Management ein neues Programm zur Optimierung von Einkauf und Vertrieb auf und zog es durch.

Belegschaft und Führung müssen kontinuierlich neue Fähigkeiten aufbauen, um alte Kunden vom neuen Kurs zu überzeugen und neue Zielgruppen zu erschließen.

Natürlich erlaubt es die Realität des Wettbewerbs nicht, sich allein auf die Kostenseite zu konzentrieren. Schmitz Cargobull überlegte daher, parallel auch die Innovationsführerschaft zu übernehmen. Zunächst standen Innovationen im Vordergrund, die besseren Kundennutzen boten und außerdem direkten Einfluss auf die Kostenposition des Unternehmens hatten: Die Schmitz-Cargobull-Ingenieure entwickelten neue, kostenoptimierte Fahrwerke und führten dabei eine selbst entwickelte Luftfederung und wenig später Scheibenbremsen für die Auflieger ein. Danach erfanden sie eine Verbindungstechnik, die es erlaubte, die Bauteile des Chassis durch einfaches Bolzen statt durch aufwendiges Schweißen zu verbinden. Und statt die Chassis zu lackieren wie zuvor, verzinkte das Unternehmen nun korrosionsgefährdete Teile. Kostenintensive Lackierereien und Schweißstraßen waren nicht mehr nötig. Das modulare System und die neue Verbindungstechnik ermöglichten es Schmitz Cargobull, Satellitenwerke in den wichtigsten Abnehmerländern aufzubauen. Dort werden heute die technisch aufwendigen, in Deutschland gefertigten Komponenten vor Ort zu Fahrzeugen zusammengebaut. So hat sich der Aufliegerbauer die Faktorkostenvorteile der Länder erschlossen.

Nachdem die Kosten- und Innovationsmaßnahmen griffen, entwickelte das Management strategische Dienstleistungen rund um das Produkt. Eine eigens gegründete Finanzierungsgesellschaft schnürt heute Finanzierungspakete, die Unternehmensgruppe verfügt über ein europaweites Servicenetz mit über siebenhundert autorisierten Servicepartnern, bietet eine Ersatzteilverfügbarkeit im 24-Stunden-Sprung, offeriert kundenspezifische Full-Service-Lösungen, entwickelt und vertreibt speziell für den Trailer ein Telematiksystem, mit dem sich jederzeit der aktuelle Standort und die Daten der Ladung ermitteln lassen, und handelt mit Gebrauchtfahrzeugen. Heute bietet Schmitz Cargobull wieder vier Fahrzeugtypen an: Pritsche, Koffer, Containerchassis und Kipper – Modularisierung und Kostensenkung sei Dank. Damit ist die gesamte Wertekette für den Betrieb eines Transportfahrzeugs abgedeckt. Schmitz Cargobull ist mit Abstand die Nummer 1 in Europa und einer der profitabelsten Trailer-Hersteller der Welt – sowie zweifellos ein *Kompetenzführer*.

Das Beispiel Schmitz Cargobull macht einige Grundgesetze des Strategiewechsels deutlich:

- **Für den gelungenen Strategiewechsel brauchen Unternehmen Weitblick und einen langen Atem.** Die zehn Jahre, die Schmitz Cargobull für den Weg vom *Spezialisierer* zum *Kompetenzführer* brauchte, sind vergleichsweise kurz. Meist vollzieht sich die Entwicklung langsamer, weniger gradlinig und von häufigen Störungen unterbrochen. Das Problem: Nur die wenigsten Unternehmen schauen weiter als ein Jahr voraus, fragen sich: Wo wollen wir in fünf oder zehn Jahren stehen – und wie kommen wir dahin?
- **Zunächst sind stets mentale Hürden zu überwinden.** Manches, was bislang als Tugend und Stärke galt, wird zum Problem. Die Belegschaft muss umlernen. Beispiel Kundenwünsche: Früher führten die Vertriebler von Schmitz Cargobull jede noch so ausgefallene Bestellung aus. Damit sie sich künftig anstrengten, eher Standardlösungen zu verkaufen, wurde zunächst das Provisionssystem geändert. Außerdem bekam jeder Verkäufer einen Laptop mit eingebautem Produktkonfigurator. Wenn der Vertriebler nun beim Kunden dessen Bestellung eingibt, kann er direkt verfolgen, wie seine Provision mit jedem akzeptierten Extrawunsch sinkt.
- **Strategiewechsler müssen neue Fähigkeiten aufbauen.** Gerade beim Ausbruch aus der *Spezialisierer*-Nische ist der Lehrplan umfangreich: Da geht es eben nicht nur darum, in Sachen

Effizienz oder Innovation zuzulegen. Auf beiden Wegen sind die Unternehmen in der Nische mehr als zuvor darauf angewiesen, internationale Absatzmärkte zu entwickeln. Und mit zunehmender Größe und komplexerem Geschäft wird auf beiden Pfaden die Professionalisierung der Führung wichtig – der Chef allein kann sich nicht länger um alle Themen selbst kümmern. Stattdessen muss ein professionelles Team Finanzen und Risiken, Mitarbeiter und Kunden, Tagesgeschäft und Strategie managen.

- Ohne konsequente und systematische Umsetzung misslingt der Strategiewechsel. Der Weg zum neuen Strategietyp ist mühsam – jedes Jahr neue Kostenprogramme, Innovationsoffensiven, Vorstöße auf neue regionale Märkte oder in neue Branchen. Das Management muss strukturiert seine Aufgaben abarbeiten und kontinuierliche Verbesserungen durchsetzen.

Omicron nimmt den Weg über den Innovationschampion

Mit diesen Hürden plagt sich auch das Nanotechnologie-Unternehmen Omicron. Früher florierte es als *Spezialisierer* prächtig: In ihrer Manufaktur schraubten Tüftler und Wissenschaftler nahezu in Einzelfertigung Ultra-Hochvakuum-Mikroskope für Forscher rund um die Welt zusammen. Jetzt liegen Anfragen von Chipherstellern vor, die Omicrons Mikroskope in der Materialprüfung einsetzen wollen. Es geht nicht um Einzelbestellungen, sondern um Serienfertigung.

Was bedeutet es für Omicron, wenn das Unternehmen dieses vielversprechende neue Geschäftsfeld angeht? Zunächst müssten die Hessen statt ihrer »Innovationsboutique« eine echte Serienfertigung aufbauen, die homogene Belegschaft würde ergänzt um Blue-Collar-Kollegen. Auch der Vertrieb müsste sich gewaltig umstellen: Noch verhandeln Physiker mit ihren Universitätskollegen – mit Einkäufern von Großkonzernen aber hört die Gemütlichkeit auf. Omicron muss sich neu erfinden – das Unternehmen hat die Nische des *Spezialisierers* schon verlassen und muss jetzt Serienfähigkeiten des *Innovationschampions* dazulernen.

Denn mit den Strategieentscheidungen ist es wie mit den meisten Dingen im Leben: Nichts hält ewig. Zwar gilt: Unternehmen können in jedem der vier Strategietypen erfolgreich sein, wenn sie über die entsprechenden Kompetenzen verfügen oder sie zügig entwickeln. Doch die Studie belegt eindeutig: Es gibt Zeitpunkte, an denen es plausible Gründe dafür gibt, den Strategietyp zu wechseln. Das ist allerdings mit einer einfachen Entscheidung nicht getan, den Wechsel der Strategie behindern Barrieren, die es zu überwinden gilt.

Der Spezialisierer stößt an eine Umsatzgrenze

Eine eindeutige Umsatzgrenze zeigt die Studie für den Strategietyp des *Spezialisierers*. Er hat statistisch betrachtet die besten Chancen auf Erfolg, wenn das Unternehmen unter 200 Millionen Euro Jahresumsatz erzielt. Bei dieser Marke liegt die Erfolgswahrscheinlichkeit um 3 Prozentpunkte über dem Schnitt der Unternehmer dieses Strategietyps. Jenseits der Marke fällt die durchschnittliche Rendite drastisch (Abbildung 15).

Spezialisierer mit mehr als 350 Millionen Euro Umsatz finden sich kaum noch unter den erfolgreichen Top-40-Prozent. Plausible Begründung: In ihrer engen Marktnische machen die kleinen *Spezialisierer* profitable Geschäfte, große Wettbewerber halten sich fern, weil der Markt für sie zu wenig ergiebig und der Markteintritt schwierig ist – sie müssten den extrem auf Kundenwünsche eingestellten *Spezialisierer* verdrängen. Weitet sich jedoch die Nische zum größeren Markt oder verlassen *Spezialisierer* ihr enges Feld, um den Umsatz zu steigern, stehen sie bald im scharfen Wind des Wettbewerbs – mit den bekannten Folgen für die Margen.

Einige *Spezialisierer* versuchen, diesem Problem zu entkommen, indem sie Geschäfte in mehreren Nischen kombinieren. Diese

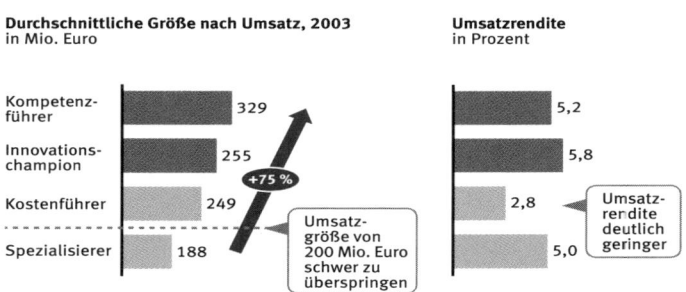

Abbildung 15: Innovative Strategietypen sind größer und tendenziell profitabler, Spezialisierer erzielen nicht mehr als 200 Millionen Euro Umsatz

Strategie ist selten erfolgreich, weil die Komplexität des Geschäfts damit exponentiell wächst: Zwischen den Geschäften auf verschiedenen engen Märkten ergeben sich selten Synergien. Das meist knapp besetzte Management hat nicht die Kapazität, hinsichtlich der Bedürfnisse mehrerer Kundengruppen derartig detaillierte Kenntnisse aufzubauen, wie sie der *Spezialisierer* für erfolgreiche Geschäfte braucht. Sein ganzes Geschäftssystem – von der Logistik über die Produktion bis zum Vertrieb – ist schnell überfordert, die Kosten steigen exponentiell, und das Unternehmen tappt in die Komplexitätsfalle.

Der Innovationschampion braucht eine Mindestgröße für den Erfolg

Anders als der *Spezialisierer* braucht der *Innovationschampion* eine gewisse Mindestgröße, um erfolgreich zu sein. Am besten sind seine Chancen in der Größenklasse von 200 bis 350 Millionen Euro Umsatz. Damit er die Früchte seiner Kreativität ernten kann, muss er seine Neuprodukte sehr schnell einem breiten Kundenkreis anbieten, um möglichst lange allein die Innovationsprämie abzuschöpfen, ehe Wettbewerber mit Kopien am Markt sind. Außerdem muss der *Innovationschampion* zügig seine Kostenstrukturen in den Griff bekommen. Wenn er seine Produkte nicht zu marktgängigen Preisen anbieten kann, erreicht er nie die Massenmärkte, sondern wie der *Spezialisierer* nur die Lead-User. Die geforderte Professionalität in Vermarktung und Produktion bringen erfahrungsgemäß eher umsatzstärkere Unternehmen auf. Und je mehr der *Innovationschampion* diese Fähigkeiten ausbaut, desto mehr bewegt er sich auf die Stufe zum *Kompetenzführer*.

Auch *Kostenführer* brauchen eine – von der Branche abhängige – Mindestgröße, schließlich müssen sie auf *Economies of Scale* setzen. Dann können sie in allen Größenklassen sehr schnell wachsen. Die Umfrage zeigt allerdings, dass mit zunehmendem Umsatz häufig die Rendite sinkt: Zwar heben die Unternehmen Skalen- und Synergieeffekte, aber mit ihren wenig innovativen Produkten stehen sie in scharfem Preiswettbewerb. Wer jedoch bei schmaler Marge ein immer größeres Rad dreht, immer fernere Märkte sucht, erhöht sein Risiko kräftig – deshalb sinkt die Erfolgswahrscheinlichkeit mit steigendem Umsatz. Überdies lassen geringe Margen und die Konzentration auf die Kostenseite wenig Innovation zu. Das Unternehmen läuft zunehmend Gefahr, dem nächsten Innovationssprung zum Opfer zu fallen. Beispiel: Die mechanischen Taxameter von Kienzle wurden von elektronischen Geräten abgelöst. Der Quasi-Monopolist Kienzle war aus dem Geschäft. Deshalb bleibt mittelfristig nur die Fortentwicklung zum *Kompetenzführer*.

Auch mit einfachen Produkten können Unternehmen Kompetenzführer werden

Wenn das produzierte Grundprodukt simpel ist, entwickeln sich *Kostenführer* gern über Innovationen im Service zum *Kompetenz-*

führer. Beispiel: das Bielefelder Familienunternehmen Böllhoff. Vor 130 Jahren als Handelsbetrieb gestartet, macht der frühere Schraubenhändler heute mit 2.000 Mitarbeitern rund 400 Millionen Euro Umsatz – und sieht sich als »internationaler Dienstleister mit eigener Entwicklung und Produktion«. Einerseits gehört das Unternehmen mit seiner hoch automatisierten Fertigung von Teilen für die Befestigungstechnik zum Strategietyp *Kostenführer.* Hier macht den Westfalen kein Wettbewerber etwas vor, wegen des hohen Automatisierungsgrads produzieren auch Asiaten kaum billiger. Doch der Löwenanteil der Wertschöpfung fällt bei Böllhoff heute im Service an – und hier gehört das Unternehmen eindeutig zum Typus *Kompetenzführer.*

»Großvater wusste schon 1950, dass er langfristig allein mit Schrauben kein Geld verdient«, beschreibt Michael W. Böllhoff, heute geschäftsführender Gesellschafter der vierten Generation, den weiten Planungshorizont des Mittelständlers. Damals nahm Böllhoff senior anspruchsvolle technische Verbindungselemente ins Programm, etwa Gewindeeinsätze für weiche Metalle. Anfang der neunziger Jahre gelangte Michael W. Böllhoffs Vater zu der Erkenntnis, dass er zu seinen Standardprodukten Dienstleistungen anbieten müsse. »Die Kostenersparnis bei unseren Kunden liegt nicht darin, 4 statt 5 Cent pro Schraube zu zahlen«, sagt Michael W. Böllhoff: »Interessant sind die Prozesskosten, ob der Kunde etwa ganze Schritte an uns auslagern kann.« Hier haben die Bielefelder ein Geschäft mit hohen Markteintrittsbarrieren für die Wettbewerber aufgebaut.

Für die größte Kundengruppe, die Automobilindustrie, etablierte sich Böllhoff deshalb als Entwicklungspartner. Als beispielsweise Audi in den neunziger Jahren die ersten Aluminiumkarosserien entwickelte, fragten die Ingolstädter in Bielefeld nach einer Lösung für ihr Problem: Das weiche Aluminium lässt sich nur aufwendig und teuer schweißen – wie sollten die Kotflügel an den Audi A8 kommen? Böllhoff hatte eine kompetente Lösung, die Niettechnik – ein zentraler Beitrag zur Entwicklung des Audi Space Frame.

Böllhoff profitiert vom Trend zum Outsourcing. »Verbindungskompetenz haben manche Hersteller bewusst nicht mehr im Haus«, sagt Michael W. Böllhoff über seine Kunden, neben der Autoindustrie sind dies vor allem der Maschinenbau und die blechverarbeitende Industrie. Simple Schrauben produziert Böllhoff längst nicht mehr selbst, Standardelemente kaufen die Bielefelder in Asien ein. »Die Differenzierung liegt im Service«, erklärt Michael W. Böllhoff, »wir verkaufen kein Verbindungselement ohne technischen oder logistischen Support.«

Als Kompetenzführer setzt Böllhoff stark auf die Internationalisierung. Sechs Werke betreibt der Mittelständler weltweit, seit einem Jahr auch eins in China: »Nicht als Low-Cost-Lieferant für Europa, sondern für den chinesischen Markt.« Auch der Böllhoff-Vertrieb hat verstärkt China und Indien im Visier. »Es ist unser Prinzip, frühzeitig in den neuen Märkten aktiv zu werden«, sagt Michael W. Böllhoff. Die große Aufgabe: Auch dort Böllhoff zur Marke machen, als Synonym für Verbindungstechnik. »Das muss man über Jahrzehnte aufbauen«, weiß Geschäftsführer Böllhoff: »In Brasilien sind wir seit 35 Jahren, da haben wir heute eine stärkere Marke als in Deutschland.«

Seine Aufgabe und die seines Bruders sieht der Mittdreißiger in den Märkten in China und Indien. Und natürlich ist ihm auch wichtig: »Wir wollen unsere Unabhängigkeit wahren – für die fünfte Generation.«

Im Bereich Service haben die meisten großen Mittelständler noch Wachstumsreserven. Dass mehr drin ist, zeigt ein Blick auf die Großindustrie. Nicht nur IBM hat sich als Software- und Beratungshaus neu erfunden. Selbst ein klassischer Maschinenbauer wie der Kompressorhersteller Atlas Copco machte 2005 39 Prozent seines Umsatzes mit Service, der Flugzeugturbinenbauer General Electric immerhin 29 Prozent. Und der IT-Ausrüster Hewlett-Packard macht zwar den größten Teil seines Umsatzes mit Produkten, aber Dienstleistungen steuern 20 Prozent bei.

Auch viele deutsche Unternehmen haben die Zeichen der Zeit erkannt. So bietet Heidelberger Druck, Weltmarktführer für Bogen-offset-Druckmaschinen, neben dem weltweiten Service auch ganze Schulungsprogramme für die Bedienmannschaften der Maschinen beim Kunden. Höchste Weihen können die Mitarbeiter der Abnehmer bei einem eigenen MBA-Programm der Heidelberger empfangen. Der Unternehmensbereich Schweißanlagen der KUKA Robot Group bietet seinen Kunden Dienstleistungspakete bis zur Verlagerung der Anlagen an und stellt auf Wunsch Mannschaften, die komplette Produktionsanläufe betreuen. Ganz neue Wege gehen die Werkzeugbauer von Krupp Berco, die ihre Bohrhämmer auf Wunsch nicht nur verkaufen, sondern quasi zur Nutzung zur Verfügung stellen – abgerechnet wird nach der Zahl der ausgeführten Schläge.

Die Komplexitätsbarriere blockiert den Weg vom Spezialisierer zum Kostenführer

Es klingt so einfach: Wenn die Strategie nicht mehr passt, wird sie eben geändert. Doch natürlich ist die Sache komplizierter (Abbildung 16). Beim Strategiewechsel vom *Spezialisierer* zum *Kostenführer* müssen die Unternehmen ihre häufig noch auf Einzelstücke und Kleinserien fokussierte Produktion kostenoptimal gestalten. Die Unternehmen müssen ihr bewährtes Erfolgsrezept der Kleinserien aufgeben, die ganze Mannschaft muss umlernen. Die Wege zur Effizienzsteigerung sind bekannt:

- Lean Manufacturing: Dazu gehört für die meisten *Spezialisierer*, die sich auf den Weg zum *Kostenführer* machen, die Entwicklung eines neuen Produktionssystems. Ziel: Steigerung von Produktivität, Effektivität und Qualität. Dazu brauchen sie fast immer neue Fähigkeiten im Management. Denn die Manager führen das neue System ein und sichern die Nachhaltigkeit des Erfolgs. Doch die echte Herausforderung stellt die Änderung der Einstellungen und Verhaltensweisen der gesamten Beleg-

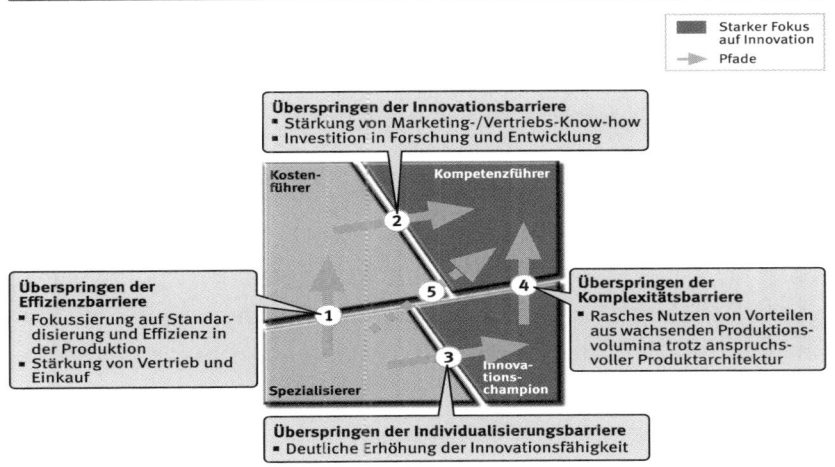

Überspringen der Innovationsbarriere
- Stärkung von Marketing-/Vertriebs-Know-how
- Investition in Forschung und Entwicklung

Kosten-
führer

Kompetenzführer

Überspringen der
Effizienzbarriere
- Fokussierung auf Standar-
disierung und Effizienz in
der Produktion
- Stärkung von Vertrieb und
Einkauf

Überspringen der
Komplexitätsbarriere
- Rasches Nutzen von Vorteilen
aus wachsenden Produktionsvolumina trotz anspruchs-
voller Produktarchitektur

Innova-
tions-
champion

Spezialisierer

Überspringen der Individualisierungsbarriere
- Deutliche Erhöhung der Innovationsfähigkeit

Abbildung 16: Höheres Wachstum und höhere Profitabilität erfordern den systematischen Aufbau kritischer Fähigkeiten

schaft dar. Auf allen Ebenen müssen die Mitarbeiter überzeugt, ausgebildet und systematisch eingebunden werden, damit die Transformation des Unternehmens tatsächlich stattfindet.

- Standardisierung und Modularisierung: Schluss mit den maßge-schneiderten Einzelanfertigungen, hin zu standardisierten Großserien. Natürlich gibt es weiterhin Produktvarianten, die aber dank eines modularen Aufbaus der Produkte erst spät im Produktionsprozess entstehen und damit wesentlich preiswerter zu erzeugen sind.
- Outsourcing und Offshoring: Gleichzeitig gibt es systematische *Make-or-Buy*-Entscheidungen: Wo liegen tatsächlich die Kern-kompetenzen des Unternehmens? Was kann es sinnvoll outsour-cen? Ebenso systematisch wird über das Wo entschieden: Für welche Stufen der Wertschöpfung rechnet sich die Verlagerung in Niedriglohnländer?
- Einkaufs- und Vertriebseffizienz: Wer *Kostenführer* werden will, muss die günstigsten Einkaufsquellen nutzen. *Global Sourcing* ist ein Muss, erfordert aber den Aufbau erheblicher Kompeten-

zen. Der Vertrieb wiederum braucht neue Ziele und neue Argumente. Statt der unbedingten Erfüllung jedes Kundenwunsches argumentieren die Verkäufer künftig mit Kosten und Leistung, drängen zur Bestellung von Produkten mit möglichst wenig Extras.

Der Pfad vom *Spezialisierer* zum *Kostenführer* verlangt von Belegschaft und Management erhebliches Umdenken. Oft genug geht es ganz real darum, die Historie hinter sich zu lassen, buchstäblich den gewachsenen Betrieb aus einem engen Tal am Fluss – ein typisches Ortsbild für deutsche Mittelständler, die mit Hämmern, Schmieden und Härten gestartet sind – hinaus in die weite Ebene zu transferieren, wo moderne Zeiten in der Produktion anbrechen.

Die Individualisierungsbarriere steht zwischen dem Spezialisierer und dem Innovationschampion

Auf diesem Pfad muss der *Spezialisierer* bei gleich hoher Individualisierung seiner Produkte seine Innovationskraft erhöhen. Die detaillierte Kenntnis der Kundenwünsche sorgt dafür, dass die Entwicklungsaktivitäten die richtige Richtung nehmen. Dem Kreativitätsschub stehen nur selten Kulturprobleme im Wege, recht häufig behindert die Knappheit der Budgets innovative Höhenflüge.

Oft reicht schon eine gute Idee, um aus der alten Nische auszubrechen – wie bei Omicron, wo eine neue Anwendung der innovativen Technik einen Massenmarkt eröffnet. Schwerer fällt es Unternehmen auf diesem Pfad, die Entwicklungen in übergreifende Produktfamilien zu überführen, denn dann müssen sie manchen vertrauten Kunden mit Spezialwünschen aufgeben: Statt wenige Kunden mit individuell verschiedenen Wünschen müssen die Unternehmen künftig mehr Kunden mit stärker standardisierten Produkten beliefern.

Es ist nicht so einfach, wie es klingt. Schon der scheinbar banale Ratschlag, die unüberschaubare Produktpalette nach der alten 80-zu-20-Regel zu reduzieren (es bleiben die 20 Prozent der Produkte im Programm, die fast überall 80 Prozent des Umsatzes bringen), ist oft nicht sofort umsetzbar. Beispiel WIKA GmbH: Als die hessischen Hersteller von Druck- und Temperaturmessgeräten ihre ausufernde Produktpalette nach diesem Modell zusammenstreichen wollten, drohten einige Großkunden unverhohlen mit dem Absprung. Sie wollten eben nicht nur die Volumenprodukte kaufen, sondern unbedingt die Randprodukte, die dem Rotstift zum Opfer fallen sollten, weiter bei WIKA beziehen können. In solchen Fällen lässt das Management die Artikel zunächst im Programm und rüstet mittelfristig andere, umsatzträchtigere Produkte mit den nachgefragten Funktionen zusätzlich auf. Dann kann es den verlustträchtigen Artikel vom Markt nehmen und Kunden auf das aufgerüstete Produkt verweisen.

Immerhin ist der Weg zu mehr Kreativität und zu innovativen Produkten bekannt:

- Investieren: Die Entwicklung neuer Produkte kostet viel Geld – aber die Studie belegt: Diese Investitionen lohnen sich, es gibt eine direkte Korrelation zwischen dem Aufwand für Forschung und Entwicklung sowie der Umsatzrendite.
- Ehrgeizige Ziele setzen: Auf Dauer sichern nur kühne neue Produkte Wachstum und Rendite. Um das Risiko in Grenzen zu halten, muss ein rigides Controlling Etappenziele definieren. Werden diese nicht eingehalten, müssen die Projekte gestoppt werden.
- Mentale Barrieren überwinden: Beim Strategiewechsel gilt: Das Bewährte ist der Feind des Guten. »Das haben wir schon immer so gemacht« zählt nicht mehr, Veränderung beginnt in den Köpfen der Mitarbeiter – und damit sie beginnt, muss das Management die neuen Anforderungen eindeutig kommunizieren.

- **Vernetzen:** Innovationen kommen selten ausschließlich aus der eigenen Entwicklungsabteilung. Deshalb muss sich das Unternehmen mit Universitäten, Instituten und Zulieferern vernetzen. Oft entstehen die besten Ideen an den Schnittstellen mit den Partnern.
- **Freiräume schaffen:** Entwickler müssen sich entfalten dürfen – innovative Unternehmen schaffen gezielt eine Kultur, die Freiräume gewährt und Kreativität erlaubt.

Gleichzeitig stehen die künftigen *Innovationschampions* vor der Aufgabe, Know-how in Marketing und Vertrieb aufzubauen. Der Erfolg des *Innovationschampions* beruht nämlich zu einem guten Teil auf der Fähigkeit, seine innovativen Produkte schnell und möglichst weltweit zu vermarkten. Er muss über hohe Preise seine Innovationsprämie einfahren, ehe Wettbewerber seine Idee kopiert haben.

Können Spezialisierer auch den direkten Weg zum Kompetenzführer wählen?

Schon die Evolution zum *Kostenführer* oder *Innovationschampion* stellt die Unternehmen vor gewaltige Aufgaben: Schließlich müssen sie dazu nicht nur die beschriebenen neuen Fähigkeiten in Sachen Kreativität respektive Effizienz aufbauen. Sie müssen gleichzeitig neue Märkte entwickeln und dazu die Internationalisierung vorantreiben – irgendwo muss das Wachstum ja herkommen. Außerdem müssen sie ihre Organisation professionalisieren – in Sachen Führung, Finanz- und Risikomanagement: Nur so schaffen sie die Voraussetzung, dass mehr Umsatz letztlich auch mehr Gewinn bedeutet.

So ist der Lehrplan schon beim ersten Evolutionsschritt voll. Wer jetzt den Ehrgeiz entwickelt, beide Schritte gleichzeitig machen zu wollen, überfordert seine Organisation möglicherweise. Es genügt ja nicht, parallel die Defizite in Innovation und Effizienz zu beseitigen. In der Realität müssen Prioritäten gesetzt werden – Ressourcen sind knapp. Das Management muss gegenläufige Ziele miteinander vereinbaren: eine vielfältige Produktpalette und niedrige Produktionskosten, globale Präsenz mit komplexer Logistik und schlanke Strukturen, hohe Kreativität und Innovationsleistung bei geringen Kosten.

Deshalb kommt der große Sprung in der Realität selten vor. Wie soll sich ein Managementteam auch gleichzeitig auf Internationalisierung, Innovation, Effizienz plus Professionalisierung konzentrieren und dabei dafür sorgen, dass das Unternehmen während der ganzen Zeit profitabel wächst? Andererseits bedeutet die Entscheidung für einen Entwicklungspfad – sei es über die Station als *Kostenführer* oder als *Innovationschampion* – nicht, dass alle Aktivitäten in der jeweils anderen Dimension eingestellt würden: Auch *Kostenführer* brauchen wettbewerbsfähige Produkte, der Preis ist eben nur eine Komponente. Und *Innovationschampions* benötigen effiziente Prozesse, denn auch das innovativste Produkt messen Kunden an seinem Preis-Leistungs-Verhältnis. Die strategische Entscheidung über einen Entwicklungspfad steuert also primär den Schwerpunkt der Aufmerksamkeit und Aktivitäten. Unternehmen, die sich so auf den Weg in Richtung Kompetenzführerschaft machen, brauchen einen weiten Blick voraus, überprüfen ständig, ob sich das Unternehmen in die richtige Richtung weiterentwickelt, und benötigen einen langen Atem bei der Umsetzung ihrer Strategie. Dann allerdings können sie auch große Ziele erreichen.

Beispiel Walter AG: Auch der Hersteller von Hartmetallwerkzeugen und kompletten Fertigungssystemen hat in einer engen Nische als *Spezialisierer* begonnen. Als das Tübinger Unternehmen mit dieser Strategie an die Wachstumsgrenze stieß, investierte es in die Technologie- und Qualitätsführerschaft. Dazu kooperierte die Walter AG mit externen Forschungsinstituten, stärkte gleichzeitig das Marketing und die internationale Präsenz. Sie machte sich auf den Weg zum Strategietyp des *Innovationschampions* und überwand die so genannte Individualisierungsbarriere: Die bislang maßgeschneiderten Entwicklungen mussten jetzt serienfähig werden, einzelne Produkte waren zu ganzen Produktfamilien auszubauen. Inzwischen hat sich die Walter AG längst wieder zum nächsten Ziel aufgemacht. Der Weg zum *Kompetenzführer* führte über die »Komplexitätsbarriere«: Das wachsende Geschäft mit immer anspruchsvolleren Produkten und Kunden wird zunehmend komplexer. Entsprechend stärkte das Unternehmen die Professionalität seines Managements und optimierte die Prozessketten. Denn ohne Fitness geht es nicht: Die Walter AG erklimmt einen steilen Wachstumspfad – das ehrgeizige Ziel: Verdopplung des Umsatzes in fünf Jahren. Und den nötigen Schub dafür holt sich das Unternehmen für Produkte und Prozesse beim stärksten Wachstumsmotor, dem Erfolgsfaktor.

Checkliste: Strategiewechsel

Wenn Sie alle Fragen mit Ja beantworten, stimmt die Strategie, bei einem oder mehreren Nein sollten Sie Ihre Strategie überprüfen

	Ja	Nein
Prüfen Sie regelmäßig (mindestens einmal im Jahr), ob eine grundsätzliche Änderung Ihrer Strategie notwendig ist?	☐	☐
Ändern Sie Ihre Strategie, wenn das Wachstum niedriger ist als das der Wettbewerber oder wenn die Profitabilität den Zielvorgaben hinterherhinkt?	☐	☐
Stehen die zur Verfügung gestellten Ressourcen mit den erweiterten strategischen Zielen und Wettbewerbsstärken, die Sie aufbauen möchten, in Einklang?	☐	☐

Kennen Sie Ihre entscheidenden Wachstumsbarrieren?
Mit diesen Fragen spüren Sie sie auf:

	Ja	Nein
Wachstumsbarriere für den *Spezialisierer* auf dem Weg zum *Kostenführer*: Beobachten Sie regelmäßig die Effizienz der Abläufe im Unternehmen, zum Beispiel die Arbeitsproduktivität, und setzen bei Abweichungen vom Soll aktiv Maßnahmen dagegen?	❏	❏
Wachstumsbarriere für den *Spezialisierer* auf dem Weg zum *Innovationschampion*: Prüfen Sie regelmäßig, ob Sie neue Kundengruppen angesprochen haben, ob Sie Ihren Kundenkreis ständig erweitern und welchen Umsatz Sie mit neuen Produkten machen? Etablieren Sie kunden- und produktübergreifende Innovationen?	❏	❏
Wachstumsbarriere für den *Innovationschampion*: Beobachten Sie regelmäßig die Komplexität im Unternehmen, die sich beispielsweise in Veränderungen von Durchlaufzeiten und Beständen ausdrückt? Haben Sie Maßnahmen zur Standardisierung und Modularisierung durchgeführt? Haben Sie Ihre Stückzahlen je Produktgruppe signifikant erhöhen können?	❏	❏
Wachstumsbarriere für den *Kostenführer*: Haben Sie in den letzten Jahren das Budget für Forschung und Entwicklung im Verhältnis zum Umsatz signifikant erhöht? Haben Sie ein Markenmanagement eingeführt? Haben Sie in den Auslandsmärkten lokale Vertriebsstellen aufgebaut?	❏	❏

3 Strategiewechsel: Wachsen oder Weichen auf dem Weg zum Kompetenzführer

Haben Sie strategische Initiativen und Projekte in Gang gesetzt, um die gewünschten Strategieänderungen langfristig im Unternehmen abzusichern?	❏	❏
Prüfen Sie regelmäßig den Fortgang dieser strategischen Projekte?	❏	❏
Informieren Sie die Mitarbeiter über Änderungen in der Strategie? Haben Sie genügend Veränderungswillige in der Organisation, die hierzu als Vorbild dienen können?	❏	❏

Kernaussagen

Zu jedem Strategietyp gehört ein Umsatzkorridor, in dem die Erfolgschancen am besten stehen. Jenseits dieser Größe verflacht meist die Wachstumskurve, die Rendite sinkt.

Dann ist es Zeit für einen Strategiewechsel, bei dem das Unternehmen vieles von dem aufgibt, was bisher den Erfolg garantierte, und stattdessen neue Fähigkeiten aufbaut.

Vom *Spezialisierer* kann der Weg entweder zum Strategietyp des *Kostenführers* oder zu dem des *Innovationschampions* führen. Fernziel ist für viele der *Kompetenzführer*.

Ein langer Atem und der konsequente Aufbau neuer Fähigkeiten sind Voraussetzungen für den Erfolg des Strategiewechsels.

4 Innovationen: der wichtigste Faktor für den Erfolg

Unternehmen, die sich stark auf die Entwicklung von Produkt- und Prozessinnovationen konzentrieren, wachsen kräftiger und arbeiten profitabler als der Durchschnitt der Wettbewerber. Aber wie müssen die Innovationsanstrengungen organisiert werden, damit die knappen Mittel größtmöglichen Erfolg bringen?

Manchmal reicht es nicht, Prozesse und Produkte zu erneuern, manchmal muss man das ganze Unternehmen neu erfinden. Beispiel: Bischof + Klein, Verpackungsspezialist aus dem westfälischen Lengerich: 1892 beginnt die Firmengeschichte der »Papierfabrik und Prägeanstalt Bischof & Klein«. Produktionsgrundlage ist die individuelle Handwerkskunst. Ende des 19. Jahrhunderts vertreibt man ein großes Sortiment an Postkarten mit religiösen Motiven und Heften für die Sonntagsschule. Darüber hinaus nimmt man ausgewählte christliche Traktat- und Erbauungsliteratur in das Programm auf.

Als nach dem Ersten Weltkrieg selbst im frommen Westfalen die Nachfrage nach den bisherigen traditionellen Produkten schwindet und der Markt der heimischen Zement- und Kalkindustrie ein großes Interesse an Papiersäcken zeigt, schauen die weitsichtigen Unternehmensführer schon 1922 über die Grenzen ihrer Industrie hinaus und entdecken ein neues Geschäftsfeld: Papiersackherstellung. Zunächst werden diese von Hand geklebt, doch schon 1927 verschafft das buchbinderische Know-how Bischof + Klein einen soliden Wettbewerbsvorsprung vor den etablierten Lieferanten: Die Lengericher erfinden und patentieren den Staffelbodensack, der die maschinelle Produktion von Papiersäcken ab 1928 revolutioniert. Bischof + Klein wird zum erfolgreichen Produzenten von Papiersackverpackungen.

Zu Beginn der sechziger Jahre wagt sich die nächste Unternehmensführung an einen der wohl turbulentesten, aber auch zuwachsstärksten Abschnitte der Firmengeschichte: die Kunststoffverarbeitung. Die gestiegenen Ansprüche bei den Verpackungen verlangen neben dem zuverlässigen Schutz auch eine ansprechende Optik und einwandfreie Hygiene. Außer den traditionellen Papiersäcken werden jetzt auch Flachsäcke, Kastenventilsäcke und Tragetaschen aus Kunststoff produziert. 1966 entsteht aufgrund der verstärkten Nachfrage nach flexiblen Kunststoffverpackungen ein eigener Betriebsbereich und bereits zu diesem Zeitpunkt verfügt man über ein breites Produktprogramm.

Heute ist die Unternehmensgruppe ein führender europäischer Komplettanbieter für flexible Verpackungen aus Kunststoff und Papier sowie für technische Folien.

Das Beispiel Bischof + Klein zeigt, dass Innovation mehr ist als nur die Weiterentwicklung des Bestehenden. Erfolgreiche Innovatoren denken kühn, überspringen die Grenzen ihrer Industrie, übertragen Wissen in neue Zusammenhänge und wachsen so in neue Dimensionen.

Gerade in Deutschland sind Unternehmen auf Innovationen angewiesen, können sie doch im globalen Wettbewerb weder mit niedrigen Löhnen noch mit günstigen Rohstoffen oder gar durch bürokratiearme Produktionsbedingungen punkten. Die Mittelstandsumfrage belegt: Innovation ist der Wachstumsmotor Nummer 1. Unternehmen, die ihre Strategie auf stetige Neuerungen fokussieren, wachsen schneller und erzielen höhere Renditen als der Durchschnitt der Wettbewerber. Bis auf den *Kostenführer*, der seine Innovationsbemühungen vor allem auf die Optimierung seiner Prozesse konzentriert, investieren die meisten Unternehmen vor allem in Produkt- und Dienstleistungsinnovationen. Hier lassen sich drei Typen unterscheiden:

- Inkrementelle Innovationen entwickeln existierende Produkte und Dienstleistungen weiter. Beispiele sind die Einführung einer neuen Generation des VW Golf oder die nächste Version von Microsoft Office, die beständig technisch weiterentwickelt wurden. Bei inkrementellen Innovationen ist der Kundennutzen bekannt, aber die Funktionen werden verbessert. *Naua (i.Fa.pflq.)*
- Substanzielle Innovationen können die Machtverhältnisse zwischen Wettbewerbern in einer Branche verschieben. Der Kundennutzen ist bekannt, doch Funktionen und Kosten sind signifikant verbessert. So setzte 1984 Hewlett-Packard mit seinen Tintenstrahldruckern die Konkurrenz der Nadeldrucker matt. Chrysler schuf mit seinem Erfolgsmodell Voyager 1983 das Autosegment der Vans und Volkswagen brachte mit seiner TDI-Technik die Leistung und Dynamik von Dieselmotoren auf ein Niveau, das früher Benzinern vorbehalten war – und das bei niedrigem Verbrauch
- Transformatorische Innovationen führen zur Restrukturierung ganzer Industrien oder schaffen neue Märkte und Branchen. Dies gelang 1983 dem Elektronikkonzern Philips mit der Erfindung der CD. Sie löste die Vinylschallplatte ab, beendete so die Ära der analogen zugunsten der digitalen Tonaufzeichnung. Inzwischen gibt es mit der MP3-Technik den nächsten Innovationssprung, die CD zählt zu den bedrohten Arten. Eine andere revolutionäre Entwicklung präsentierte Motorola 1983 mit der Vorstellung des ersten Mobiltelefons. Mobilfunk hat sich zur Boombranche entwickelt und die Festnetztelefonie in die Defensive gedrängt. Ein noch erfolgreicheres Beispiel für eine transformatorische Innovation ist das Internet, ursprünglich als atombombensicheres Kommunikationsnetzwerk des US-Militärs konzipiert, das heute die Plattform für viele neue Geschäftsfelder bildet.

Den Alltag bestreiten Unternehmen mit inkrementellen Innovationen – diese sichern das Geschäft und damit Wachstum und Image ab. Dazu müssen Mitarbeiter und Methoden kontinuierlich weiterentwickelt werden. Für den langfristigen Erfolg müssen sie von Zeit zu Zeit große Sprünge machen, um den Wettbewerb auf Distanz zu halten. Wer inkrementelle und substanzielle oder gar transformatorische Innovationen entwickeln will, muss dafür die Voraussetzungen in seiner Organisation schaffen. Alles eine Frage des Managements, wie die Besten in der Mittelstandsstudie beweisen.

Sechs Faktoren entscheiden über den Erfolg im Innovationsprozess

Tiefeninterviews mit den besten Mittelständlern förderten sechs Regeln zutage, nach denen diese Innovationen zum Erfolg bringen:

- Ein angemessenes Budget für Forschung und Entwicklung schafft erst die notwendige Basis für alles Weitere.
- Nur ehrgeizige Ziele für die Innovatoren sichern auf Dauer ihre technische Spitzenstellung.
- Wer große Sprünge machen will, kann tief fallen. Deshalb braucht Innovation effiziente Prozesse, moderne Management-Tools sowie ein funktionierendes Projektmanagement und -controlling, das fortlaufend überprüft, ob die definierten Meilensteine der Entwicklung nach dem Zeitplan erreicht werden.
- Kooperationen mit Universitäten, Zulieferern und Kunden schaffen kreative Netzwerke und vervielfältigen so die Möglichkeiten.
- Wissenstransfer aus anderen Feldern befruchtet die Kreativität der Entwickler.
- Eine Innovationskultur schafft die Freiräume für Kreativität.

Viel bringt viel: Innovation lassen sich die Erfolgreichen einiges kosten

Mittelständler, die konsequent in Innovationen investieren, sind erfolgreicher. Für alle Branchen und Strategietypen gilt: Je mehr die Unternehmen für Forschung und Entwicklung aufwenden, desto höher sind Umsatzrendite und Umsatzwachstumschancen. Abhängig von Branche und Strategietyp gibt es natürlich Obergrenzen, nach denen weitere Investitionen eher wenig bringen.

Teilnehmer der Studie, die angaben, weniger als 1,0 Prozent ihres Umsatzes in Innovationen zu investieren, wachsen im Durchschnitt mit einer Jahresrate von 6,8 Prozent und erzielen dabei im Mittel eine Umsatzrendite von 4,4 Prozent. Diejenigen, die zwischen 4,0 und 6,0 Prozent des Umsatzes für Forschung und Entwicklung aufwenden, kommen schon im Schnitt auf 8,0 Prozent Wachstumsrate und erwirtschaften eine Umsatzrendite von 5,6 Prozent. Und die Unternehmen, die mehr als 10,0 Prozent ihres Umsatzes für künftige Produkte und Prozesse ausgeben, wachsen durchschnittlich um 9,8 Prozent im Jahr und erzielen eine Umsatzrendite von 8,1 Prozent (Abbildung 17).

Umsatzrendite 2003
CAGR 1993 bis 2003*

Ausgaben für Forschung und Entwicklung*
in Prozent vom Umsatz

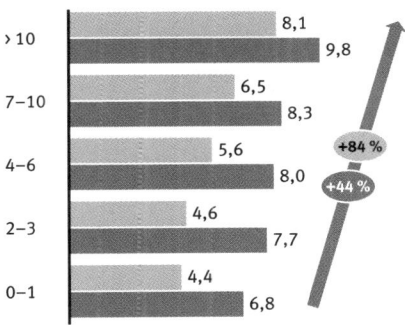

	Umsatzrendite 2003	CAGR 1993 bis 2003*
> 10	8,1	9,8
7–10	6,5	8,3
4–6	5,6	8,0
2–3	4,6	7,7
0–1	4,4	6,8

+84 %
+44 %

* Bei fehlenden Angaben verfügbare Wachstumsrate, 1998 bis 2003

Abbildung 17: Höhere Ausgaben für Innovationen steigern Wachstum und Profitabilität

Natürlich lassen sich Rendite und Wachstum durch immer höhere Forschungsaufwendungen nicht beliebig steigern – auch hier gilt das Gesetz vom abnehmenden Grenznutzen. Das richtige Maß bei den Investitionen hängt von drei Faktoren ab:

- **Branche:** Besonders forschungsintensiv sind Pharma und Gesundheitswesen. Hier wenden die befragten Mittelständler im Schnitt 9,3 Prozent des Umsatzes für Innovationen auf. Am unteren Ende der Skala liegt die Baubranche, deren Unternehmen durchschnittlich 2,4 Prozent des Umsatzes in die Zukunft investieren.
- **Anspruch auf Technologieführerschaft:** In allen Branchen wenden diejenigen Mittelständler, die den Anspruch haben, entweder als *Innovationschampion* (sie investieren im Schnitt 5,4 Prozent des Umsatzes in Forschung und Entwicklung) oder als *Kompetenzführer* (4,6 Prozent für Innovationen) ihr Geld zu verdienen, deutlich höhere Umsatzanteile für Innovationen auf als Wettbewerber vom Strategietyp *Spezialisierer* (3,4 Prozent) oder *Kostenführer* (3,3 Prozent).
- **Komplexität:** Je komplexer die Produkte bzw. das Produktportfolio eines Unternehmens sind und je stürmischer die technische Entwicklung dieser Produkte verläuft, desto höher ist der Aufwand, um technisch vorn zu bleiben.

Für jeden Strategietyp und jede Branche aber gilt: Weil die meisten großen Mittelständler hier eher zu wenig aufwenden, sind Unternehmen, die stärker als ihre Wettbewerber in Forschung und Entwicklung investieren, überdurchschnittlich erfolgreich. Bedeutsamer als die absolute Höhe der Aufwendungen ist die Relation zum Aufwand der Wettbewerber.

Ohne Berücksichtigung der Innovationsaktivitäten des Wettbewerbs lässt sich aus den Daten der Mittelstandsumfrage abschätzen, wie hoch für jedes Unternehmen die optimale Investitionsquote wäre.

Zum Nachrechnen: Zu einem Basisaufwand (0,7 Prozent des Umsatzes), der üblicherweise zur Pflege des laufenden Produktprogramms notwendig ist, kommt ein Aufschlag für die Branche. Er liegt zwischen 0,0 Prozent für Transport und Logistik, wo der Fortschritt eher gemächlich verläuft, und 4,7 Prozent für Pharma und Gesundheitswesen, wo Entwicklungstempo und Aufwand hoch sind. Dazu muss jedes Unternehmen Komplexität und Reifegrad seiner Produkte einschätzen, um eine Vorstellung vom Innovationsbedarf zu bekommen: Die grobe Einteilung ergibt ein Zusatzbudget von 2,4 Prozent bei hoher Komplexität, bei mittlerer Komplexität 1,2 und bei niedriger Komplexität 0,0 Prozent. *Innovationschampions* und *Kompetenzführer*, die den Anspruch haben, auf ihrem Feld die Technologieführerschaft zu behalten, müssen dafür noch einmal etwa 2,1 Prozent des Umsatzes für das Innovationsbudget veranschlagen. Wer diesen Anspruch nicht hat, etwa als *Spezialisierer* oder *Kostenführer*, kommt ohne Aufschlag aus (Abbildung 18).

Die oben gezeigte Strategiewahl könnte zum Beispiel einem Unternehmen der Automobil- oder Maschinenbaubranche zugeordnet werden: Produktportfolio mittlerer Komplexität mit dem Ziel der Technologieführerschaft, um das optimale Niveau für die Innovationsaufwendungen zu erreichen.

Allerdings bleibt dies eine Rechnung mit mehreren Unbekannten – den Wettbewerbern. Deshalb gibt die Investitionsquote allemal nur eine grobe Richtschnur für die Entscheidungen vor. Im Zweifel gilt für die Investitionen in Innovationen: Mehr bringt mehr.

Geringer Anspruch auf Technologieführerschaft wird gefährlich

Gerade in etablierten Unternehmen ist die Versuchung groß, sich mit inkrementellen Innovationen zu begnügen. Doch diese Selbstbeschränkung ist gefährlich: Allzu leicht verschlafen solche Unterneh-

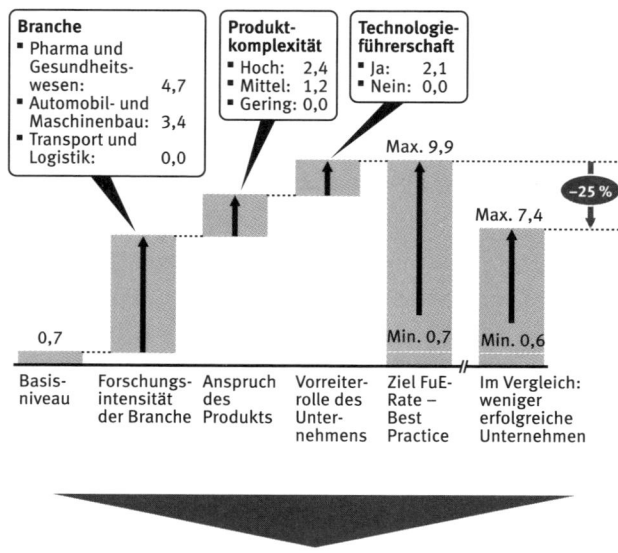

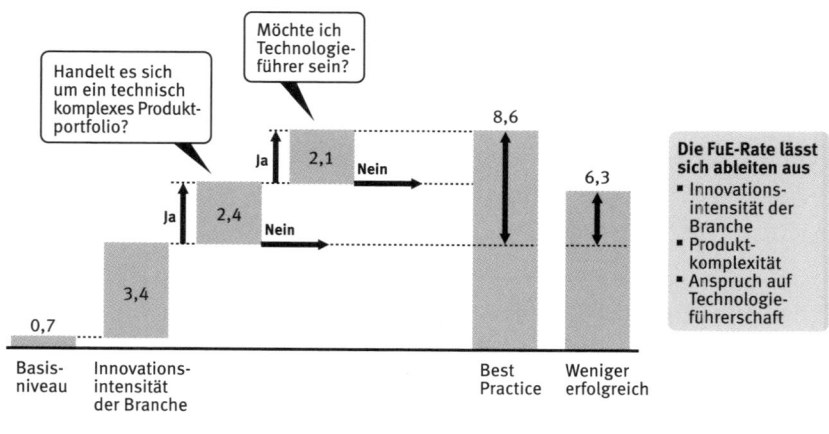

Abbildung 18: Best Practice: So errechnet sich die optimale Investitionsquote für Forschung und Entwicklung

men Technologiesprünge, die revolutionäre Innovationen auslösen. So ging es dem deutschen Büromaschinenhersteller Triumph-Adler, der in den achtziger Jahren den Schritt von der Schreibmaschine zur elektronischen Datenverarbeitung verpasste. Zehn Jahre später geriet der deutsche Computerpionier Nixdorf in existenzielle Schwierigkeiten, weil er den Trend vom Zentralrechner zum PC nicht mitgemacht hatte. Vor großen Herausforderungen stehen auch die traditionellen Fotospezialisten Kodak und Agfa angesichts des massenhaften Wechsels ihrer Kundschaft von der analogen zur digitalen Fotografie. Die ausgegliederte Fotosparte von Agfa wurde 2005 sogar insolvent – ein trauriges Finale nach hundert Jahren Hightech.

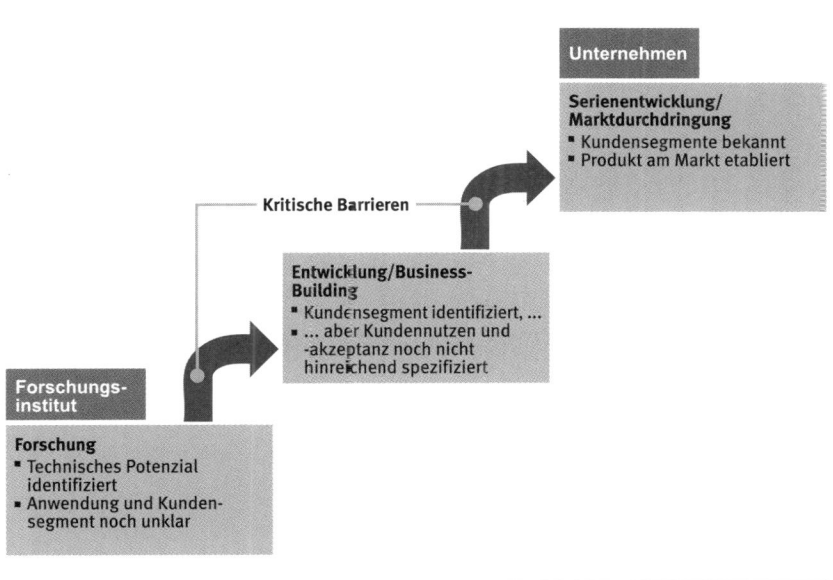

Abbildung 19: Innovationsmanagement – drei verschiedene Bereiche und zwei kritische Barrieren

Innovationen, die wirklich etwas bewegen, müssen auf ihrem Weg zum Markterfolg drei gänzlich verschiedene Welten durchqueren (Abbildung 19). Die großen Ideen entstehen in der Welt der

Forscher, bevölkert von Tüftlern und Wissenschaftlern. Sie entwickeln oft ohne klare ökonomische Zielvorgaben, identifizieren die technischen Möglichkeiten, die ein Forschungsergebnis eröffnet, haben aber selten schon ein konkretes Produkt oder gar ein Kundensegment im Sinn. Aus purer Technik wird jetzt ein Projekt, das die Welt der Forscher verlässt; der erste Businessplan wird entworfen, die Entwicklung läuft auf Hochtouren.

Dann passieren die Innovationen die Welt der Gründer, das neue Geschäft etabliert sich. Schnell werden das neue Produkt und das dahinterstehende Geschäftsmodell am Verhalten von Kunden und Wettbewerbern justiert. Zwar wird jetzt die Unsicherheit sukzessive reduziert, auch existiert schon eine Vorstellung von den künftigen Kunden, doch bleiben der konkrete Produktnutzen sowie die Akzeptanz der Novität beim Kunden noch im Nebel.

Schließlich erreicht die Idee endlich die Welt der Massenmärkte und der Manager. Von nun an steuert ein klar definiertes Produkt auf ein ebenso eindeutig definiertes Zielsegment im Markt zu. Auf breiter Front werden die Zielmärkte durchdrungen. Bald schon konzentriert sich das Management vor allem auf operative Exzellenz, das Produkt selbst wird stetig weiterentwickelt.

Erfolgreiche Unternehmen decken alle drei Welten ab. Sie investieren überproportional viel in Forschung und Entwicklung, haben Ideen und Projekte für inkrementelle, substanzielle und transformatorische Innovationen. Weniger erfolgreiche Konkurrenten sparen oft im Bereich Forschung und Entwicklung. Deshalb erreichen sie auch nur inkrementelle Verbesserungen und verpassen oft die Märkte von morgen.

Ein gutes Beispiel dafür, wie ein weitsichtiger Unternehmer große Ideen durch diese drei Welten bewegt, bietet der schwäbische Maschinenbauer Trumpf. Mit kühnen Innovationssprüngen hat sich das Familienunternehmen immer wieder die technologische Spitzenstellung in der Produktion von Maschinen zur Blechbearbeitung gesichert. Unter Führung des legendären Berthold

Leibinger entwickelte sich Trumpf in gut vierzig Jahren vom Kleinbetrieb zum Milliardenunternehmen – mit einer durchschnittlichen Wachstumsrate von 15 Prozent.

Die Basisidee für den ersten Technologiesprung, der die Wettbewerber weit zurückließ, entwickelte Leibinger als Student noch in den fünfziger Jahren: Der Maschinenbauer übertrug die Idee des koordinatengeführten Kopierens von spanabhebenden, ultrapräzisen Fräsmaschinen auf die damals noch relativ simplen Blechbearbeitungsmaschinen. So entstand im Rahmen seiner Diplomarbeit die Kopiernibbelmaschine, die zu einem großen Erfolg für Trumpf wurde. In einem ähnlich gelagerten Fall einige Jahre später beobachtete Leibinger die Entwicklung der jungen Elektronik, übersetzte die Möglichkeiten in sein Feld und konstruierte eine numerisch gesteuerte Stanzmaschine – die erste der Welt. Eine substanzielle Innovation, die den Umsatz explodieren ließ. Die Wettbewerber taten sich schwer, die Technologielücke zu schließen. Genau wie Trumpf kamen sie alle von der Mechanik und Hydraulik, jetzt mussten sie die Elektronik verstehen – und immer, wenn sie eine Entwicklung nachvollzogen hatten, war Trumpf schon wieder einen Schritt weiter.

»Die NC-Technik war ein Katalysator für die Entwicklung unseres Unternehmens«, sagt Peter Leibinger, Sohn des NC-Pioniers und heute stellvertretender Vorsitzender der Geschäftsführung der Trumpf-Gruppe. Er verantwortet das Geschäft, das aus dem zweiten beherzten Innovationssprung bei Trumpf gewachsen ist: den Bereich Industrielaser. 1985 hat Trumpf mit dem Laser TLF 1000 die Blechbearbeitung revolutioniert und hält heute einen Anteil von rund 30 Prozent am Weltmarkt für Industrielaser.

Doch vor dem Start mussten die Trumpf-Ingenieure zunächst einige mentale Hürden überwinden: »Schließlich hat der Laser unsere Kernkompetenz in Frage gestellt: das mechanische Trennen von Metall«, erklärt Peter Leibinger. Die ersten Schritte waren tastend und unsicher: »Wir haben drüber gelesen, haben es uns angeschaut und dann einen amerikanischen Laser an unsere Maschinen angebaut.« Nachdem die Schwaben ihre US-Lieferanten nicht von einer gemeinsamen Entwicklung überzeugen konnten – Leibinger: »Dieser Laser war letztlich ein Produkt von Physikern für Physiker« –, entschlossen sie sich, selbst einen Laser zu bauen. »Wir wussten ja, was uns an den existierenden Geräten nicht gefiel«, sagt Peter Leibinger. Trumpf stellte ein kleines Team von erfahrenen Praktikern der Metallbearbeitung sowie Laserexperten zusammen, die gemeinsam mit Forschern, unter anderem von der Uni Darmstadt, sehr schnell das Grundprinzip für die CO_2-Laser ersannen, das bei Trumpf bis heute gilt. »Unsere Industrieerfahrung hat für die Praxistauglichkeit gesorgt«, erklärt Peter Leibinger, »und weil wir die Bedürfnisse unserer Kunden so genau kennen, wurden die Laser ein Riesenerfolg.«

Verstehen, wie die Maschinen arbeiten, und wissen, was die Kunden wollen – dies sind nach Peter Leibinger die Trümpfe der Mittelständler: »Die Entscheider im Mittelstand haben allesamt eine große Nähe zum Markt, sie erkennen sehr schnell Sinn oder Unsinn einer Innovation – da tun sich gremiengeführte Großunternehmen schwerer.«

Dieses Gespür zu bewahren, erweist sich bei Trumpf jetzt als Herausforderung. Mit 6.500 Mitarbeitern und 1,65 Milliarden Euro Umsatz sind die Schwaben auf Konzern-Größenordnung gewachsen. »Wie erhalten wir uns die Sensibilität für die Signale aus dem Markt? Wie verhindern wir, dass ungewöhnliche Ideen aus der Entwicklung herausgefiltert werden?«, formuliert Peter Leibinger die Fragen.

Trumpf versucht es mit einer dezentralen, themenbezogenen Organisation für Forschung und Entwicklung. Übergeordnete Querschnittsfunktionen sorgen für die Kompatibilität der Entwicklungen, verordnen beispielsweise das gemeinsame CAD-Konstruktionssystem sowie verbindliche Regeln für die Dokumentation und definieren verbindliche Qualitätsüberprüfungen in bestimmten Entwicklungsstadien (*Quality Gates*). »Die dezentrale und modulare Entwicklung braucht auch eine disziplinierte Planung«, erläutert Peter Leibinger, »jetzt müssen wir völlig umdenken und die Schnittstellen zwischen den Modulen schon vor Beginn der Entwicklung genau definieren.«

Ebenso wichtig wie die Organisation sei die mentale Seite: »Wir bleiben im Herzen jung, wir haben den Mut, Ungewöhnliches zu tun, was manchmal sogar etwas naiv sein kann. Aber wir meinen, dass nur so das Unerwartete entstehen kann, das uns weiterbringt.« Selbstvertrauen gilt Peter Leibinger als Schlüsselvokabel für erfolgreiche Mittelständler, ebenso wie der Begriff der Unabhängigkeit: »Dann entwickle ich auch Dinge, die nicht im Mainstream liegen.« Und noch eine Voraussetzung für erfolgreiche Innovationen zählt er auf: »Das sind unsere Leute – exzellente Ingenieure, tolle Techniker und Facharbeiter.«

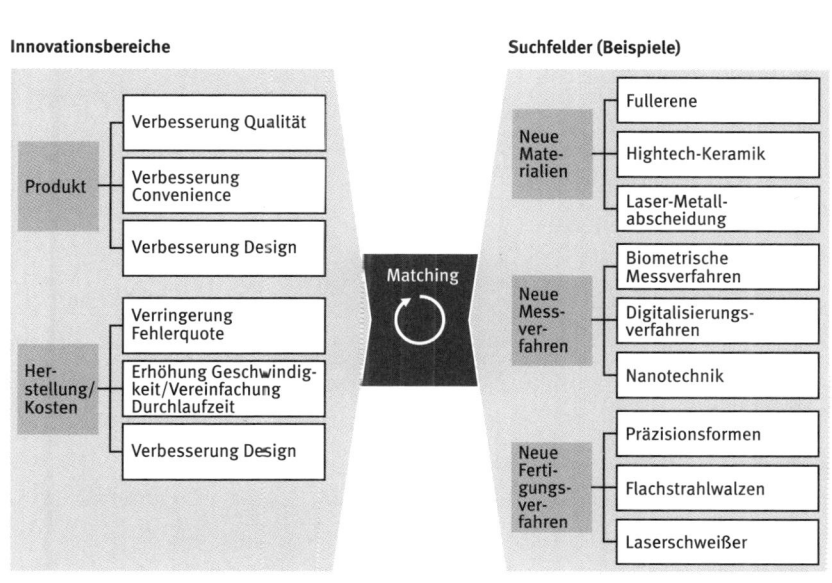

Abbildung 20: Innovationsbereiche und Suchfelder

Bei der Suche nach der radikalen Innovation sind die Unternehmen zum Glück nicht allein auf das Genie von Unternehmern und Managern angewiesen. Die besten Unternehmen der Studie haben den Prozess der Ideenfindung systematisiert. Dazu zerlegen sie gedanklich ihr Produkt in die Eigenschaften, die für ihre Kunden bedeutsam sind – von den Kosten über das Handling, den Komfort bis zum Design – und suchen dann gezielt nach technologischen Durchbrüchen in fremden Industrien, die eine dieser Eigenschaften radikal verbessern können (Abbildung 20).

Große Ideen bergen oft große Risiken: Innovation braucht Controlling

Bevor eine Idee zum Erfolgsprodukt wird, muss sie den langen steinigen Weg durch die drei Entwicklungswelten nehmen: aus dem Laboratorium der Kreativen über die ersten Stufen zum Businessplan bis zur Einführung am Markt. Auf diesem Weg lauern Risiken. Deshalb haben die erfolgreichen Mittelständler ein rigides Controllingsystem aufgebaut, das an definierten Meilensteinen der Entwicklung Plan und Ist abgleicht und bei groben Abweichungen Projekte konsequent beendet.

Am ersten Kontrollpunkt entscheidet sich, welche Idee zum Projekt wird: Hier wird das Marktpotenzial des geplanten Produkts mit den Risiken abgeglichen. Typische Fragestellungen zum Potenzial: Wie viel Umsatz und wie viel Profit wird das Produkt bringen? Bietet der Eintritt in diesen Markt in der Folge noch Chancen auf weitere Umsätze und Gewinne? Setzt das neue Produkt auf eine neue Technologie, die die Wettbewerbsposition des Unternehmens stärkt? Dagegen fragen die Risikomanager im Unternehmen: Welche technischen Risiken birgt das Projekt? Wie hoch ist das Marktrisiko? Und welche Risikostrategie soll das Unternehmen wählen?

Zum Erfolg wird eine Innovation nur, wenn sie zu den Kompetenzen des Unternehmens passt. Was nützt ein innovatives Produkt, zu dem im Hause beispielsweise jede Vermarktungskompe-

tenz fehlt? Die erfolgreichsten Innovatoren unter den Mittelständlern üben deshalb rigide Disziplin bei der Auswahl ihrer Entwicklungsprojekte.

Hat eine Innovationsidee alle Prüfungen bestanden, schlägt die Stunde der Projektorganisatoren. Sie legen auf dem Zeitstrahl die Aktivitäten fest, definieren die Projektorganisation, stellen die Budgets auf. Sie zerlegen den Entwicklungsprozess in Schritte und definieren die Anforderungen, die am Ende eines Schritts erfüllt sein müssen. Kommt beim Überprüfen an solch einem Meilenstein heraus, dass die Etappenziele – sei es beim Stand der Entwicklung oder der Einhaltung des Budgets – verfehlt wurden, beenden die erfolgreichen Mittelständler konsequent das Entwicklungsprojekt. Die internen Prüfpunkte orientieren sich an den Betriebsprozessen. Beispiele: eine erfolgreich angelaufene Produktion, der erfolgreiche Test des neuen Produkts, erster Prototyp verfügbar, erste Mitarbeiterschulung durchgeführt, Kostenziele eingehalten. Die Prüfpunkte werden dabei dicht gesteckt, damit rechtzeitig Alarmglocken läuten, wenn Gefahr besteht, einen externen Etappenpunkt zu verpassen. Beispiele für externe Meilensteine: Rekrutierung von Experten für das neue Produkt, Test erster Prototypen am Markt, Abschluss der Pilotphase mit Produktionspartnern, Vertragsschluss mit einem Kooperationspartner für den Vertrieb, TÜV-Zertifizierung, registriertes Patent, erster Umsatz mit dem neuen Produkt.

Damit die Innovationsanstrengungen tatsächlich an den Kundenbedürfnissen orientiert bleiben, bauen erfolgreiche Innovatoren konsequente Feedbackschleifen in den Prozess ein – sie fragen ihre Kunden nicht nur einmal nach ihren Bedürfnissen, sondern lassen sie auch zwischendurch das Design oder die Prototypen beurteilen. Außerdem bringen sie im eigenen Hause interdisziplinäre Teams zusammen – und das bezieht sich ausdrücklich auch auf die räumliche Nähe, da gerade der kreative Prozess vom informellen Austausch lebt. Oft entstehen beim zwanglosen Plausch am Kaffeeautomaten oder am Kopierer Ideen, die beim E-Mail-Austausch kaum geboren würden. Klar, dass diese Teams einen starken Promoter brauchen, der weit oben in der Organisation rangiert – bei Mittelständlern am besten in der Geschäftsleitung. Im Mittelstand sind interdisziplinäre Teams, die gemeinsam an Projekten arbeiten, allerdings noch recht selten.

Erfahrene Innovatoren entwickeln im Unternehmen eigene Lernpfade, mit deren Hilfe sie auch radikale Innovationen in kleine Schritte zerlegen. Statt des risikoreichen großen Sprungs bietet sich dann ein gangbarer, relativ sicherer Weg zu einem revolutionären neuen Produkt oder Prozess.

Erfolgreiche Mittelständler entwickeln Innovationsnetzwerke

Bei der Explosion des verfügbaren Wissens kann kein Unternehmen – schon gar nicht ein Mittelständler – alle Ressourcen für erfolgreiche Innovationen im eigenen Haus konzentrieren. Die erfolgreichen Mittelständler entwickeln deshalb starke Netzwerke mit Partnern, etwa Universitäten, Forschungsinstituten, aber auch mit Kunden, Zulieferern oder Unternehmen angrenzender Branchen. Von solchen Innovationsnetzwerken profitieren vor allem große Mittelständler, denn deren effektive Nutzung setzt Ressourcen und viel Know-how voraus. Kleinere Unternehmen unter 100 Millionen Euro Umsatz profitieren am meisten von einer intensiven Einbindung ihrer Kunden. Die Mittelstandsumfrage belegt, dass sie so ihre Erfolgswahrscheinlichkeit, definiert als die Wahrscheinlichkeit, zur Gruppe der 40 Prozent Erfolgreichsten hinsichtlich Wachstum und Rendite innerhalb ihres Strategietyps zu gehören, um 5 Prozentpunkte steigern.

Die besten Mittelständler aus der Studie setzen auf Kooperationen, um frühzeitig technische Entwicklungen kennen zu lernen und dann Zeit zu haben, wichtige Neuerungen in ihre Produkte zu integrieren. Der Erfolg solcher Kooperationen, die manchmal sogar Wettbewerber ins Netzwerk aufnehmen, hängt vom sauberen Management ab:

- Ohne Vertrauen gelingt keine gemeinsame Entwicklung. Bereits am Anfang sollten die Partner ihre Rollen eindeutig definieren, damit sich jeder Know-how-Träger gezielt engagieren und entwickeln kann.
- Vertrauen allein reicht noch nicht. Nur wenn zu Beginn eines Entwicklungsplans Ziele, Etappen und Meilensteine definiert werden, kann das Management kontrollieren, ob das Kooperationsprojekt im richtigen Tempo in die verabredete Richtung läuft.
- Kooperieren will gelernt sein. Um ein Netzwerk zum gemeinsamen Erfolg zu führen, müssen sich alle Beteiligten auf geeignete Methoden des Wissensaustauschs verständigen.

Wer diese einfachen Grundregeln beherzigt, kann mit seinen Partnern sehr schnell innovative Ideen in neue Produkte und Prozesse umsetzen. So führte beispielsweise in der Automobilindustrie der Verbund mehrerer Zulieferer mit einigen Forschungsinstituten zu bedeutenden Fortschritten im Bereich Laserschweißen. Die Mittelständler brachten vor allem ihr Anwendungswissen ein, die Hochschulen ihr Technologiewissen und den Forscherdrang. Im besten Fall verfügen die Mittelständler durch ihre Kooperationspartner über ein »Innovationsradar«, das nicht nur die relevanten technologischen Trends verfolgt, sondern gleichzeitig frühzeitig Marktveränderungen, vor allem auf der Nachfrageseite, aufspürt.

»Als relativ kleines Unternehmen müssen wir bei Forschung und Entwicklung kooperieren«, sagt Andreas S. Weller, Group Vice President Corporate Development bei der Webasto AG. Der bayerische Automobilzulieferer – mit 1,5 Milliarden Euro Umsatz und 6.000 Mitarbeitern gewiss kein Kleinunternehmen – arbeitet mit Lieferanten, Forschungsinstituten, Kunden und sogar Wettbewerbern zusammen. Zum Innovationsnetzwerk gehören das Dresdner Fraunhofer-Institut und die Chemiefirma HC Starck, mit denen Webasto an der Entwicklung von Brennstoffzellen forscht, der Bayer-Konzern, dessen Expertise in Sachen Polycarbonat Webasto für den Bau transparenter Dachsysteme nutzen will, sowie eine Reihe von Autoherstellern, mit denen Webasto bei wichtigen Themen rund um Dach und Heizung kooperiert.

»Bei Kooperationen gibt es immer einen Trade-off zwischen der Zeit- und Kostenersparnis auf der einen Seite sowie dem Verlust an Unabhängigkeit auf der anderen Seite«, weiß Andreas S. Weller. Gerade der Zeitfaktor spielt oft die entscheidende Rolle: »Gerade bei neuen Themen dauert es sehr lange, bis wir selbst das nötige Know-how aufgebaut haben.« Die Zweckehen sind nicht in jedem Falle auf Lebenszeit angelegt. So übernahm Webasto 2005 die Anteile des italienischen Karosseriespezialisten Pininfarina am gemeinsamen Projekt zur Entwicklung von Cabrio-Verdecksystemen. Das Ende kam nicht überraschend, meint Unternehmensentwickler Weller: »Jede Kooperation ist auf Zeit angelegt, dessen muss man sich immer bewusst sein.«

Der Erfolg gibt den Webasto-Entwicklern recht: Sie haben in den vergangenen zehn Jahren nicht nur 800 Patente angemeldet, sondern auch eine Menge erfolgreicher Neuprodukte eingeführt. Über die Hälfte des Umsatzes fährt das Unternehmen mit Produkten ein, die weniger als drei Jahre auf dem Markt sind. Trotzdem geht bei Webasto Qualität vor Tempo. »Wir haben früher manches zu schnell auf den Markt gebracht«, schaut Andreas S. Weller zurück, »jetzt orientieren wir uns eher am erfolgreichsten Autobauer der Welt, an Toyota: Die jagen auch nicht atemlos den Innovationen nach.« Bevor nicht der Fertigungsprozess stabil läuft und simulierte Langzeittests bestanden sind, bekommt kein Webasto-Produkt die Freigabe.

Dafür wird Webasto mit stattlichen Wachstumsraten belohnt: Im Schnitt legte der Umsatz über die letzten fünf Jahre um 7 Prozent pro Jahr zu. Mit stählernen Cabriodächern haben sich die Bayern einen wachstumsstarken Markt erschlossen. Hier zeigen sie auch, warum sie den Titel *Innovationschampion* verdienen: Statt zweiteiliger Dächer, wie sie mit dem kleinen Mercedes SLK oder dem Peugeot 207 Cabrio bekannt wurden, bietet Webasto heute schon fünfteilige Dachsysteme an. Die sind zwar technisch aufwendiger, lassen sich aber viel besser verstauen als die sperrigen Zweiteiler. Das gibt den Designern deutlich mehr Freiräume, so dass sie auch für große Wagen eine klassische Coupé-Silhouette zeichnen können. Solch ein neuartiges fünfteiliges Webasto-Dach ziert den Volkswagen Eos, während das Volvo C70 Cabriolet mit einem dreiteiligen Dach, ebenfalls von Webasto, ausgestattet ist.

Ideen für Verbesserungen und neue Produkte diskutieren die Abteilungsleiter aus Forschung und Entwicklung in wöchentlichen Runden, in denen auch Kollegen aus dem Vertrieb sitzen, um die Stimme der Kunden einzubringen. Die entscheidende Hürde auf dem Weg von der Idee zum Produkt ist das zweiwöchentlich tagende *Product Decision Committee*, in dem auch ein Vorstand sitzt. »Wir haben deutlich kürzere und unbürokratischere Entscheidungswege als die Großindustrie«, vergleicht Andreas S. Weller, der auch die Welt der Konzerne aus eigener Anschauung kennt, »außerdem sind wir in der Lage und trauen uns auch, Risiken einzugehen.«

Ganz zufrieden ist der Manager mit den Entwicklungsprozessen bei Webasto trotzdem nicht. »Wir sind erfolgreich und erfinden viel«, resümiert Weller, »aber ich würde mir wünschen, dass unsere Innovationen noch mehr vom Markt getrieben würden.« Wie viele deutsche Technikunternehmen läuft auch Webasto oft Gefahr, *Overengineering* zu betreiben. Damit die Ingenieure entwickeln, was sich die Kunden wirklich wünschen und wofür sie auch bezahlen wollen, suchen die Bayern nun nach einem stimulierenden Incentive-System. Die Stimme des Markts fangen sie in Workshops mit Endverbrauchern und den Autobauern ein.

Über den eigenen Zaun schauen:
Wissenstransfer bringt neue Ideen

Wirtschaft ist Veränderung – und das Tempo steigt stetig. Welche technischen Durchbrüche schaffen neue Möglichkeiten für Produkte? Wie verändert sich mein Markt, was erwarten meine Kunden morgen, welches Angebot überzeugt Kunden meines Wettbewerbers, zu mir zu wechseln? Im Spannungsverhältnis zwischen *Market-Pull* und *Technology-Push* setzen erfolgreiche Mittelständler ein ganzes Bündel von Maßnahmen ein, die ihnen Überblick verschaffen und als Innovationsradar dienen:

- Trendscouts beobachten die Entwicklung auf den innovativsten Märkten.
- Kundenbefragungen ergründen, welche Produkte und Dienstleistungen Marktchancen haben.
- Kontakte zu Forschungslabors und Universitäten bringen das Wissen um die technischen Möglichkeiten von morgen.
- Der Besuch von Kongressen weitet den Horizont des Managements.
- Regelmäßige interne Innovationsworkshops fragen die Mitarbeiter nach aufgenommenen Impulsen von Markt und Technik ab und setzen sie in Produktideen um.

Anregungen für Innovationen müssen nicht immer aus der eigenen Branche kommen. Alles ist erlaubt, um nicht in die Falle des »Das haben wir schon immer so gemacht« zu geraten. Die Studie zeigt, dass bei den mittelständischen Großunternehmen die meisten Ideen von außen kommen: 66 Prozent entwickeln Innovationen gemeinsam mit ihren Kunden, 45 Prozent mit ihren Zulieferern. Viele erfolgreiche Neuerer setzen auf Wissenstransfer aus Fachrichtungen, die auf den ersten Blick außerhalb des eigenen Felds liegen. So suchte der Hersteller von Armaturen für Badezimmer Dornbracht den Dialog mit Künstlern und Kulturwissenschaftlern.

Die Sauerländer wollten weg vom rein funktionalen Bäderdesign, suchten Anregungen für eine Übersetzung des Wellnesstrends in die harte Welt der Armaturen. Das Experiment gelang: Heute festigen Produkte wie das Duschsystem RainSky, bei dem der Duschkopf im heimischen Bad einen entspannenden Tropenregen simuliert, die Position der Marke Dornbracht im hart umkämpften Armaturenmarkt.

Für die meisten Mittelständler dürfte allerdings die Wissenschaft mehr Gewinn versprechen als die Kunst. Das gilt insbesondere für mittlere und große Unternehmen: Wie die Umfrage zeigt, haben Unternehmen mit mehr als 500 Millionen Euro Umsatz, die engen Kontakt zu Forschungsinstituten und Universitäten halten, eine Umsatzrendite von 5,8 Prozent. Unternehmen der gleichen Größenklasse, die keinen solchen Austausch pflegen, haben dagegen nur eine Umsatzrendite von 3,5 Prozent. Wie sehr sich der Blick über den Zaun lohnen kann, zeigt das Beispiel des schwäbischen Maschinenbauers Trumpf, der sowohl beim Schritt in die Elektronik als auch bei dem in die Optik von unabhängigen Forschern und Entwicklern profitierte. Aus demselben Grund – nämlich weil er ein ganz neues Anwendungsgebiet sieht – behält Dr. Ferdinand Storp, Geschäftsführer des Duftstofflieferanten drom fragrances, die Entwicklung der Gentechnik fest im Blick, obwohl sie zurzeit mit der Parfümbranche noch nichts zu tun hat. Dabei hat drom eine Unternehmenskultur entwickelt, die ausdrücklich darauf setzt, dass die Entwickler frei über die Grenzen schauen.

Teams bringen Erfolge: Die Innovationskultur schafft ihnen die Freiräume

Innovation lautete die Devise, nach der die Brüder Dr. Ferdinand Storp und Dr. Andreas Storp seit 1998 das zuvor stagnierende Familienunternehmen in Schwung brachten und bis 2005 den Umsatz und die Rendite verdoppelten. Ein Markenparfüm, mit dem

Automobilhersteller den Innenräumen ihrer neuen Fahrzeuge ein zusätzliches Branding verpassen? Luft-Duftstoffe für exklusive Warenhäuser, die Kunden in gelöste Konsumstimmung versetzen? Eine eigene olfaktorische Note für Videospiele, damit Lara Croft & Co. die jugendlichen Fans noch mehr begeistern? Keine Idee ist so weit hergeholt, dass die Parfümeure von drom fragrances international nicht darüber nachdenken würden.

»Wir überlegen ständig, wo es noch hingehen kann«, sagt Dr. Ferdinand Storp und sieht riesige Einsatzfelder für seine Düfte in der Markenbildung oder beim Aufbau einer *Corporate Identity*: »Da geht noch was.« In Frankreich, erzählt er, habe gerade eine Versicherung ihre 300 Niederlassungen einheitlich »beduftet«. Und längst stimulieren Supermärkte oder Bäckereien in ihren Kaffee-Ecken den Appetit der Kunden mit zusätzlichen Röstaromen. Leicht makaber, aber wirkungsvoll geben Bestattungsunternehmer billigen Särgen aus Holzimitat wuchtige Eichenholzdüfte aus der Sprühdose bei.

Noch bestreitet das Unternehmen aus Baierbrunn bei München allerdings den Löwenanteil des Geschäfts mit der Parfüm- und der Healthcare-Industrie. Und weil die Kunden von drom eine Rezeptur im Durchschnitt nur 18 Monate verwenden, ist das Innovationstempo enorm: Rund hundert neue Düfte entwickeln die 21 Parfümeure jeden Tag, das Unternehmen macht 80 Prozent seines Umsatzes von 80 Millionen Euro mit Produkten, die jünger als ein Jahr sind.

Wie schafft der Mittelständler diese Kreativleistung? drom setzt auf Freiheit. »Wir versuchen, unseren Kreativen möglichst wenig vorzuschreiben«, erklärt Dr. Ferdinand Storp. Die 21 drom-Entwickler müssen weder feste Arbeitszeiten einhalten noch in ihren Firmenbüros anwesend sein: »Das ist ein wenig so, als ob sie 21 Musiker oder Maler beschäftigen.« Diese Menschen erleben ihre Freiheit als ebenso starkes Incentive wie Geld. »Parfümeure verdienen sehr gut, und ab einer gewissen Grenze sagen sich unsere

Kreativen eben: Geld ist nicht alles«, erklärt der drom-Chef. Ausdrücklich beschäftigt er aber keine Solisten: »Wir haben einen Team-Approach.« Und manchmal arbeiten auch Teams parallel an mehreren Standorten – drom hat Niederlassungen in 43 Ländern und Kreativzentren in München, New York, Paris, Sydney und Guangzhou – an derselben Aufgabe.

Dabei sind die Parfümeure nicht allein auf sich angewiesen. Wie viele erfolgreiche Mittelständler pflegt drom ein engmaschiges Innovationsnetzwerk: »Wir arbeiten viel mit Universitäten zusammen, mit Medizinern, Psychologen und Marketingleuten.« Engen Kontakt hält drom mit Unternehmen für Gentechnik und Bio-Engineering. Dr. Ferdinand Storp sagt dazu: »Noch konzentrieren die sich zwar auf das lukrative Feld der Pharmaentwicklungen, aber wenn sie den Markt der Duftstoffe entdecken, wird es komplett neue Gerüche geben« – und drom wird sie als Pionier anbieten.

Alle 300 Mitarbeiter von drom profitieren von der lebendigen Unternehmenskultur. Jeder ist am Erfolg beteiligt, die Kommunikation geht quer über die Hierarchieebenen hinweg. Um den internationalen Erfahrungsaustausch zu fördern, wechseln die Mitarbeiter nach einem Rotationsprinzip die Standorte – allesamt attraktive Ziele. Der Austausch betrifft nicht etwa nur die Manager, sondern jeden, der möchte, bis zum Sachbearbeiter in der Buchhaltung.

»Als Familienunternehmen können wir uns eben auch Verrücktheiten leisten«, sagt Dr. Ferdinand Storp, »das geht nicht, wenn man Aktionäre hat.« Natürlich sieht er auch Nachteile gegenüber Großkonzernen: »Größe bedeutet Macht und etablierte Beziehungen zu allen Kunden.« Doch die Vorteile überwiegen: »Große Unternehmen sind wie Maschinen, die zuverlässig mittelmäßige Resultate liefern – wir aber haben das Potenzial für Spitzenleistungen.« Dafür hat Dr. Storp folgende Erklärung: »Wir können von unseren Leuten mehr verlangen und bekommen auch mehr.«

Warum? Ganz einfach: »Das hat mit Spaß und Selbstverwirklichung zu tun.«

Forscher und Entwickler brauchen neben den materiellen Mitteln auch eine Umgebung und Kultur, die Innovation fördert. Der *InnovationCompass*, eine McKinsey-Studie von 2005, ergab: Unternehmen, die den Kreativen das Gefühl geben, viele Freiheiten zu haben, in denen auch Risiken eingegangen und Fehler toleriert werden, entwickeln Innovationen erfolgreicher als rigider geführte Firmen. Der *InnovationCompass* ergründet die eher weichen Erfolgsfaktoren in der Entwicklung neuer Produkte. Seine Ergebnisse basieren auf der Analyse der Abläufe in Forschung und Entwicklung bei 342 deutschen, vor allem mittelständischen Unternehmen.

Hohe Bedeutung hat danach der richtige Aufbau des Entwicklungsteams. Ein wesentlicher Erfolgsfaktor ist die räumliche Nähe: Es gilt, wer mehr als 100 m weit weg ist, kann auch in einem anderen Land sitzen. Forscher und Entwickler sollten sich also nicht nur in virtuellen Teamräumen treffen, denn E-Mails und Videokonferenzen entwickeln nicht den kreativen Schub, der von tatsächlich gemeinsamer Arbeit ausgeht. Gerade die räumliche Nähe von Experten in Produktion und Marketing – für schnelle Fragen auf dem kleinen Dienstweg – trägt offensichtlich zum Innovationserfolg bei. Zwei Drittel der erfolgreichen Innovatoren praktizieren diese *Co-Location*. Von den in Sachen Innovation weniger erfolgreichen Unternehmen, gemessen am Anteil der Neuprodukte am Umsatz, setzt nur ein Drittel konsequent auf räumliche Nähe.

Ein anderes Ergebnis des *InnovationCompass*: Erfolgreiche Unternehmen starten die Entwicklung mit kleineren Teams und bauen diese dann in der zweiten Phase, in der sukzessive der Business-Case entwickelt wird, dynamischer auf als die weniger erfolgreichen Firmen. Bewältigen in der Startphase etwa nur fünf Teammitglieder die anfallenden Aufgaben – natürlich mit punktueller Unterstützung der Produktions- und Marketingexperten auf den angrenzenden Fluren –, so versechsfacht sich bis zur Marktein-führung bei den Erfolgreichen oft das Team. Entscheidend ist dabei vor allem Kontinuität: Die Erfolgreichen belassen die Gründungs-mitglieder durchweg bis zum Ende des Projekts im Team, denn Erfahrung zählt. Die weniger Erfolgreichen tauschen im Verlauf des Projekts zwischen einem und zwei Drittel der Mitglieder des Startteams aus.

Ein anderes Ergebnis: Die besten Ergebnisse produzieren inter-disziplinär besetzte Teams, denen ein hochrangiger Mentor die nötigen Freiheitsgrade sichert und in denen einerseits junge, von der Organisation noch nicht vereinnahmte Mitarbeiter kreative Impulse geben, in die andererseits aber erfahrene Kräfte ihr Managementwissen und ihre Kontakte innerhalb des Unterneh-mens einbringen.

Für jeden Strategietyp gilt eine eigene Gewichtung der Erfolgsfaktoren

Zwar gelten für alle Unternehmen die gleichen Erfolgsfaktoren im Hinblick auf Innovation, doch verfolgen sie natürlich nicht die gleichen Wege: Neben der Branchenzugehörigkeit gibt der Strategie-typ, dem das Unternehmen zuzurechnen ist, die Richtung vor.

Für *Innovationschampions* und *Kompetenzführer* gehört der Anspruch, mit ihren Produkten in Sachen Innovation ganz vorn zu rangieren, zum Programm. In ihren Branchen haben dies gut zwei Drittel der *Innovationschampions* und 59 Prozent der *Kompetenz-führer* auch erreicht. Dagegen sind nur je gut ein Drittel der *Kostenführer* und *Spezialisierer* Innovationsführer in ihren Märk-ten. Für jeden Strategietyp gilt ein eigenes Set von Erfolgsfaktoren in Bezug auf Innovation.

Erfolgreiche *Innovationschampions* sind Stammkunden bei den Patentämtern: Im Durchschnitt 26 Triade-Patente (angemeldet in Europa, den USA und Japan) haben die besten 40 Prozent im vergangenen Jahrzehnt durchgebracht.

Der Blick auf die Zahl der Patentanmeldungen gibt bei unseren Mittelständlern allerdings kein vollständiges Bild der Innovationserfolge. Abgesehen davon, dass längst nicht jedes Patent zu einem erfolgreichen Produkt führt, halten sich viele Unternehmen bewusst mit der Anmeldung zurück. Sie haben erfahren, dass Patente wenig Schutz vor Nachahmern bieten – schon gar nicht vor chinesischen. Internationale Patentrechtsverfahren sind teuer, langwierig und garantieren keinen Schutz. Manch kreatives Unternehmen fürchtet sogar, mit der öffentlichen Patentanmeldung die Konkurrenz erst auf die Innovation aufmerksam zu machen.

Die meisten erfolgreichen *Innovationschampions* konzentrieren ihre durchweg hohen Aufwendungen für Forschung und Entwicklung auf echte Neuentwicklungen und radikale Innovationen. So schafft es diese Gruppe, im Durchschnitt rund 58 Prozent ihres Umsatzes mit Neuprodukten zu erzielen, die weniger als drei Jahre auf dem Markt sind. Die nicht so erfolgreichen *Innovationschampions* kommen hier nur auf einen Anteil von etwa 45 Prozent.

Klar, dass die besten Innovatoren umfangreiches Wissen im eigenen Haus aufbauen. Vor allem steht bei ihnen das neue Produkt eindeutig mehr im Fokus als beim Rest des Felds. Ungeachtet ihrer Größe bauen erfolgreiche *Innovationschampions* sehr schnell eine beachtliche internationale Präsenz auf – bei ihrem hohen Aufwand für Forschung und Entwicklung sind sie darauf angewiesen, neue Produkte sehr schnell möglichst global zu vermarkten, um ihre Investitionen zurückzuverdienen, ehe kostengünstigere Nachahmer ihnen die Margen verderben.

Erfolgreiche *Kompetenzführer* müssen sich auch bei der Innovation als Alleskönner zeigen. Basis ihrer Dominanz ist ein guter Mix aus substanziellen Produktinnovationen und effizienten, marktorientierten Prozessen – schließlich wollen sie sowohl Technologie- als auch *Kostenführer* sein. Zwei Drittel der besten *Kompetenzführer* haben in den vergangenen Jahren sogar den Schwerpunkt ihrer Bemühungen um Innovationen auf die Prozesse konzentriert.

Effiziente Prozesse sind schließlich die Grundlage für eine andere Stärke der Besten: ihr hohes Tempo, mit dem sie Neuentwicklungen auf den Markt bringen.

Anders als die *Kompetenzführer* haben die *Kostenführer* vor allem die Prozesse und Prozessinnovationen im Blick. Sie haben in der Regel ein eher einfaches Netzwerk für Forschung und Entwicklung, das sie allerdings äußerst effizient gestalten. Dafür reagieren sie aber umso schneller auf Innovationen der Wettbewerber. Sie machen ihr Geschäft als *Fast Follower* mit überlegener Effizienz.

Am überschaubarsten bleibt das Management von Innovationen beim Strategietyp des *Spezialisierers*, der sich in seiner engen Nische ganz auf die Bedürfnisse seiner Kunden konzentriert. Er gründet kaum Kooperationen, um ja nicht kostbares Wissen teilen zu müssen, sondern konzentriert alles Know-how rund um die Kundenwünsche im eigenen Hause.

Egal ob als *Spezialisierer* oder als *Kompetenzführer*: Innovationen sind die wichtigste Basis für ein erfolgreiches Geschäft. Das Management muss dabei einen schwierigen Balanceakt bewältigen: Einerseits brauchen kreative Entwickler so viel Freiraum wie möglich, andererseits muss der Innovationsprozess rigide gemanagt werden. Kostenkontrolle, Planstabilität, klare Erfolgskennziffern, anspornendes Incentive-System auf der einen Seite; ehrgeizige Ziele, freie Unternehmerkultur, Akzeptanz von Unsicherheit und Fehlern auf der anderen Seite – viele Zielkonflikte, die behutsam ausgeglichen werden müssen. Die Mühe lohnt, denn die Mittelstandsstudie belegt, dass Unternehmen, die Produkt- und Prozessinnovationen in den Mittelpunkt stellen, schneller wachsen und profitabler arbeiten als ihre Wettbewerber mit anderen Schwerpunkten – auch weil diese Innovationen eine gute Basis für Erfolge auf internationalen Absatzmärkten darstellen.

Checkliste: Innovation

Auch hier gilt: Antworten Sie mit Ja, ist alles in Ordnung, bei einem Nein sollten Sie Ihre Strategie in Sachen Innovation überdenken

	Ja	Nein
Steht die Wachstumserwartung für Ihr Unternehmen mit der Innovationsstärke und dem daraus resultierenden Neuumsatz in Einklang?	❑	❑
Spiegelt das Budget für Forschung und Entwicklung Ihren Anspruch an technologische Führerschaft im Vergleich zu den Wettbewerbern wider?	❑	❑
Haben Sie Entwicklungsfelder festgelegt (eine Technologie-Roadmap), in denen sich alle laufenden Projekte wiederfinden?	❑	❑
Haben Sie Ihre Innovationspipeline so gut gefüllt, dass Sie das geplante Wachstum auch erreichen, wenn die Hälfte der Projekte wenig erfolgreich ist oder gar scheitert?	❑	❑
Verfügen Sie über ein Netzwerk externer Kooperationspartner, mit denen Sie Ideen entwickeln und umsetzen?	❑	❑
Haben Sie einen definierten Prozess für die Entwicklung von der Idee bis zum Produkt?	❑	❑
Haben Sie interne und externe Meilensteine definiert, von deren zeitigem Erreichen Sie die Fortführung des Innovationsprojekts abhängig machen?	❑	❑
Beenden Sie ein Projekt tatsächlich konsequent, wenn es die Meilensteine nicht erreicht?	❑	❑

Werden die Kunden systematisch in den Entwicklungsprozess eingebunden, und wenn ja, setzen Sie deren Vorschläge auch konsequent um?	❏	❏
Gibt es bei Ihnen Ideenwettbewerbe oder ähnliche Anreizprogramme für die Kreativität Ihrer Mitarbeiter?	❏	❏

Kernaussagen

Viel bringt viel. Unternehmen, die überdurchschnittlich viel Geld für Innovationen aufwenden, sind meist ertrags- und wachstumsstärker. Entscheidend ist die Kontinuität: Erfolgreiche Innovationsprogramme brauchen meist lange Zeit, ihre Budgets dürfen nicht in zwischenzeitlichen Kostenprogrammen zusammengestrichen werden.

Ziele müssen ehrgeizig gesteckt werden. Dazu gehört, knappe Budgets und Zeitvorgaben für die Kommerzialisierung neuer Produkte einzuhalten.

Erfolgreiche Unternehmen fokussieren ihre Innovationen auf Felder, in denen sie Kompetenzen aufweisen und auf denen ihre Kunden neue Angebote erwarten.

Kooperationen mit Universitäten, Zulieferern und manchmal sogar Wettbewerbern helfen, die Innovationsziele trotz knapper Mittel zu erreichen.

Der Blick über die Grenzen der eigenen Branche eröffnet neue Perspektiven.

Erfolgreiche Innovationen entstehen im Spannungsverhältnis von Freiheit und Controlling. Dabei gilt: Kreativität braucht Freiräume.

5 Weltmarktführer: Wie die Mittelständler internationale Märkte erobern

Wenn die heimische Wirtschaft stagniert, muss das Wachstum aus dem Ausland kommen. Doch je weiter die dynamischen Wachstumsmärkte geografisch und kulturell entfernt sind, desto schwieriger sind sie zu erobern – Strategie ist gefragt. Welche Märkte versprechen wem die besten Chancen? Und wie und mit welchen Produkten lassen sie sich erobern?

Vor zehn Jahren stand die Geschäftsleitung der WIKA GmbH vor einer strategischen Entscheidung: Wo sollte künftig das Wachstum herkommen – aus neuen Produktfeldern oder aus neuen regionalen Märkten? Die bayerischen Spezialisten für Druck- und Temperaturmesstechnik, Strategietyp *Kompetenzführer*, setzten auf Internationalisierung. »Da setzte der große Schub ein«, schaut Alexander Wiegand, geschäftsführender Gesellschafter der WIKA, zurück. Zwei Auslandsniederlassungen pro Jahr eröffnen die Mittelständler seither – in einem systematischen Prozess. »Zunächst haben wir die Länder identifiziert, in denen unsere Produkte ein Marktpotenzial von mehr als 10 Millionen D-Mark hatten«, berichtet der WIKA-Chef, der das Familienunternehmen in dritter Generation führt, »dann stellten wir ein Ranking auf.« Die Manager analysierten, wo das Potenzial hoch, aber die Markteintrittsbarrieren niedrig waren und wo die lokalen Handelspartner nur mäßige Arbeit leisteten. Es entstand eine Prioritätenliste, die WIKA noch heute abarbeitet.

Die systematische Durchdringung der Welt hat sich für das Unternehmen zwischen Odenwald und Spessart ausgezahlt: Rund 4.400 Mitarbeiter erwirtschafteten 2005 einen Umsatz von 390 Millionen Euro, rund drei Viertel davon im Ausland und mehr als doppelt so viel wie zehn Jahre zuvor. Die Umsatzrendite lag bei auskömmlichen 7 Prozent. 31 Niederlassungen rund um den Globus hat WIKA heute, zwei pro Jahr kommen regelmäßig hinzu. »Das ist fast schon Routine«, freut sich Alexander Wiegand. Eine 15-köpfige Abteilung in der Zentrale bereitet die Neugründungen generalstabsmäßig vor und begleitet die jungen Firmenableger durch die Schwierigkeiten der ersten Jahre. Die Vorgabe: Nach spätestens drei Jahren sollen die Neuen im Firmenverbund schwarze Zahlen schreiben. Die Ziele sind ehrgeizig. Mit allen acht Produktlinien wollen die Klingenberger Nummer 1 oder 2 auf ihren Märkten sein.

Natürlich läuft auch bei WIKA nicht immer alles nach Plan. So brauchten die Unterfranken in Korea wegen des niedrigen Preisniveaus und starker lokaler Konkurrenz deutlich länger, bis die Verlustphase vorbei war. Und der erste Ausflug nach Japan, der immerhin schon 1987 startete, endete gar mit einem Rückzug. »Alles war sehr teuer und die Markteintrittsbarrieren waren enorm hoch. Trotzdem haben wir vor drei Jahren einen neuen Anlauf gestartet. Auch diesmal war es ein steiniger Weg, wir brauchten extrem viel Vorlauf, bis die ersten Bestellungen kamen, und nach der Lieferung hatten wir die absurdesten Reklamationen«, erinnert sich der WIKA-Chef an die Serie von Pleiten, Pech und Pannen, »da wurden komplette Sendungen wegen eines Haares in einem Gehäuse oder wegen eines leicht verfärbten Messingstutzens zurückgeschickt.« Doch jetzt hat sich die Beharrlichkeit ausgezahlt: Die WIKA-Systematik für den Markteintritt funktioniert auch in Japan.

Ein wichtiger Teil des Systems liegt in der Personalpolitik. »Unsere Vertriebsniederlassungen werden durchweg von lokalen Chefs geleitet«, sagt Alexander Wiegand, »nur neue Produktionsbetriebe werden zunächst von deutschen Spezialisten geführt.« Der zurückhaltende Einsatz dieser so genannten *Expatriates* spart nicht nur Geld, sondern stellt auch sicher, dass der WIKA-Ableger alle Spielregeln des neuen Markts berücksichtigt. Um selbst ein Gespür für die Märkte zu bekommen, macht sich das Management regelmäßig aus dem beschaulichen Klingenberg auf in die weite Welt.

Nach zehn Jahren systematischer Markterschließung sind nicht mehr viele weiße Flecken auf der WIKA-Weltkarte übrig. Die nächsten Niederlassungen will Alexander Wiegand in der Türkei, im Iran und in Venezuela eröffnen. Auf mentale Vorbehalte ist er in neuen WIKA-Ländern noch nie getroffen: »Ich habe oft das Gefühl, dass wir Europäer – und häufig besonders wir Deutschen – wirklich gern gesehene Gäste sind.«

Wie WIKA haben die meisten erfolgreichen Mittelständler erkannt, dass die systematische Eroberung ausländischer Absatzmärkte neben der kontinuierlichen Innovation wichtiger Garant für Wachstum und Profitabilität ist. Der weitgehend stagnierende Heimatmarkt und die oft relativ engen Nischen, in denen die Mittelständler agieren, zwingen sie buchstäblich außer Landes. Nicht umsonst ist Deutschland Exportweltmeister, die großen Mittelständler tragen kräftig dazu bei: Knapp 80 Prozent der Befragten in der Mittelstandsstudie sind außerhalb des Heimatmarkts aktiv, bei gut der Hälfte der Unternehmen liegt die Exportquote über 40 Prozent. Ihr Auslandsgeschäft wächst mit einer Steigerungsrate von 10 Prozent rund zweieinhalb Mal so schnell wie die Umsätze im Inland.

Jenseits der Grenze sehen die meisten großen Mittelständler das Potenzial für weiteres Wachstum. Ganz objektiv gibt es einen Nachholbedarf gegenüber den 200 größten deutschen Konzernen, die im Schnitt über 70 Prozent ihres Umsatzes im Ausland erzielen, Tendenz weiter steigend.

Während bei den meisten Mittelständlern die ersten Schritte ins Ausland eher von Zufällen geprägt waren – mal lernte der Unternehmer einen Vertriebspartner im Urlaub kennen, mal kam eine direkte Anfrage für ein Exportgeschäft –, gehen sie mit zunehmender Größe und Erfahrung – und mit der wachsenden Entfernung und Exotik der Zielmärkte – systematisch gesteuerter vor. Immerhin bewerten drei Viertel der befragten großen Mittelständler ihren Weg auf die neuen Boommärkte als nicht opportunistisch, sondern systematisch. Sie wählen die Zielländer nach eigens entwickelten Ranking-Modellen aus und stellen Projekt-Businesspläne auf, deren Zielerreichung sie regelmäßig überprüfen. Die besten Unternehmen mit dem Potenzial zum Weltmarktführer führen eigene Gewinn-und-Verlustrechnungen für die Eroberung neuer Märkte durch, berechnen den Projekt-Cashflow und erarbeiten Exit-Szenarien auch für den Fall, dass die Expansionspläne scheitern.

In der ersten Welle drangen Mittelständler üblicherweise auf die Märkte Westeuropas vor, als nächstes Ziel lockte dann oft Nordamerika. Ende der neunziger Jahre lagen die Zuwachsraten in Osteuropa ganz vorn: Die befragten Mittelständler steigerten dort zwischen 1998 und 2003 ihren Absatz um 150 Prozent. Seit Beginn des neuen Jahrtausends aber stehen die Wachstumsregionen in Asien im Fokus, vor allem Indien und China. Stürmisch wachsende, extrem wettbewerbsintensive Märkte mit insgesamt 3 Milliarden Menschen – auch Deutschlands Mittelständler spüren die Anziehungskraft dieses Wirtschaftswunders. China war schon 2004 ein deutlich größerer Exportmarkt für deutsche Unternehmen als Osteuropa. Sie erzielten dort Umsätze von gut 26 Milliarden Dollar, mehr als in Russland mit knapp 19 Milliarden Dollar, mehr als in Polen mit 23 Milliarden Dollar oder auch in Japan mit knapp 16 Milliarden Dollar. Wie alle sich entwickelnden Volkswirtschaften wächst die chinesische Wirtschaft, wenn auch auf niedrigem Niveau, mit Jahresraten von rund 10 Prozent überwiegend in der Industrie (reife Volkswirtschaften erzielen Wachstum vornehmlich über den Dienstleistungssektor). Gerade in der Ausrüstung aufstrebender Industrien aber haben viele deutsche Mittelständler besondere Stärken.

Wer seine Wachstumschancen im Ausland sucht, steht regelmäßig vor drei Fragen (Abbildung 21):

- Ist mein Unternehmen reif für den Schritt über die Grenzen, habe ich die nötigen Ressourcen?
- Welche Länder bieten die besten Chancen?
- Und mit welchen Strategien und Produkten sind diese Zielmärkte zu erobern?

Abbildung 21: Idealer Prozess bei einem typischen Internationalisierungsvorhaben

Sind Sie fit für die Internationalisierung?

Zur ersten Frage: Wer gerade mit einer Restrukturierung kämpft, wessen Management chronisch überlastet ist und wessen Produkte aus dem Me-too-Stadium noch nicht herausgefunden haben, der ist sicherlich besser beraten, zunächst die notwendigen Hausaufgaben zu machen, bevor er den Erfolg im Ausland sucht. Denn dieser Schritt braucht Zeit, Geld, Managementkapazität und ein wettbewerbsfähiges Produkt.

Dies bestätigt auch Günter Rommel, mehrfacher Buchautor (unter anderem *Zukunftsmodell Deutschland,* 2005) und als Mitbegründer des Tokioter Büros von McKinsey auf den dynamischen Märkten in Fernost mehr als zwanzig Jahre zu Hause. Er kennt viele Beispiele von mittelständischen deutschen Unternehmen, die versucht haben, sich in Asien zu etablieren. Und er kennt die Unterschiede zu Großkonzernen: »Mittelständler sind vorsichtiger: Zum einen sind die Einstiegskosten in Asien so hoch, dass ein Misserfolg für Mittelständler schnell existenzbedrohend werden kann. Zum anderen sind die asiatischen Märkte ausgesprochen aggressive Märkte. Wenn internationale Mittelständler hier einen heimischen Wettbewerber frontal angreifen, kann es leicht passieren, dass der seinerseits mit Dumpingpreisen zum Gegenangriff übergeht – zuerst auf dem asiatischen Markt, dann aber auch in der europäischen Heimat. Hier wird wirklich mit harten Bandagen gekämpft.«

Die Markteintrittsstrategie will gut überlegt sein, sonst geht es einem wie diesem Mittelständler, von dem Günter Rommel berichtet: »Egal mit welchem Angebot er auf den japanischen Markt kommt, er macht einfach keinen Boden gut. Er wird vom Marktführer kurzerhand um 20 Prozent unterboten.« Ein Ausweg aus dieser Zwickmühle könne sein, sich mit dem Konkurrenten des lokalen Platzhirsches zusammenzutun.

Rommel sieht als einen wichtigen Erfolgsfaktor auf asiatischen Märkten die Nähe zum Endkunden an, Standards und Bedürfnisse müssen gründlich verstanden werden. Dazu müssen die Mittelständler vor Ort mit den Leuten reden und dürften lokalen Partnern nicht ohne Weiteres den Vertrieb überlassen. Das bedeutet wiederum: Die erforderliche Managementkapazität ist sorgfältig zu planen.

Welche Länder bieten die besten Absatzchancen?

Diese Frage beantworten viele Mittelständler aus dem Bauch: Kulturelle Nähe, Sprache und Mentalität des Ziellandes zählen oft mehr als harte Fakten. Der bedeutendste Auslandsmarkt für die Teilnehmer der Studie ist folgerichtig Westeuropa – hier erzielen sie rund 80 Prozent ihrer Auslandserlöse. Das Problem dabei lautet: Die Wachstumsdynamik liegt in anderen Regionen (Abbildung 22).

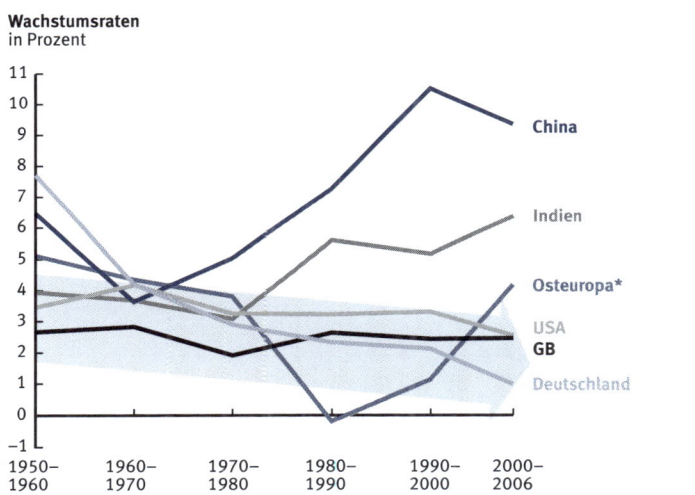

Wachstumsraten
in Prozent

* Beinhaltet folgende Länder: Albanien, Bulgarien, Tschechoslowakei (Tschechien und Slowakische Republik), Ungarn, Polen, Rumänien, Jugoslawien (Slowenien, Kroatien, Bosnien und Herzegowina, Serbien und Montenegro, Mazedonien (TFYR))
Quelle: OECD (National Accounts Database), OECD/Angus Maddison (The World Economy – Historical Statistics), Global Insight (World Market Monitor, 23. Jan. 2007), McKinsey Research

Abbildung 22: Wachstumsdynamik über Zeit

Immerhin nutzen die Mittelständler schon die Chancen in der Region Osteuropa: Hier erzielen sie mit 3,4 Prozent bereits einen höheren Umsatzanteil als in Nordamerika, wo sie 2,9 Prozent ihres Umsatzes machen (Abbildung 23). Doch in den Boomregionen Asiens, vor allem in Indien und China, sind sie noch schwach vertreten. Das soll sich ändern: Um 36 Prozent planen etwa die

Teilnehmer der Studie ihren Umsatz in China bis 2008 zu steigern, den in Indien sogar um 43 Prozent (Abbildung 24).

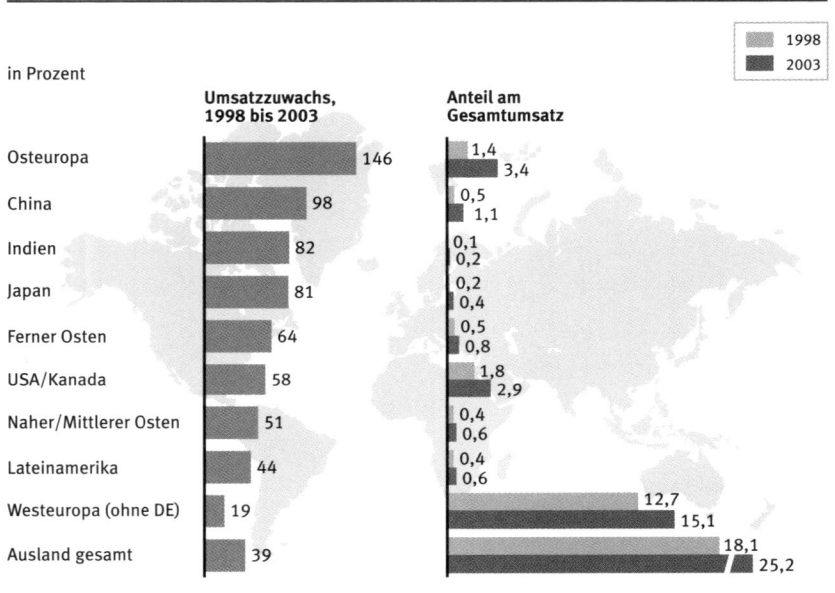

Abbildung 23: Entwicklung des Auslandsumsatzes nach Regionen

Doch die modische Begeisterung für Regionen, die sich stürmisch entwickeln, ergibt noch keine Strategie zur Globalisierung des Absatzes. Die besten Mittelständler analysieren deshalb systematisch das Potenzial jedes Markts und wägen es gegen die Markteintrittsbarrieren und spezifischen Risiken des Ziellandes ab.

- **Marktpotenzial:** Die wichtigen Parameter zur Marktabschätzung sind Volumen, Wachstum und Reife, ausgedrückt in Kaufkraft. Manche Mittelständler, etwa Lieferanten für Infrastrukturprojekte wie Abwasseranlagen, müssen zur Volumenabschätzung nur die Entwicklung des Bruttosozialprodukts ihres Ziellandes im Blick behalten, andere konzentrieren sich auf

Marktzahlen aus ihrer Branche. Zum Wachstum sind Prognosen zu beschaffen, Marktreife und Kaufkraft werden über Zahlen zu Pro-Kopf-Einkommen, Einkommensverteilung sowie Preisindizes bestimmt. Wichtig ist es, zu wissen, welche Wettbewerber schon dort sind. Und unerlässlich ist der authentische Eindruck: Das Management sollte einen potenziellen Markt selbst intensiv bereisen.

- Markteintrittsbarrieren: Die Basis zur Bewertung der Eintrittsbarrieren in einen Markt liefert beispielsweise der *Ease of Doing Business Indicator* der Weltbank. Er erfasst 155 Länder und damit alle relevanten Märkte dieser Welt. 39 Indikatoren vom Genehmigungsverfahren über den Anlegerschutz bis zum Konkursrecht bewerten die organisatorische Verfassung des Markts. Dazu muss jedes Unternehmen noch spezifische Bedingungen für seine Branche erforschen: etwa Wettbewerbsintensität, Kostensituation, Verfügbarkeit von Fachkräften oder Logistikabdeckung. Gerade die Wettbewerbssituation sollte sorgfältig bedacht werden: Greift man auf dem neuen Markt einen Konkurrenten frontal an? Wie wird er reagieren – kann er Dumpingpreise durchhalten und mir so Verluste zufügen? Oder schlägt er zurück, indem er seinerseits aggressiv auf meine Heimatmärkte vordringt?
- Ländermarktrisiken: Bei der Bewertung hilft – neben eigener Anschauung und Berichten der Banken – der BERI-Index. Dreimal jährlich bewertet das Business Environment Risk Information Institute in Genf 50 Länder und fünf Regionen. Im Mittelpunkt steht die Rechtssicherheit. Der Index gibt eine Rangliste der *Profit Opportunity Recommendations,* die aus Indizes zu operativen, politischen und Rückzahlungsrisiken erstellt wird.

Natürlich reichen Indizes allein nicht für ein sicheres Urteil. Immerhin aber können sie eine Grundlage für die Bewertung potenzieller Zielmärkte liefern.

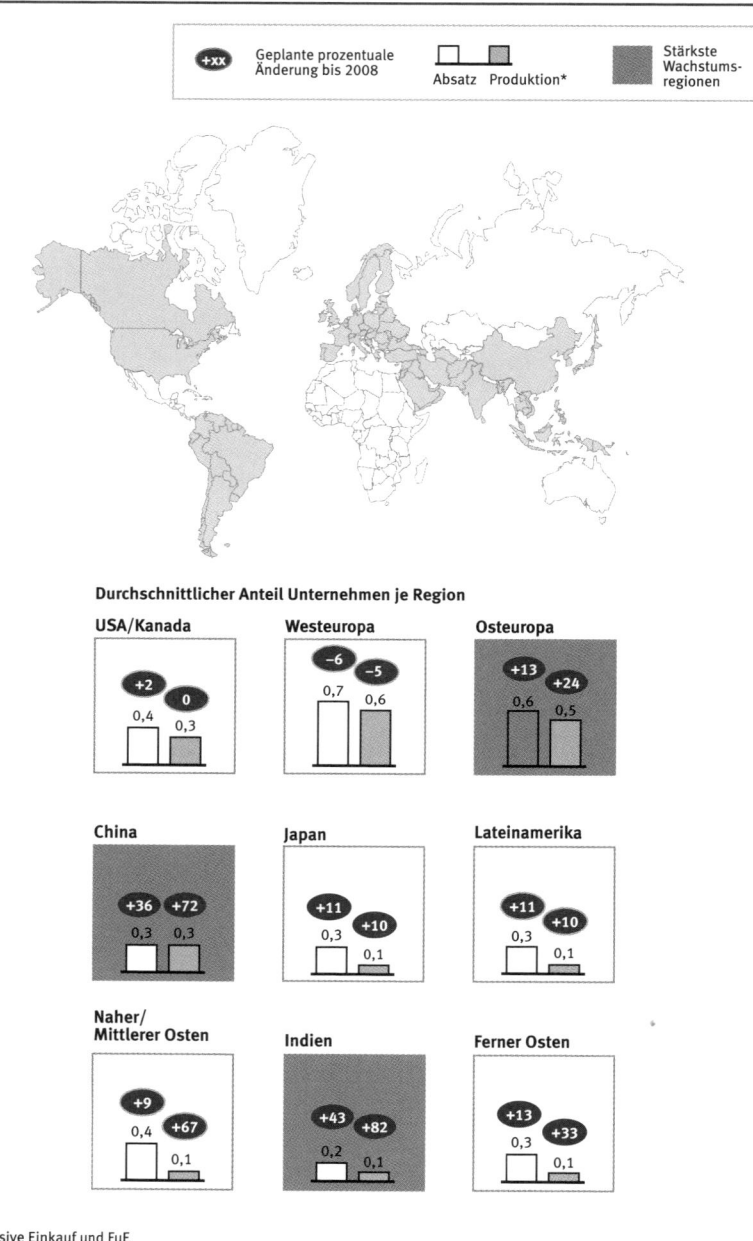

Abbildung 24: Internationalisierung – geplante Absatzpräsenz 2008

Wie und mit welchen Produkten sind diese Märkte zu erobern?

Daheim macht den Marktführern niemand etwas vor. Sie wissen, was ihre Kunden wollen, wie ihre Wettbewerber agieren und welche Regeln am Markt gelten. Doch jenseits der Grenzen beginnt die große Unsicherheit: Erwarten Chinesen die gleichen Features an einer Werkzeugmaschine wie Schwaben? Wie steht es um Zahlungsziele und -moral in Bengalen? Wie tritt man in den indischen Markt der Automobilzulieferer ein? Wie tickt der slowakische Markt?

Nur die unbedarftesten Internationalisierer finden die Antworten, indem sie einfach vorpreschen und Erfahrungen sammeln. Die meisten Mittelständler analysieren, bevor sie agieren, und folgen zur Eroberung fremder Märkte einer klaren Strategie. Und wenn diese auch jeweils nach Strategietyp, Branchenzugehörigkeit und Zielland differiert, haben sich doch fünf Erfolgsfaktoren herauskristallisiert, die in unterschiedlicher Gewichtung bei allen Internationalisierungsstrategien eine Rolle spielen. Erfolgreiche Mittelständler erobern fremde Märkte mit

- Produkten, die sie den lokalen Bedürfnissen anpassen,
- zunächst auf wenige Länder fokussierten Ressourcen,
- zu ihnen passenden Kooperationspartnern,
- entscheidungsberechtigten Managern vor Ort und
- einer engen Einbindung des heimischen Topmanagements, das klare Kriterien für den Abbruch des Projekts definiert und deren Einhaltung streng überwacht.

Produkte: Zum Wesen des Mittelständlers gehört die Kundennähe, sie sucht er auch bei der Internationalisierung. Deshalb recherchieren erfolgreiche Unternehmen sorgfältig die lokalen Kundenbedürfnisse auf ihren Zielmärkten. Wenn es sich um entwickelte Märkte handelt, ist es oft mit leichten Modifikationen an aktuellen

Produkten getan, etwa in Form oder Farbe. In Schwellenländern dagegen weichen die Anforderungen oft weiter ab. Häufig sind einfachere, robuste Produkte gefragt. Diese muss der Mittelständler nicht unbedingt neu entwickeln, manchmal hilft der Rückgriff auf eine frühere Modellgeneration. Diesen Weg ging beispielsweise die Mörfeldener Vacuflex GmbH, als sie in den chinesischen Markt eintrat. Vacuflex produziert Kunststoffschläuche für die Autoindustrie, für Hausgerätehersteller, Maschinenbauer und andere Anwender. In China beliefert das hessische Unternehmen einen lokalen Staubsaugerbauer mit Schläuchen aus einer in Deutschland längst abgelösten Produktgeneration. Deren Herstellung ist unkomplizierter und damit preiswerter, trotzdem entspricht sie der technischen Spezifikation des chinesischen Kunden. Allerdings müssen sich deutsche Exporteure vor dem Fehlschluss hüten, chinesische Abnehmer bräuchten in jedem Falle simplere Technik. Das Boomland hat zwei Entwicklungszonen, in denen die Bedürfnisse deutlich differieren: Während im Landesinneren tatsächlich die industrielle Infrastruktur um einige Entwicklungsgenerationen zurückliegt und deshalb einfache, aber robuste Produkte gefragt sind, haben sich die Küstenregionen, ausgehend von den Sonderwirtschaftszonen, sprunghaft entwickelt und produzieren oft auf hohem Niveau – mit entsprechenden Anforderungen an Maschinenpark und Zulieferungen. Selbstbewusst ermahnte der chinesische Botschafter in Deutschland, Ma Canrong, auf einer Handelskammerveranstaltung die heimischen Manager: »Unternehmen ohne dauerhaften Technologievorsprung können im chinesischen Markt nicht bestehen.«

Fokussierung: Die Eroberung eines neuen Markts erfordert Geld und Managementkapazität. Beides ist beim typischen Mittelständler knapper als im Großkonzern. Deshalb richten die erfolgreichen Internationalisierer ihre Aufmerksamkeit immer nur auf jeweils ein neues Land. Beispiel Felten & Guillaume: Die Kölner Schaltanlagenbauer (292 Millionen Euro Umsatz, 3.700 Mitarbeiter) konzentrieren sich ganz auf den Markteintritt in China. »Das ist Chefsache«, heißt es in dem Traditionsbetrieb, entsprechend viel Zeit widmet das Topmanagement diesem Thema. Ziel ist es, möglichst schnell eine kritische Umsatzgröße zu erreichen, denn der Markteintritt erfordert einen gehörigen finanziellen Kraftakt. Felten & Guillaume muss nämlich teure Typentests mit seinen Schaltanlagen durchführen, um nachzuweisen, dass die örtlichen Standards erfüllt sind.

Natürlich bedeutet das nicht, dass während solch einer Markteinführung alle anderen Aktivitäten in Sachen neue Märkte ruhen. Wie bei WIKA bereiten manchmal spezielle Stabsabteilungen schon die nächsten Markteroberungen vor. Engpassfaktor ist meist das Personal. Zum einen muss das Topmanagement substanziel Zeit investieren, zum anderen sind stets hoch qualifizierte und erfahrene Mitarbeiter in den neuen Markt zu entsenden, um vor Ort die nötigen Vertriebs- und Servicestrukturen aufzubauen. Und dann muss der Mittelständler noch fähige und vertrauenswürdige lokale Kräfte finden. Ohne Einheimische, da sind sich fast alle befragten Unternehmen einig, geht es nicht.

Kooperationspartner: Der Starke ist am mächtigsten allein: Am liebsten kommen unsere großen Mittelständler ohne lokale Joint-Venture-Partner aus, wenn sie einen neuen Markt betreten, und gründen eine Tochtergesellschaft oder eine Auslandsniederlassung. Wenn eine Partnerschaft trotzdem nötig scheint, bevorzugen unsere Unternehmen stets Mehrheitsbeteiligungen – sie wollen die unternehmerische Kontrolle. Dabei suchen sie nicht unbedingt nach Partnern, die hinsichtlich Struktur und Größe dem eigenen Unternehmen entsprechen. Vielmehr suchen sie Partner, deren Geschäftsgebaren und Kultur kompatibel sind – die Kultur muss passen.

So hält es auch ein süddeutscher Hersteller von Anlagen zur Säuberung industrieller und kommunaler Abwässer, der in China inzwischen nicht nur mit einer Vertriebsorganisation, sondern auch mit einer eigenen Produktion vertreten ist. Beim Markteintritt hatte sich das Unternehmen bewusst mit einem einheimischen Mittelständler zusammengetan, aus strukturellen und kulturellen Gründen: Hätte der Mittelständler mit einem chinesischen Konzern kooperiert, hätte es kaum Austausch mit dessen Topmanagement gegeben – Chinesen sind statusbewusst und verkehren fast nur mit Gleichgestellten. Zweiter Vorteil eines mittelständischen Partners: kurze Entscheidungswege, die gerade in hektischen Phasen des Markteintritts nötig sind. Und weil der chinesische Partner ebenfalls eigentümergeführt ist, finden die Süddeutschen dort ein ähnliches unternehmerisches Denken und langfristiges Zielsystem, wie sie es selbst pflegen.

Entscheidungskompetenz vor Ort: Dynamische Märkte brauchen schnelle Entscheidungen. Wer stets erst in der deutschen Zentrale nachfragen muss, hat schon verloren. Vor Ort bedarf es eines kompetenten Managements, um wichtige Entscheidungen zu treffen – dieses muss nicht notwendigerweise aus deutschen Mitarbeitern bestehen. Erfolgreiche Internationalisierer setzen von Anfang an auf lokale Manager und halten die Zahl der *Expatriates* bewusst knapp, einerseits aus Kostengründen, andererseits wegen der lokalen Verbindungen. Die WIKA GmbH beispielsweise greift bei der Rekrutierung lokaler Manager meist auf das Personal ihrer Handelspartner vor Ort zurück, die im Zuge der Gründung oft ganz oder teilweise übernommen werden. Und manchmal lassen sich die Auslandskräfte sogar in Deutschland rekrutieren. Der chinesische WIKA-Statthalter hat an einer deutschen Universität promoviert, die Firma engagierte ihn direkt von der Hochschule weg und trainierte ihn zunächst ein Jahr lang in der hessischen Zentrale.

Wie wichtig es ist, das lokale Management mit Entscheidungskompetenzen auszustatten, erlebt auch Felten & Guillaume in China. Auf diesem Markt muss es oft sehr schnell gehen, wenn etwa unvermittelt die Forderung kommt, das Rathaus brauche innerhalb einer Woche Strom. Für eine lange Abstimmung mit der

Kölner Zentrale bleibt dann keine Zeit. »In China müssen wir oft eine Lieferzeit von drei Tagen anbieten«, beschreibt ein Manager das Tempo vor Ort, »für die gleichen Teile haben wir in Deutschland sechs Wochen Zeit.«

Einbindung des Topmanagements: Die Eroberung neuer Märkte braucht Kapital und Personal – über diese Ressourcen verfügt nur das Topmanagement. Deshalb muss die Internationalisierung ganz oben auf der Agenda der Geschäftsführung stehen. Einen mutigen Weg ist dabei die Geschäftsführung der FRIWO Group gegangen. Der Weltmarktführer für Netz- und Ladegeräte für Handys (gut 300 Millionen Euro Umsatz im Jahr 2006) hat zusätzlich zur Zentrale im westfälischen Ostbevern wichtige Funktionen nach China verlegt. FRIWO produziert seit den neunziger Jahren in drei Werken vor Ort, zunächst nur in zwei Fabriken in Shenzhen und seit 2004 auch in Beijing. Mit der Verlagerung der Produktion war FRIWO seinen Kunden gefolgt, die einen Großteil ihrer Produktion in den asiatischen Raum transferiert hatten. Obendrein sind dort die Rahmenbedingungen für die Produktion günstiger als in Deutschland. Mittendrin im Geschehen zu sein statt nur auf Besuch – das macht den großen Unterschied. Diese Überlegung führte im nächsten Schritt dazu, dass auch wesentliche Teile der Geschäftsführung vorübergehend nach China verlagert wurden.

Gerade im Ausland hilft die Kraft der Marke

Ein wichtiger Baustein des Businessplans zum Markteintritt ist der Einsatz der Marke. Doch viele Mittelständler, vor allem kleinere Investitionsgüterhersteller, widmen ihrer Marke bislang noch zu wenig Aufmerksamkeit. Typisch das Beispiel eines Maschinenbauers, der erst von einem Wettbewerber nach dessen Marktforschung erfuhr, dass sein Markenname bei der Zielgruppe »so bekannt ist wie die Marke *Tempo*«, wie sich der überraschte Mittelständler freut.

Dabei gilt, egal ob im Konsumgütergeschäft oder im Business-to-Business-Bereich, dass eine starke Marke die Vertriebskosten senkt und die Preisspielräume erhöht – im In- und Ausland. Auch in Investitionsgüterbranchen erfüllt die Marke für ihre Kunden vor allem drei Funktionen:

- Marken erhöhen die Informationseffizienz im Beschaffungsprozess,
- reduzieren das Risiko bei der Kaufentscheidung und
- stiften ideellen Nutzen.

Wie relevant die Marke bei den Kaufentscheidungen in einer Investitionsgüterbranche ist, hängt davon ab, welchen Stellenwert diese Funktionen dort haben. Die Relevanz lässt sich für jeden Produktmarkt exakt quantifizieren. Die von McKinsey entwickelte BrandMatics-Methode ergab, dass Kunden ihre Kaufentscheidung bei Schaltanlagen, Werkzeugmaschinen und Dienstwagen am stärksten an den Marken ausrichten. Am wenigsten Bedeutung haben Marken bei Alarmanlagen, Call-Center-Diensten und Industriechemikalien.

Der Remscheider Heiz- und Klimagerätebauer Vaillant setzt bei der Eroberung neuer Märkte stark auf die Kraft seiner Marke. »Wir fassen gerade in China Fuß«, sagt Thomas Kupka, Marketingchef der Marke Vaillant. »Da haben wir zwei Aufgaben: In China müssen wir erst mal erklären, welche Vorteile individuelles Heizen mit sich bringt und dann unsere Marke bekannt machen.« Kupka und sein Team stellen den chinesischen Kollegen für den Markenaufbau einen ganzen Satz Module zur Verfügung, die auf dem integrierten Kommunikationsansatz für die Marke Vaillant basieren. Diese Module bestimmen das Wie der Kommunikation – Richtlinien für Layout, Fotografie, Typografie. Das Was wird vor Ort entschieden und in der Zentrale nur mit den Leitthemen und Kernwerten der Marke abgeglichen: »Je nach Land sind die

Themen ganz verschieden«, berichtet Thomas Kupka. »In Deutschland ist Energiesparen wichtig, in China erklären wir, was eine Warmwasserheizung ist, und in der Türkei steht das Thema Qualität ganz oben, da muss alles vom Feinsten und möglichst aus Deutschland sein.«

Damit können die Remscheider dienen. Und die Kombination von »Made in Germany« plus Kenntnis des lokalen Marktes wird auch in China ihre Wirkung nicht verfehlen, meint Thomas Kupka: »Die Kraft der deutschen Premiummarke in Verbindung mit unseren chinesischen Mitarbeitern funktioniert auch dort.« In Deutschland hat die Marke mit dem grünen Hasen im Logo eine gestützte Bekanntheit von 74 Prozent. »Nicht schlecht für ein Produkt, von dem viele glauben, dass es meist irgendwo in einer finsteren Ecke im Keller hängt. Das Gegenteil ist der Fall: Unsere Produkte werden für die Aufstellung im Wohnraum gestaltet, was auch durch die vielen internationalen Designpreise bestätigt wird«, so Kupka.

Und obwohl der Auslandsumsatz der Vaillant Group schon mehr als 70 Prozent der etwa 1,95 Milliarden Euro Gesamtumsatz ausmacht, zeigt Vaillant Ehrgeiz beim Erschließen neuer Märkte. Ganz oben auf der Agenda steht Osteuropa. Kupka: »Die ehemaligen Ostblock-Länder hatten vor allem Fernwärme, aber mit der Individualität kommt die eigene Heizung ins Spiel – unsere Chance.«

Beim Markenaufbau in neuen Märkten ist Vaillant mit seinem Mix aus zentralen Vorgaben und lokalen Freiheiten ein Beispiel für Best Practice. Denn bevor die Marketingtruppe die deutschen Rezepte für den Markenaufbau exportiert, muss sie untersuchen, ob im neuen Markt die gleichen Gründe zu Kaufentscheidungen führen wie daheim. Wenn ja, helfen die erprobten Rezepte. Wenn nein, müssen die Marketingmanager zunächst die neuen Kunden verstehen, dann nach unterschiedlichen Bedürfnissen segmentieren und jedes Segment mit einem maßgeschneiderten Angebot konfrontieren.

Entscheidend ist die Lernkurve

Doch es gibt auch Faktoren jenseits von Marktanalysen und Produktanpassungen, die wesentlich über den Erfolg einer Internationalisierung entscheiden. Dabei geht es um den Umgang mit Wissen, das systematische Sammeln von Erfahrungen und deren intelligente Anwendung bei Problemen in neuen Märkten.

Erfolgreiche Internationalisierer machen auf jedem neuen Markt neue Erfahrungen – bewusst und systematisch. Dazu dienen die systematische Auswertung von Kundenkontakten und der Austausch mit anderen Unternehmen, die sich in dem Zielland engagiert haben. Voraussetzung für den Lernerfolg ist das »bewusste Vergessen« der hergebrachten Konzepte und Methoden. Wer mit einem »Das machen wir immer so« antritt, lernt kaum dazu. Die besten Unternehmen schicken deshalb auch konsequent sehr frühzeitig ihre Nachwuchskräfte, die tendenziell mehr Offenheit für Neues zeigen als ergraute Routiniers, in die neuen Märkte.

Erfahrungen müssen nutzbar gemacht werden – deshalb schaffen die erfolgreichen Unternehmen eine Kultur, die das Teilen von Wissen unterstützt. Und weil etwa 80 Prozent der Aufgaben überall auf der Welt gleich sind, ist es zunächst wichtig, gemachte Erfahrungen, also gesammeltes Wissen, zu kodifizieren und allen Managern zur Verfügung zu stellen. Die übrigen 20 Prozent müssen auf jedem neuen Markt neu erworben werden. Und wenn das Management Wissensaufbau fordert, muss Experimentieren erlaubt sein – Irrtümer und auch Scheitern dürfen nicht die Karriere kosten. Die besten Internationalisierer betrachten deshalb Fehlschläge nicht etwa als Desaster, sondern als Chance, etwas zu lernen. So hielten es auch die Manager von Schmitz Cargobull, die bei ihrem ersten gescheiterten Versuch, den französischen Markt zu erobern, aus ihren Fehlern so viel lernten, dass der zweite Anlauf reibungslos gelang.

Das funktioniert nur, wenn die Topmanager die Werte einer flexiblen, lernenden Organisation aktiv vorleben. Dazu gehört, dass sie wissen, worüber sie reden: Rund 30 Prozent ihrer Zeit sollten sie regelmäßigen Erkundungen der ausländischen Märkte widmen. Aktive Auslandserfahrung als Manager einer fremdländischen Niederlassung sollte obligatorischer Bestandteil der Biografie der Chefs sein, in der Geschäftsführung sollte sich Fremdsprachenkompetenz bündeln. Und wenn einer oder gar mehrere der Chefs einen ausländischen Pass besitzen, bringt das oft erfrischend neue Blickwinkel in die Diskussion. Die Mittelstandsstudie hat ergeben, dass in der ersten Führungsebene der erfolgreichsten 10 Prozent der Teilnehmer im Durchschnitt drei verschiedene Staatsangehörigkeiten vertreten sind.

Strategien gegen die Kopierfreude

Wer seine neuen Märkte in den Boomregionen Asiens sucht, muss auch überlegen, wie er mit dem Thema Produktpiraterie umgeht – gerade die Chinesen gelten als manische Kopisten. Die chinesische Justiz hilft kopierten Ausländern kaum. Immerhin schlug sie jetzt die Klage eines besonders dreisten Produktpiraten nieder. Der hatte flugs auf seine Nachbauten in China ein Patent angemeldet und wollte dann dem deutschen Mittelständler, dessen Maschinen zur Abwasseraufbereitung er kopiert, wegen angeblicher Patentverletzung das weitere Agieren in China verbieten lassen.

Das Problem mit den Kopien taucht allerdings nicht erst auf, wenn ein Unternehmen den chinesischen Markt betritt, es wird dann nur garantiert sichtbar. »Kopiert wird auch alles, was Sie irgendwo auf einer Messe zeigen«, beobachtet ein deutscher Maschinenbaumanager. Um zumindest einen Rest Geheimnis zu bewahren, setzen einige deutsche Unternehmen auf dem chinesischen Markt nur Produkte mit eigens definierten Schnittstellen ein. Werden die dann kopiert, lassen sie sich wenigstens nicht auf den übrigen Märkten außerhalb Chinas einsetzen, den Deutschen bleibt die lästige Billigkonkurrenz dort erspart.

»Gegen reinen Nachbau können Sie sich nicht schützen«, sagt der Marketingchef eines fränkischen Herstellers von Kunststoffmaschinen. Mechanik und Hydraulik würden sofort kopiert, bei der Steuerungssoftware dauere es immerhin ein bis zwei Jahre, bis die Fernostler den Dreh gefunden haben. Mit Sorge beobachtet der Marketingmann, wie die Chinesen jetzt mit extrem billigen Standardmaschinen in Europa auftauchen: »Die kosten ein Drittel des Preises vergleichbarer Maschinen, da sagen manche Kunden: Das probiere ich mal aus.«

Doch zu den Verlierern gehört das fränkische Unternehmen beileibe nicht: »Vor allem die Italiener und die Taiwanesen müssen leiden«, beobachtet der Manager. Aus diesen Ländern kamen bislang die einfachen, preiswerten Maschinen zur Kunststoffproduktion. Die deutschen Mittelständler suchen überwiegend Positionierungen im hochwertigen Segment und sind deshalb von der Billigkonkurrenz nicht so sehr betroffen. »Wir konzentrieren uns auf das hochwertige Segment und bieten da ein ganzes Paket inklusive Service und Finanzierung an«, erklärt er die Strategie. Zwei Drittel der befragten Mittelständler offerieren inzwischen produktbegleitende Dienstleistungen, etwa zur Instandhaltung oder zum Training der Bedienungsmannschaften. »Unser Vertrieb führt schon lange keine reine Preisdiskussion mehr, sondern spricht über Leistung und Stückkosten«, sagt der fränkische Manager.

In China produziert der Maschinenbauer im Joint Venture mit einem einheimischen Partner einfache Standardmaschinen – und hat im Windschatten des Partners eine breite Kundschaft erschlossen. Seit die chinesischen Kunststoffproduzenten für den Export produzieren, kaufen sie immer häufiger leistungsfähige Maschinen »Made in Germany«. »In guten Jahren gehen 20 Prozent unserer Produktion nach China«, freut sich der Marketingchef.

Natürlich sind nicht alle Produkte gleich gut zum Kopieren geeignet, entsprechend unterschiedlich sind die Abwehrstrategien.

Abgeklärt betrachtet Dr. Jürgen Heraeus, Miteigentümer und Aufsichtsratsvorsitzender der Hanauer Edelmetall- und Technologiegruppe Heraeus, das Problem: »Unsere Materialien sind schwer zu kopieren, überdies lohnt sich die Anstrengung für Kopisten kaum, weil es bei uns meist um kleine Stückzahlen geht«. Nach seiner Erfahrung sind konsumnahe Geschäfte von der Produktpiraterie stärker betroffen: »Es ist natürlich attraktiver, Adidas-Turnschuhe nachzumachen, als unsere Kleinserien.« Dr. Heraeus prophezeit, dass sich das Problem von selbst erledigen wird: »Das verläuft genau wie in Japan, die haben anfangs auch viel kopiert«, verweist er auf seine Erfahrungen in Asien: »Ich glaube, in drei bis vier Jahren haben die Chinesen so viel gelernt, dass sie selbst ungeheuer kreativ werden.«

Unternehmen wie zum Beispiel Stihl setzen sogar chinesische Privatdetektive ein, um sich gegen Produktpiraten zur Wehr zu setzen. Um vor einem chinesischen Gericht zu gewinnen, müssen Patentrechtsverletzungen nachgewiesen werden. Aufwendig und mühsam ist das, aber es gibt Hoffnung: Die chinesische Wirtschaft wächst rasant und die Zahl der von Chinesen angemeldeten Patente steigt mit. Wenn chinesische Unternehmen vor chinesischen Produktpiraten Angst haben müssen, wird die Regierung auch härter durchgreifen.

Internationale Präsenz ist nicht für alle Unternehmen gleich wichtig

Zwar ist die Internationalisierung für alle Strategietypen relevant, doch mit unterschiedlicher Gewichtung. In der Mittelstandsumfrage wurden die unterschiedlichen Strategien deutlich (Abbildung 25).

- Erfolgreiche *Spezialisierer* konzentrieren die knappen Ressourcen auf ihren Heimatmarkt. Im Schnitt erzielen sie 21 Prozent ihres Umsatzes im Ausland und haben bis zu drei Absatzgesellschaften gegründet. Auffällig: Die erfolgreichsten 10 Prozent begnügen

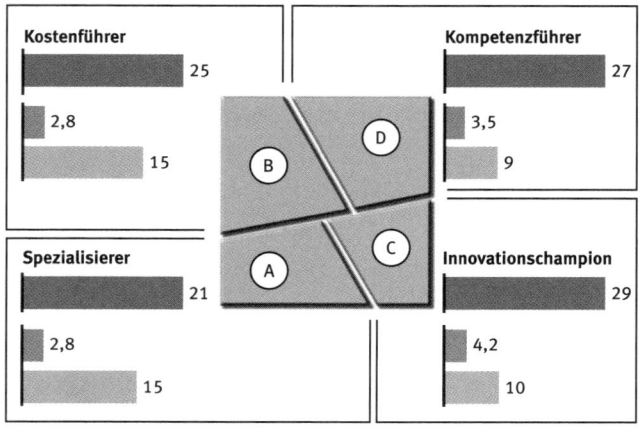

Abbildung 25: Internationale Präsenz – Innovationschampions liegen vorn

sich mit einem Auslandsanteil von durchschnittlich 20 Prozent am Umsatz, die anderen 90 Prozent haben 25 Prozent Auslandsanteil – weniger bringt hier mehr. Denn wer zu früh ins Ausland geht, kann sich leicht verzetteln; schließlich sind die Unternehmen dieses Strategietyps im Durchschnitt die kleinsten, mit den schwächsten Managementkapazitäten, gleichzeitig aber angewiesen auf eine umfassende Kenntnis der Kundenbedürfnisse.

- Die erfolgreichsten *Innovationschampions* sind weltweite Marktführer mit einer starken Marke. Sie haben flächendeckend Vertriebsgesellschaften aufgebaut und erzielen 29 Prozent ihres Umsatzes im Ausland, mehr als jeder andere Strategietyp. Auch in der Fremde sind sie typische *First Mover*, um ihre Innovationsprämie zu verdienen. Umgekehrt brauchen sie die vielen Märkte, um ihre hohen Aufwendungen für Forschung und Entwicklung zu decken. Hier gilt das umgekehrte Phänomen wie bei den *Speziali-*

sierern: Erfolgreiche *Innovationschampions*, das ergibt die Umfrage, agieren auf mehr Auslandsmärkten mit mehr eigenen Gesellschaften als die weniger erfolgreichen Unternehmen dieses Strategietyps.

- Die *Kompetenzführer* sind fast so international orientiert wie die *Innovationschampions*. Die Erfolgreichen in diesem Strategietyp sind oft globale Marktführer, allerdings meist in härterem Konkurrenzkampf als die *Innovationschampions*. Das zahlt sich aus, denn für alle Strategietypen gilt: Je mehr Länder, in denen ein Unternehmen hohe Marktanteile hat, desto höher die Umsatzrendite. Wegen ihrer Fertigungskompetenz können die *Kompetenzführer* auch reife Produkte erfolgreich vermarkten, sind weniger auf ständige Innovationen angewiesen.
- Auch die *Kostenführer* setzen frühzeitig auf ausländische Märkte, schließlich brauchen sie hohe Stückzahlen, um preiswert produzieren zu können. Im Schnitt agieren sie jedoch etwas unerfahrener jenseits der Grenzen als die Unternehmen der beiden innovationsgetriebenen Strategietypen. Ihr Auslandsanteil, der im Durchschnitt 25 Prozent des Umsatzes beträgt, liegt etwas niedriger als bei typischen Vertretern dieser Strategien.

Die Branchenzugehörigkeit bestimmt über den Auslandsanteil

Weit mehr als der Strategietyp bestimmt die Zugehörigkeit zu einer Branche die durchschnittliche Auslandsquote. Ganz vorn liegen Automobil- und Maschinenbau mit 37 Prozent, gefolgt von Chemie, Energie, Metall und Hightech.

Das Schlusslicht bilden in der Mittelstandsumfrage Pharma und Gesundheitswesen, allerdings verzerrt durch die Tatsache, dass es sich bei vielen befragten Unternehmen um Tochterunternehmen internationaler Konzerne handelt, die naturgemäß auf das lokale Geschäft beschränkt bleiben.

Die Durchschnittswerte geben naturgemäß nur ein einseitiges Bild von der Realität; viele erfolgreiche Mittelständler erzielen weit höhere Anteile ihres Umsatzes im Ausland. Beispiel Sennheiser: Der niedersächsische Produzent von Kopfhörern, Mikrofonen und elektroakustischen Systemlösungen holt 85 Prozent des Umsatzes jenseits der deutschen Grenzen. Größter Absatzmarkt, noch vor Deutschland, sind inzwischen die USA, die allein 40 Prozent zum Gesamtumsatz beisteuern. Kaum ein Amerikaner vermutet, dass es sich um ein deutsches Unternehmen handelt. Sennheisers Geschäft wächst dort seit Jahren mit zweistelligen Raten.

Den Auslandserfolg ermöglicht ein raffiniertes Netzwerk von Vertriebspartnern. Denn jedes der sieben Geschäftsfelder zielt auf ein eigenes Kundensegment und braucht deshalb einen eigenen Vertriebskanal. So verkauft der Bereich Broadcasting beispielsweise Mikrofone und Kopfhörer an Rundfunk- und Fernsehanstalten, der Bereich Kopfhörer verhandelt mit asiatischen Großproduzenten von MP3-Playern. Vor dem Aufbau einer eigenen Absatzgesellschaft analysiert Sennheiser genau das Markt- und Kundenpotenzial des Landes. Dann gleichen die Niedersachsen das Potenzial mit den akribisch ermittelten Vertriebskompetenzen des bisherigen Partners ab und entscheiden, ob die Eigengründung lohnt. Wenn ja, zieht Sennheiser dafür die besten Mitarbeiter zusammen und wirbt auch qualifiziertes Personal von den bisherigen Partnern ab. Dabei engagiert sich die Geschäftsführung intensiv, Internationalisierung ist eindeutig Chefsache.

Typisch die aktuellen Überlegungen bei Sennheiser: Langfristig wollen die Niedersachsen Mitarbeitereinsatz und Wertschöpfung stärker an die internationale Umsatzstruktur anpassen und bauen deshalb ihr US-Werk kräftig aus. Üblicherweise beginnen Mittelständler ihre Internationalisierung mit dem Vertrieb, dann kommt der Service, danach folgen die Fertigung und der Einkauf, am Ende oft auch Teile der Forschung und Entwicklung.

So lief es auch bei WIKA ab. Die Hessen produzieren außer am Stammsitz in Klingenberg auch in den USA, in Kanada, Brasilien, der Schweiz, Südafrika, China, Indien und Polen. Vor zwei Jahren haben die Messgerätebauer beschlossen, ihren Einkauf zu globalisieren, seitdem nutzen sie ihre 31 Niederlassungen rund um die Welt zum Sourcing. Ihre Erfahrungen bei den globalen Aktivitäten – beispielsweise: »In Indien dauert alles doppelt so lange wie in China« – führen direkt zum Thema des nächsten Kapitels, das sich mit der Optimierung der Wertschöpfung befasst.

Checkliste: Globalisierung der Absatzmärkte		
Antworten Sie mit Ja, stimmt die Richtung, jedes Nein sollte zu denken geben.		
	Ja	**Nein**
Steht die Wachstumserwartung für Ihr Unternehmen im Einklang mit Ihrer Strategie in den Auslandsmärkten und dem geplanten Neuumsatz?	❏	❏
Spiegelt Ihre internationale Präsenz in Absatz, Einkauf, Forschung und Entwicklung sowie in der Produktion die Präsenz Ihrer Topkunden im Ausland wider?	❏	❏
Haben Sie ehrgeizige Ziele in der Marktentwicklung und beanspruchen Sie mittel- bis langfristig die Marktführerschaft in den von Ihnen bearbeiteten Auslandsmärkten?	❏	❏
Passen die Wachstumsziele zu den zur Verfügung stehenden Ressourcen?	❏	❏
Verbringen Sie mindestens 30 Prozent Ihrer Zeit bei den Auslandsgesellschaften?	❏	❏
Verfolgen Sie systematisch die Schritte Ihrer Wettbewerber auf den ausländischen Märkten und versuchen Sie, von deren Erfahrungen zu lernen?	❏	❏

Kennen Sie die Präferenzen der Kunden sowie die erfolgreichen Absatzkanäle in den Auslandsmärkten und passen Sie Ihre Absatzstrategie entsprechend an?	❏	❏
Haben Sie einen Businessplan je Auslandsmarkt, der vor Ort verantwortet wird?	❏	❏
Bieten Sie ein Programm für junge Führungskräfte zur Übernahme von ersten Managementaufgaben im Ausland an?	❏	❏

Kernaussagen

Neue Märkte betreten die erfolgreichen Mittelständler erst nach gründlicher Analyse des Zielmarkts und nachdem sie die errechneten Potenziale ihrem Fähigkeitenprofil gegenübergestellt haben.

Sie streben frühzeitig eine führende Position auf dem neuen Markt an, setzen dazu auf überlegene, innovative Produkte sowie auslandserfahrene Manager.

Nicht jedes Unternehmen kann und nicht jeder Strategietyp sollte um jeden Preis internationalisieren, zunächst müssen die nötigen Kompetenzen und Ressourcen aufgebaut sein.

6 Wertschöpfung: Globale Arbeitsteilung sichert Kostenposition

Alles kommt aus einer Fabrik, und die steht am Stammsitz, gleich neben dem Wohnhaus des Unternehmers – das war einmal. Der große Mittelstand hat längst seine Wertschöpfung optimiert, nutzt Niedriglohnstandorte sowie externe Dienstleister und kauft in der ganzen Welt ein. Wie die Besten die Chancen nutzen, die ihnen die Globalisierung bietet.

Rund dreitausend Menschen arbeiteten Anfang der sechziger Jahre in den Seidensticker-Fabriken in und um Bielefeld. Wirtschaftsminister Ludwig Erhard, zu Besuch bei Europas erfolgreichstem Hemdenfabrikanten Walter Seidensticker, bewies Weitblick: »Alles was Sie hier produzieren, Herr Seidensticker, wird in einigen Jahren im Ausland hergestellt werden«, prophezeite damals der Vater des Wirtschaftswunders dem Firmengründer.

So kam es: 85 Prozent aller Seidensticker-Hemden werden heute in Asien genäht, in Deutschland arbeitet keine einzige Fabrik mehr für die Bielefelder. Der Exodus, der einst aus Mangel an Arbeitskräften begann – andere Industrien boten deutlich höhere Löhne als die Textilwirtschaft –, veränderte die westfälische Wirtschaftslandschaft gründlich. »Von einst hundertfünfzig Wäschefabriken in Bielefeld sind neben Seidensticker nur noch zwei kleinere übrig«, sagt Detlef Adler, heute als Sprecher der Seidensticker-Geschäftsführung Chef von 1.300 Beschäftigten, die 2005/06 einen Umsatz von 258 Millionen Euro erzielten. In Westfalen arbeiten die Designer, die Schnittabteilungen, der Vertrieb, das Marketing, die Logistik und die Verwaltung.

Für das Management ist die Aufgabe nicht leichter geworden. »Der Verbraucher entscheidet. Wenn er nicht kauft, gibt's ein

Problem«, beschreibt Detlef Adler die Herausforderung in seiner von Preisverfall und Kaufzurückhaltung geplagten Branche. Seidensticker musste sich deshalb vom Exporteur zum echten *Global Player* weiterentwickeln. Wer in diesem Markt erfolgreich sein will, muss nicht nur seine Wertschöpfung optimieren, sondern gleichzeitig für Qualität sowie Tempo in der Belieferung des Handels sorgen. Keine einfache Aufgabe bei vier Kollektionen und zehn Lieferterminen im Jahr, bei 135 Stoffarten und 16 Hemdengrößen mit jeweils verschiedenen Ärmellängen, also: mit jährlich 450.000 verschiedenen Artikeln, viele mit einer modischen Halbwertzeit von wenigen Monaten.

Bei der Steuerung dieses komplexen Produktportfolios zeigt Seidensticker, weshalb sich das Unternehmen in der Mittelstandsumfrage die Einstufung als *Kompetenzführer* verdient hat. Mit ihren weltweit gut fünfundzwanzig Produktionspartnern sind die Bielefelder per IT vernetzt. »Wir halten sehr enge Verbindung zu unseren Lieferanten, nutzen sie wie eigene Fabriken«, sagt Geschäftsführer Adler. Am Anfang jeder Geschäftsbeziehung steht das Training. Dann rückt eine Crew von Seidensticker-Technikern in die Fabrik ein, die »den Mitarbeitern vor Ort beibringt, wie man ein Seidensticker-Hemd näht«, erklärt Adler. Und weil es erfahrungsgemäß einige Jahre Anlauf braucht, ehe die Qualität verlässlich stimmt, pflegen die Bielefelder stabile und langfristige Beziehungen zu ihren Lieferanten. Zusätzlich ist in jedem Fall ein Seidensticker-Techniker vor Ort, wenn dort ein Produktionsauftrag läuft – sicher ist sicher.

Damit die Logistik funktioniert und der Weg der Ware zum Handelskunden kurz bleibt, sind die Lieferanten an das IT-System von Seidensticker angeschlossen. Direkt in der Fabrik wird die Ware für die Handelskunden kommissioniert, also das richtige Bündel aus Modellen und Größen geschnürt, dann mit Barcode und Paketaufkleber versehen auf die Reise geschickt. »Das macht bis zum Einzelhändler niemand mehr auf«, sagt Detlef Adler. Weil so aber ihre Lieferanten einen umfassenden Einblick in die Seidensticker-Dispositionen gewinnen, sind die Bielefelder besonders sensibel, wenn Wettbewerber in »ihren« Fabriken fertigen wollen – schließlich könnte Geheimnisverrat drohen.

Weil das Tempo in der Modebranche immer stärker anzieht, probiert Seidensticker jetzt neue Wege. Gerade haben die Westfalen nach Jahrzehnten wieder die erste eigene Näherei eröffnet – diesmal in China. Die liegt nicht nur nah am nächsten Containerhafen, sondern vor allem gleich gegenüber der Textilfabrik eines wichtigen Zulieferers, denn natürlich arbeitet der Einkauf von Seidensticker genauso global wie die Produktion. »Mit dieser neuen Fabrik holen wir mindestens vier Wochen aus der Time-to-Market heraus«, kalkuliert Geschäftsführer Adler. Normalerweise vergehen vier bis fünf Monate von der Bestellung der Stoffe für ein neues Modell bis zur Ankunft der fertigen Hemden in Deutschland, »hier schaffen wir es in drei Monaten.«

Immerhin bleibt so das Wissen um die innovative Hemdenfertigung im Hause. »Da steckt viel Know-how drin, auf das wir stolz sind«, sagt Detlef Adler und erzählt von Nähten, die nicht mehr auf der Haut des Trägers verlaufen, von wegkonstruierten Ecken und Kanten, bügelfreien und weicheren Geweben – allesamt Innovationen in der Hemdenfertigung. Adler: »Das ist beileibe kein langweiliges Produkt.« Nach fünfunddreißig Jahren Outsourcing kennt Detlef Adler auch die Folgen: »Wir haben schon sehr vielen Fabriken beigebracht, wie man Qualität produziert – das ist die Kehrseite der Medaille: Wir distribuieren Know-how.«

Doch die Furcht vor dem Know-how-Abfluss bremst Deutschlands Mittelständler nicht: Wer wachsen will, braucht eine wettbewerbsfähige Kostenstruktur. Zur Optimierung ihrer Wertschöpfung setzen 79 Prozent der Befragten auf Outsourcing einer oder mehrerer Funktionen, 38 Prozent haben ihre Produktion ins Ausland verlagert (Offshoring), bereits 39 Prozent kaufen rund um die Welt ein (*Global Sourcing*).

Die globale Arbeitsteilung hat viele Industrien fundamental verändert. Schon früh – Ende der sechziger Jahre – setzte der prophezeite Exodus der deutschen Textilindustrie ein. Über Südeuropa und Nordafrika wanderte die Fertigung weitgehend nach Asien. Auch Konsumelektronik wird kaum noch in Deutschland montiert. 75 Prozent der globalen Produktion entsteht in Niedriglohnländern, selbst Taiwan und Korea zählen beim Wettlauf um die günstigsten Standorte nicht mehr zu den Niedriglohnländern. Spielwaren, Fahrräder – kaum ein Konsumgut, bei dem Asien und oft gar China allein nicht einen Großteil der globalen Fertigung stellen.

Hohe Potenziale: Wie die Globalisierung Produktionskosten senkt

Die Sparpotenziale sind verlockend. So zitiert die Studie ProNet von McKinsey, eine Untersuchung über die Vorteile globaler Produktionsnetzwerke, das Beispiel eines deutschen Herstellers von Getrieben für Personenwagen.

Nach der Optimierung seiner Wertschöpfungskette – vor allem durch teilweise Verlagerung der Produktion nach Asien – sanken die jährlichen Herstellungskosten des Getriebebauers um 41 Prozent von 296 auf 174 Millionen Euro (die Rechnung betrachtet die _Landed Costs,_ berücksichtigt also Fracht- und Logistikaufwand). Ein Werkzeugmaschinenhersteller sparte durch Optimierung gar 45 Prozent seiner Herstellungskosten, ein Armaturenproduzent immerhin noch 24 Prozent (Abbildung 26). Die ProNet-Studie kommt zu dem Schluss, dass Unternehmen, die noch ausschließlich in Hochlohnländern – also vor allem in Westeuropa, Nordamerika und Japan – produzieren, in den meisten Branchen durch eine solche Optimierung ihre Herstellungskosten um 30 bis 40 Prozent senken können.

Das größte Sparpotenzial liefern die niedrigeren Arbeitskosten: Die Stundenlöhne in China beispielsweise betragen ein Dreißigstel

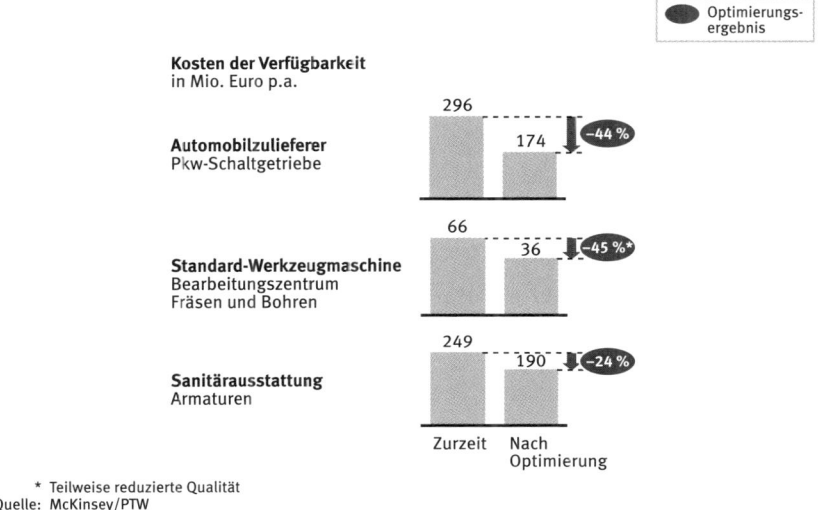

* Teilweise reduzierte Qualität
Quelle: McKinsey/PTW

Abbildung 26: Optimierung von Produktionsnetzwerken etablierter Unternehmen mit Produktion an Hochlohnstandorten

der deutschen Sätze. Erfahrungen belegen, dass die Differenzen relativ stabil bleiben, die Lohnlücken sich nur langsam schließen. Auslandsfertigungen rechnen sich auch noch Jahre später, die Fabrikation muss nicht auf Wanderschaft rund um den Globus gehen. Eine ProNet-Analyse der typischen Trendkurven für erfolgreiche Entwicklungsländer zeigt, dass sich Löhne und Wohlstand erst über einen Zeitraum von dreißig bis fünfzig Jahren an das Niveau der alten Industrieländer annähern. Selbst innerhalb der Europäischen Union sind die Differenzen im Lohnniveau über Jahrzehnte stabil, wie die Beispiele Portugal und Spanien belegen (Abbildung 27).

Die möglichen Einsparungen sind jedoch beileibe nicht der einzige Grund für eine Offshore-Fertigung. Oftmals sind Risikoüberlegungen ebenso wichtig. Denn die Niedrigkostenstandorte in Asien und Osteuropa entwickeln sich zügig zu wichtigen Märkten, viele sind es schon. Wer ausschließlich in Dollar- oder gar Euro-

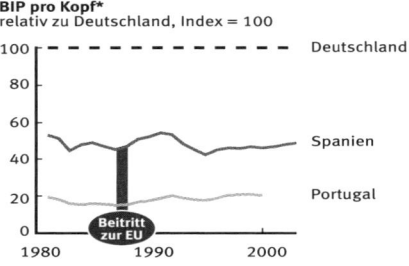

* Korreliert eng mit dem durchschnittlichen Arbeitskostenniveau
Quelle: Global Insight, McKinsey/PTW

Abbildung 27: Der Beitritt Portugals und Spaniens zur EU

Ländern produziert, trägt – neben dem Lohnkostennachteil – auch noch ein ausgeprägtes Wechselkursrisiko.

Doch glücklicherweise wandern die Jobs nicht auf einer Einbahnstraße von Deutschland zu billigeren Standorten. Der Mittelstand, das belegt die Umfrage, baut sogar mehr Arbeitsplätze im Inland auf als im Ausland. Die erfolgreichsten 40 Prozent der Befragten haben in fünf Jahren ihre Belegschaft um fast 50 Prozent aufgestockt, wobei rund drei Viertel aller zusätzlichen Arbeitsplätze in Deutschland entstanden. Das Mittelfeld, die nächsten 40 Prozent, bauten im In- und Ausland etwa gleich viele Jobs auf. Nur die am wenigsten erfolgreichen 20 Prozent haben weniger Inlandsarbeitsplätze als vor fünf Jahren.

Erfolg und Produktion in Deutschland korrelieren offensichtlich – sie beflügeln sich wechselweise. Das spürt auch ein Unternehmen wie der Landmaschinenhersteller CLAAS (plus 26 Prozent Mitarbeiter in Deutschland zwischen 1998 und 2003). Wer nur lokal agiert, hat keine Zukunft. Auch für die großen Mittelständler gilt: Die Welt ist ihr Feld.

Leicht gesagt, aber wie gehen die Unternehmen die Globalisierung ihrer Wertschöpfung am geschicktesten an? Drei Fragen stehen im Mittelpunkt:

- Welche Aufgaben müssen im Unternehmen bleiben, welche können ausgegliedert werden?
- An welchen Standorten soll produziert werden?
- Wo lassen sich Teile am günstigsten beziehen?

Vor allem zwei Faktoren bestimmen die Antworten: die Kernkompetenzen des Unternehmens sowie die Produktionskosten, unter Berücksichtigung von Zöllen und Logistikkosten. In den beiden folgenden Fällen sollten die Kernkompetenzen im Haus bleiben (Abbildung 28):

- Je größer die regionalen Faktorkostenunterschiede sind, desto eher kommt Offshoring in Frage.
- Wenn es um Nicht-Kernkompetenzen plus große Kostenunterschiede geht, ist Offshoring plus Outsourcing die Lösung.

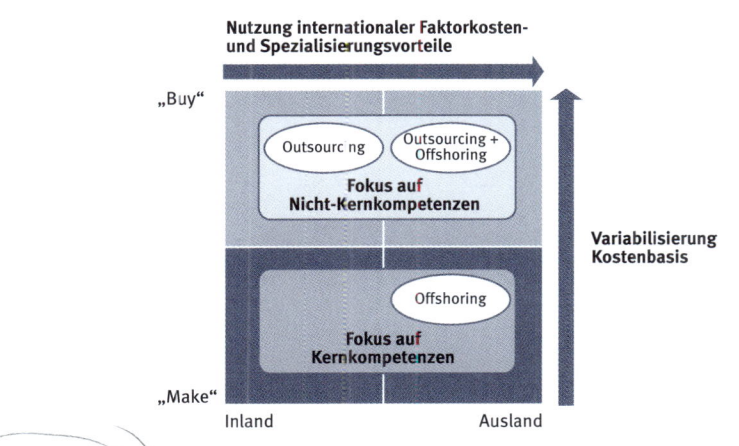

Abbildung 28: Selbst machen oder outsourcen, Inland oder Ausland?

Offshoring: Es geht um mehr als nur die Lohnkosten

Das gewaltige Gefälle der Lohnkosten zwischen Deutschland und den sich entwickelnden Standorten in Osteuropa und Asien ist oft nicht der wichtigste Faktor, der die Unternehmen dazu treibt, dort Produktionsstätten und zunehmend auch Verwaltungsfunktionen aufzubauen. Denn gerade der große deutsche Mittelstand, der vornehmlich Investitionsgüter produziert, findet in Osteuropa und Asien eben nicht nur neue Konkurrenten, sondern vor allem neue Märkte. So betreibt der Bielefelder Verbindungstechnikspezialist Böllhoff seine chinesische Fabrik ausdrücklich nicht, um dort billig für den europäischen Markt zu produzieren, sondern für die rasant wachsende lokale Nachfrage. Häufig genug folgen Mittelständler auch großen heimischen Kunden, etwa aus der Automobilindustrie, die dort Produktionsanlagen aufbauen.

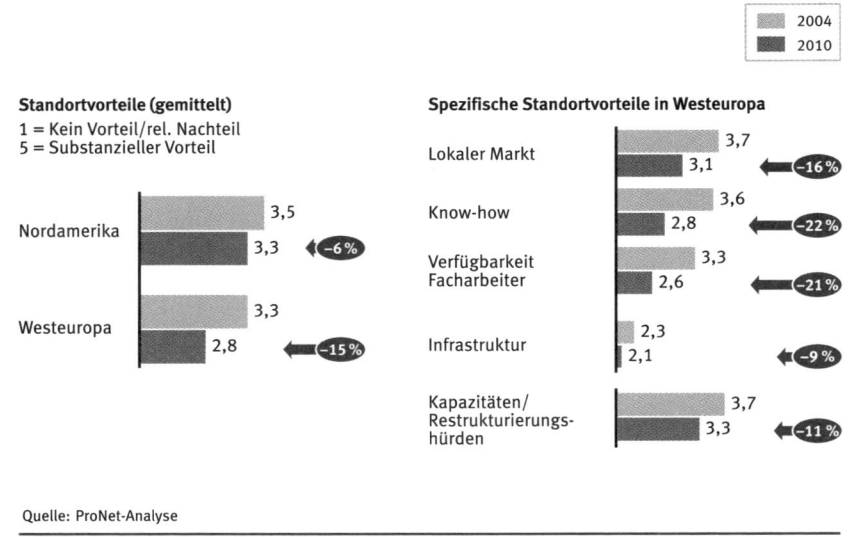

Quelle: ProNet-Analyse

Abbildung 29: Die relativen Standortvorteile von Hochlohnländern nehmen ab

Künftig wird der Wettbewerb aber auch für die erfolgreichen Mittelständler härter, denn die traditionellen Wettbewerbsvorteile des

Standorts Westeuropa fallen zunehmend weniger ins Gewicht. Die in der ProNet-Studie befragten Führungskräfte hatten unisono die Stärke der lokalen Märkte, die Ballung von Know-how in Clustern, die Verfügbarkeit von gut ausgebildeten Arbeitskräften sowie die ausgebaute Infrastruktur auf der Habenseite der Hochlohnländer aufgelistet. Aber: Sie rechnen mit einer Verschlechterung. In allen Dimensionen prophezeien sie bis 2010 zum Teil dramatisch zurückgehende Werte – der Vorsprung schrumpft (Abbildung 29).

Die Folge: Die Kostenvorteile der Produktion in Niedriglohnländern wachsen dramatisch. In Osteuropa lässt sich im Schnitt zu 30 Prozent der deutschen Kosten produzieren, in China gar nur zu 20 Prozent. Folgerichtig produzieren immer mehr der befragten Mittelständler offshore. Hatten 2003 erst 13 Prozent Fertigungsstätten in Niedriglohnländern, wollen 2008 schon 18 Prozent günstig produzieren. Dabei geht es beileibe nicht immer darum, die angestammten Märkte mit preiswerten Produkten zu überfluten. Viele Mittelständler produzieren für die lokalen Märkte: Wer an

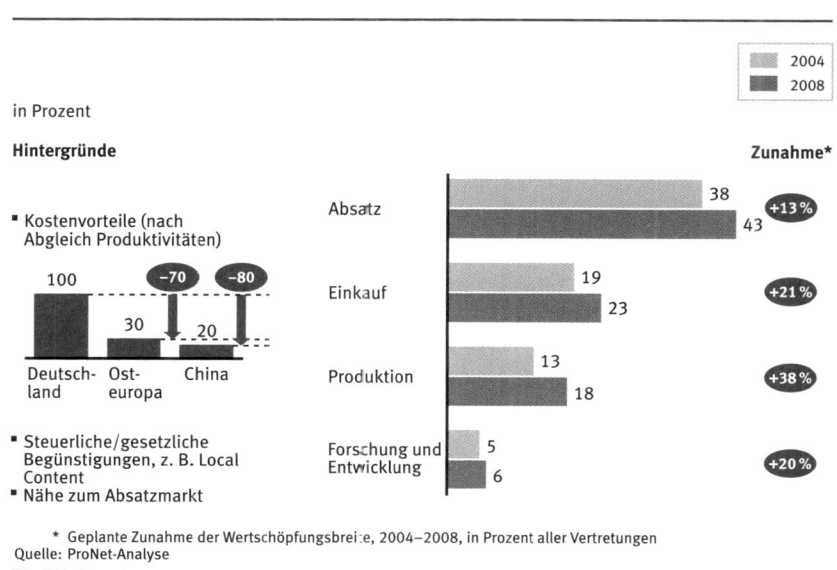

Abbildung 30: Deutliche Kostenvorteile führen zu Offshoring

den boomenden Niedrigkostenstandorten verkaufen will, muss häufig auch vor Ort eine Fertigung betreiben und Flagge zeigen, sonst hat er keine Chance.

Vor der Produktion fassen meist schon Vertrieb und Einkauf in den fremden Ländern Fuß, später folgen immer häufiger auch Abteilungen der Forschung und Entwicklung, einerseits um die Produkte an lokale Erfordernisse anzupassen, andererseits um vom spezifischen Know-how am Standort zu profitieren (Abbildung 30).

Der technische Vorsprung Europas kann schnell verloren gehen

So hat sich beispielsweise Indien einen soliden Ruf als Standort für alle IT-Prozesse erarbeitet, Osteuropa und China liegen vorn bei Produktionskosten, Nordamerika und Westeuropa haben einen Vorsprung in Sachen Forschung und Entwicklung. Dieser Vorsprung kann jedoch schnell verloren gehen. Dann spricht man vom Phänomen der so genannten *Low-End Disruptions*, die schon viele europäische Unternehmen schmerzvoll durchlebten. Die Probleme begannen regelmäßig, weil Billigwettbewerber unterschätzt wurden: Allzu viele europäische Unternehmen gingen und gehen davon aus, dass Billiganbieter auf Dauer technisch unterlegen bleiben. Ein Trugschluss, wie schon die japanischen Auto-, Kamera- und Elektronikunternehmen seit den sechziger Jahren bewiesen haben. Fünfzehn Jahre später starteten die Koreaner als Kopisten und belächelte Billiganbieter. Heute sind Unternehmen wie Samsung und Kia auch technisch Weltspitze, von der Arroganz der Etablierten ist wenig geblieben.

Wie vor Jahrzehnten Japaner und Koreaner haben heute chinesische und indische Unternehmen einen Lernprozess durchlaufen. Firmen wie Lenovo, der chinesische Computerbauer, der von IBM das gesamte PC-Geschäft übernommen hat, und Tata, ein dynamischer indischer Autokonzern, sind längst keine reinen Billiganbieter mehr, sondern auf dem Weg zum *Global Player*.

Diese *Low-End Disruptions* können in kurzer Zeit die Machtverhältnisse in ganzen Branchen auf den Kopf stellen. Ein Beispiel, bei dem noch nicht einmal Fernost-Konkurrenten eine Rolle spielen, sind die Billig-Airlines wie easyJet oder Ryanair, die inzwischen das Geschäftsmodell der ganzen Verkehrsfliegerei revolutioniert haben: Nachdem sie zunächst vor allem den Privatkundenbereich aufgemischt hatten, setzen sie bereits seit längerem die etablierten Airlines im lukrativen Geschäftsflieger-Segment unter Druck. Lufthansa, Air France und andere mussten ihre Preissysteme inzwischen anpassen, ineffizienten Anbietern droht die Insolvenz.

Aber auch im klassischen produzierenden Gewerbe definieren Billiganbieter aus den Aufsteigerländern die Spielregeln neu. So kann beispielsweise Huawei, Chinas größter Produzent von Telekommunikationsausrüstung, technisch und qualitativ inzwischen mit den alten Weltmarktführern wie Siemens und Cisco Systems mithalten (Abbildung 31). Wegen ihres Preisvorteils gewinnen die Chinesen jetzt reihenweise Großaufträge in Europa.

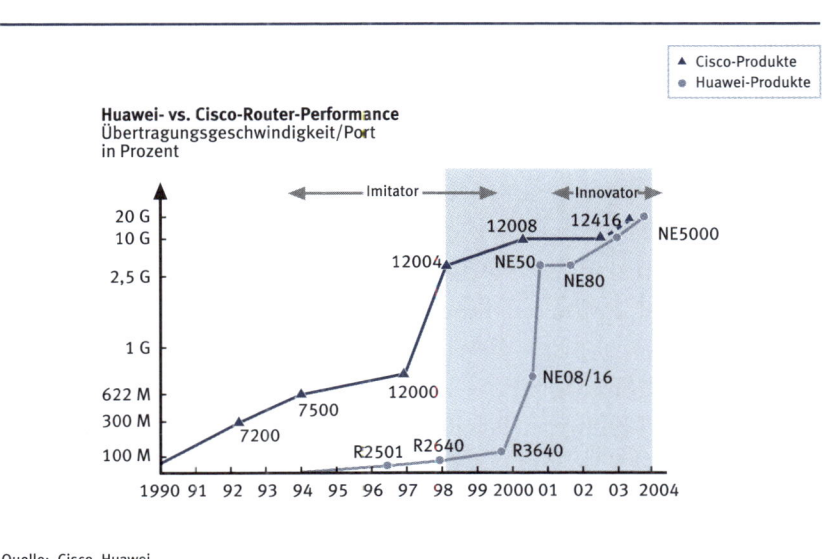

Abbildung 31: Schnell an die Spitze – die 2. Generation chinesischer und indischer Wettbewerber

Weil die Billigwettbewerber in Sachen Innovation so schnell dazulernen, dürfen sich die Europäer nicht auf ihrem Vorsprung ausruhen. Stattdessen müssen sie an den drei Fronten Innovation, Markenaufbau und Kostensenkung arbeiten:

Die großen Mittelständler haben es begriffen, die meisten produzieren längst offshore: Jeder Dritte hat mindestens ein Werk in Westeuropa, jeder Vierte produziert in Osteuropa, jeder Sechste in China und ebenso viele in Nordamerika. In den nächsten Jahren stehen vor allem China und Osteuropa im Fokus. Bis 2008 wollen die befragten Unternehmen die Produktionsanlagen in China mehr als verdoppeln, in Osteuropa soll die Zahl immerhin um gut 40 Prozent steigen.

Wie baut man eine Produktion in China auf?

Alles leicht gesagt, aber wie kommt ein deutscher Mittelständler zu einer Produktion in China? Das Edelmetall- und Technologieunternehmen Heraeus, mit rund 8 Milliarden Euro Umsatz zwar schon aus der Definition von Mittelstand herausgewachsen, nach Führungsstruktur und Selbstverständnis als Familienunternehmen jedoch durchaus der Gruppe zugehörig, hat vor acht Jahren die erste Fabrik in China gebaut. »Eigentlich wollten wir ein chinesisches Unternehmen kaufen«, erinnert sich Dr. Jürgen Heraeus, Aufsichtsratschef der Gruppe, »stattdessen kam das Management zu uns, wollte für uns arbeiten.« Konzept und Personen überzeugten, und dann entschied der Unternehmer, eine Fabrik auf der grünen Wiese zu bauen: »Wir haben 5 Millionen D-Mark hingeschickt und gehofft, dass die nicht mit dem Geld durchgehen«, erzählt Dr. Heraeus mit einem Augenzwinkern.

Die Hanauer verzichteten darauf, einen ständigen Aufpasser ins Management zu entsenden; die Zahlen prüft ein Controller. Dafür zeigte der Unternehmer selbst Präsenz vor Ort: »So haben die Chinesen gesehen, dass sich der Chef selbst um die Fabrik kümmert, das motiviert«, erinnert sich Dr. Heraeus, »und sie wussten zu schätzen, dass wir so demonstrativ Vertrauen in sie setzten.« Mit Blauäugigkeit will er das nicht verwechselt wissen: »Wir schauen schon genau hin – selbst wenn die Bilanz frisiert wird, merkt ein Unternehmer beim Gang durch die Fabrik und durchs Lager, ob der Laden in Ordnung ist.«

Heraeus, Spezialist für hochwertige Werkstoffe und ihre Anwendung in Spitzentechnologien, folgte mit den Fabrikansiedlungen seinen Kunden aus der Automobil-, Halbleiter-, Elektronik- und Stahlindustrie rund um die Welt. »Gleich nach dem Krieg sind wir in die USA gegangen, dann in die europäischen Länder, vor vierzig Jahren nach Japan, später nach Singapur, Malaysia, Korea und China«, beschreibt Dr. Heraeus die Route der Entwicklung. »Für 2006 haben wir uns Indien vorgenommen.« Gerade in Asien baut das Unternehmen jetzt Technologiezentren auf (»Die kümmern sich um Entwicklung, weniger um Forschung«), weil dort gerade in der Elektronik viele der fortschrittlichsten Unternehmen zu Hause sind. Dr. Heraeus: »Bis diese Trends in Deutschland ankommen, ist es für unsere Entwickler zu spät.«

Bei der globalen Expansion musste Heraeus auch Lehrgeld bezahlen. »Wenn man viele deutsche Mitarbeiter in die ausländischen Fabriken schickt, wird es teuer«, weiß Dr. Heraeus. Denn diese kosten dort nicht allein doppelt so viel wie beim Einsatz in der Heimat. Dr. Heraeus: »Noch gravierender ist: Die bauen auch dort die Fabrik auf deutsche Art und arbeiten natürlich nur mit deutschen Maschinen.« Dann verringert sich der Kostenvorteil schnell.

So lässt sich – zumindest zum Teil – auch eines der überraschendsten Ergebnisse der ProNet-Analyse von McKinsey erklären: Während das Sparpotenzial bei der Produktion in Niedriglohnländern durchweg zwischen 30 und 40 Prozent liegt (verglichen mit den Kosten heimischer Produktion; unter Berücksichtigung der *Landed Costs*, also inklusive Logistik- und Transaktionskosten), realisieren gerade einmal 21 Prozent der befragten Unternehmen

Ersparnisse von mehr als 20 Prozent. 45 Prozent schaffen gerade zwischen 0 und 10 Prozent Ersparnis, 8 Prozent produzieren sogar teurer als in der Heimat. Ob ein Unternehmen das Potenzial ausschöpft, das die Offshore-Fertigung bietet, hängt nicht zuletzt davon ab, wie es das Zusammenspiel seiner Fabriken organisiert. Es gibt fünf Strategien:

- **Die Weltfabrik:** Eine für alle – wer seine Fertigung zentralisiert, zielt auf Skaleneffekte, eine hohe Dichte der Wertschöpfung und die Konzentration der Lieferkette. In Weltfabriken entstehen meist technisch anspruchsvolle Produkte in komplexen Produktionsprozessen.
- **Lokal für lokal:** In jedem wichtigen Markt produziert eine Fabrik den lokalen Bedarf. Diese Strategie bietet sich an, wenn Marktnähe mehr zählt als mögliche Skaleneffekte oder eine hohe Wertschöpfungsdichte.
- **Nabe-Speiche-System:** Die wichtigen Teile und Komponenten werden zentral in einem Werk (Nabe) gefertigt und dann in lokalen Fabriken um Zulieferteile ergänzt und montiert.
- **Sequenziell:** Im Produktionstyp Kette konzentriert das Unternehmen jeden Fertigungsschritt an jeweils einem Standort, um dessen spezifische Vorteile optimal zu nutzen. Wegen der vielen nötigen Transporte zwischen den Werken müssen die Produkte eine hohe Wertdichte haben (wie etwa elektronische Bauteile), sonst zehren die Logistikkosten die Ersparnisse in der Fertigung wieder auf.
- **Netzstruktur:** Der typische Fall, entstanden aus vorgefundenen Strukturen. Meist erlaubt die Netzstruktur das flexible Verschieben von Produktionsvolumina, außerdem lassen sich lokale Kompetenzen nutzen.

Die Weltfabrik, möglichst gleich hinter der heimischen Firmenzentrale in der deutschen Provinz gelegen, wird zunehmend zur

Ausnahmeerscheinung bei den großen Mittelständlern. Denn die Schwellenländer gewinnen als Produktionsstandorte an Attraktivität. Solange das Ausbildungsniveau der lokalen Bevölkerung dort schneller steigt als die Lohnkosten, bleibt der Trend gültig. Erfolgreiche Unternehmen planen deshalb aktiv ihre globale Produktion, statt nur wie bisher auf lokale Nachfrage zu reagieren. Die McKinsey-Studie ProNet hat ergeben, dass umfassende Verlagerungen am erfolgreichsten sind – radikale Schritte führen zu den höchsten Kostensenkungen.

Outsourcing: Man muss nicht alles selbst können

Als Henry Ford sein legendäres Modell T baute, ging die Wertschöpfungstiefe in seinen Fabriken gegen 100 Prozent: Der Auto-Tycoon misstraute von Herzen allen Lieferanten, kochte noch den Stahl für seine Bleche selbst. Seitdem ist die Arbeitsteilung in der Industrie allerdings kräftig vorangekommen. *Make or Buy* ist heute in den meisten Unternehmen eine Routinefrage. Generelle Leitlinie für die Entscheidung: Alle Aktivitäten, die nicht den Kern des Know-hows im Unternehmen berühren, können outgesourct werden, wenn ein Spezialist die Arbeit effizienter erledigt. 79 Prozent aller in der Studie befragten Unternehmen haben eine oder mehrere Funktionen an externe Dienstleister übergeben. Ganz vorn liegt dabei die Logistik, aber auch die Produktion wollen immer mehr außer Haus erledigen lassen – jedes zweite Unternehmen plant, diese Funktion bis 2008 abzugeben (Abbildung 32).

Die Studie zeigt ein klares Erfolgsmuster für Outsourcing: Am erfolgreichsten sind Unternehmen, die konsequent auf externe Dienstleister setzen. Diejenigen, die erst zaghaft mit Externen experimentieren, fahren als Gruppe die schlechtesten Ergebnisse ein – sie befinden sich noch am Anfang der Lernkurve und machen teure Fehler. Da sind selbst die im Schnitt erfolgreicher, die ganz und gar aufs Selbermachen vertrauen. Die radikalen Outsourcer, die mehr als vier Glieder ihrer Wertschöpfungskette komplett oder

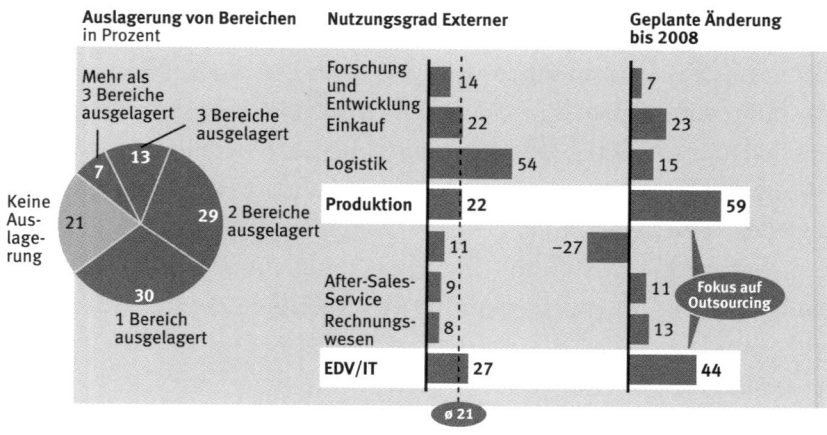

in Prozent der Unternehmen

Abbildung 32: Nutzung externer Dienstleister nach Funktion

in Teilen an Externe vergeben haben, erzielen im Schnitt eine Umsatzrendite von 8 Prozent und eine Wachstumsrate von 14 Prozent.

Ein radikaler Outsourcer ist die Schweiter Technologies AG in der Schweiz. Der Pro-Kopf-Umsatz des Maschinenbauers liegt mit 465.000 Franken höher als der vieler Händler – weil die Produktion konsequent ausgelagert wurde. »Produktion ist strategisch gesehen eine Commodity«, sagt Vorstandschef Beat Siegrist.

Als er vor zehn Jahren das Management übernahm, überzeugte Siegrist zunächst die Mannschaft von der Notwendigkeit zur Veränderung: »Wir können nicht in allen Disziplinen die Besten sein, sondern müssen uns auf unsere Stärken konzentrieren.« Die Stärken machte der Chef in Entwicklung und Vertrieb aus, die Produktion wurde geschlossen. Damals gingen hundert Arbeitsplätze verloren – doch durch den einsetzenden Erfolg hat Schweiter seitdem gut neunhundert Stellen neu geschaffen. 1.000 Mitarbeiter erwirtschafteten 2006 einen Umsatz von 465 Millionen Franken.

»Outsourcing braucht vor allem Disziplin«, sagt Beat Siegrist, »Sie können nur stabile Prozesse auslagern. Wenn Sie irgendwo unsauber arbeiten, wird das sofort aufgedeckt.« Eine zentrale Funktion im Unternehmen hat deshalb das *Supply Management*, immerhin bestimmt es über 50 Prozent der Gesamtkosten. Schweiter hat einen *Chief Purchasing Officer* auf Konzernebene, die Beschaffungsmärkte werden ebenso intensiv beobachtet wie die Absatzmärkte. »Ich gehe auch persönlich zu unseren Lieferanten«, sagt Beat Siegrist. Penibel werden Pflichten und Leistungen festgelegt. Schweiter-Spezialisten begleiten dann die Produktion, kontrollieren vor Ort, machen Audits, protokollieren. »Kein Lieferant will Schrott liefern«, rühmt Siegrist die Kooperationsbereitschaft seiner Partner. Doch bei allem Vertrauen portionieren die Schweizer ihre Aufträge so, dass kein Zulieferer wesentliche Teile kopieren kann, und vermeiden nach Kräften, dass sich Liefermonopole entwickeln. Um Kopien weiter zu erschweren, setzt Schweiter auf selbst entwickelte Steuerungen für seine Maschinen und baut nicht die gängigen Siemens-Modelle ein.

Outsourcing spart nicht nur Produktionskosten, sondern erlaubt auch höheres Tempo: »Bei Technologiesprüngen, wie wir sie beispielsweise beim Übergang von Guss- auf Blechgestelle und dann auf Verbundwerkstoffe erlebt haben, können wir einfach den Lieferanten wechseln«, sagt Beat Siegrist. Auch finanztechnisch wirkt das Outsourcing Wunder. »Weil wir nicht in die Produktion investieren müssen, ist unser Cashflow viel höher«, sagt Beat Siegrist: »Wir erwirtschaften eine Rendite von 20 bis 40 Prozent auf das eingesetzte Kapital.«

Große Mittelständler nutzen die Niedriglohnländer als Einkaufsquelle

Ostasien und Osteuropa sind nicht nur günstige Produktionsstandorte, sondern auch billige Beschaffungsmärkte – vom Rohstoff bis zu hochwertigen Komponenten. Die großen Mittelständler nutzen die Chance: 39 Prozent aller Unternehmen, die an der Studie »Unternehmertum Deutschland« teilnahmen, kaufen weltweit ein, 24 Prozent immerhin im europäischen Ausland und nur 37 Prozent vertrauen ganz auf »Made in Germany«.

Die Neigung zum globalen Einkauf hängt stark von der Branche ab: Ganz vorn fährt die Autoindustrie, gefolgt vom Maschinenbau. Wenig überraschend kauft die Bauindustrie wegen hoher Transportkosten am liebsten nah am heimischen Standort ein. Der Radius der Einkäufer hängt auch mit der Größe ihrer Unternehmen zusammen: Kleinere Mittelständler sind in der Regel weniger global als die großen.

Für erfolgreiches *Global Sourcing* müssen Unternehmen vor allem auf sechs Feldern Kompetenzen aufbauen:

- **Auswahl der Zulieferländer:** Wer nur auf die Lohnkosten schaut, bekommt ein falsches Bild: Zur Beurteilung, ob ein Land als Lieferquelle taugt, sind stets die *Landed Costs* zu betrachten. In ihnen sind neben Lohnkosten und Produktivität auch Zölle und Logistikkosten berücksichtigt. Die Einsparungen müssen substanziell sein, da gerade ferne Lieferländer auch Nachteile bringen, etwa weil wegen unkalkulierbarer Aufenthalte beim Zoll Just-in-Time-Lieferungen unmöglich sind. Liegen die *Landed Costs* nur in der Größenordnung von 10 Prozent unter den bisherigen Kosten, lohnt es eher, die bisherigen Lieferanten mit einem Lean-Konzept auf das gleiche Niveau zu bringen. Außerdem muss es möglich sein, die Einkaufskosten in dem neuen Lieferland in einem kontinuierlichen Verbesserungsprozess weiter zu senken, Ziel bei erfolgreichen Unternehmen ist dabei eine Jahresrate von 5 Prozent.
- **Leistungsfähige Lieferanten finden:** Wer nur per Fax oder Mail standardisierte Anfragen in das Zielland schickt, verschenkt Potenzial. Gerade in Boomregionen wie China werden Unternehmen mit solcher Post überflutet, und es antworten erfah-

rungsgemäß eher die schlechteren. Deshalb müssen qualifizierte Manager vor Ort potenzielle Partner besuchen, sich persönlich vom Stand der Technik und den Qualitätsstandards überzeugen. Fällt die Prüfung positiv aus, stellt sich die Aufgabe, die neuen Partner von der Perspektive des gemeinsamen Geschäfts zu überzeugen.

- **Partner in die eigene Lieferkette einbauen:** Die Logistik wird zum wichtigen Thema, wenn neue Partner aus oft exotischen Niedriglohnländern in die Lieferkette integriert werden sollen. Typische Fragen: Wie steht es um die Liefertreue? Können Zoll und Transport die zeitliche Kalkulation durcheinanderbringen? Brauche ich zusätzliche Läger? Was kostet das?
- **Lieferanten qualifizieren:** Damit die Qualität der gelieferten Teile stimmt, senden viele Mittelständler Fertigungsingenieure in die Fabriken. Das Problem: Oft haben die Lieferanten wenig Achtung vor geistigem Eigentum und bauen mit dem erworbenen Know-how vielleicht schon bald Konkurrenten auf. Wie beim Outsourcing müssen Mittelständler auch hier genau überlegen, welche Teile sie einkaufen und welche sie lieber weiter selbst produzieren wollen, um das Wissen im Hause zu halten.
- **Die richtige Organisation aufbauen:** Logistik, Qualitätskontrolle, Engineering, Recht – die Liste der Aufgaben ist lang. Der Aufbau einer Einkaufsorganisation im Lieferland wird teuer, denn Fachkräfte beziehen auch in China oder Indien ein ordentliches Gehalt. Damit sich der Aufwand lohnt, muss das Einkaufsvolumen hoch sein. Erfahrungen zeigen, dass die Schwelle etwa bei 10 Millionen Euro pro Jahr liegt. Wer unter dieser kritischen Größe bleibt, fährt besser, wenn er sich mit anderen Unternehmen zu einem Einkaufsverbund zusammenschließt oder einen qualifizierten Dienstleister in Anspruch nimmt.
- **Risiken erkennen und minimieren:** Unbekannte Lieferanten, fremde Geschäftskulturen, unkalkulierbare Bürokratie – *Global*

Sourcer gehen viele Risiken ein. Deshalb ist es wichtig, die Gefahren möglichst vollständig zu erkennen, sie zu bewerten und zu managen: Was lässt sich versichern, welche Puffer müssen in die Wertschöpfungskette eingebaut werden, welche Erfahrungen können nutzbar gemacht werden?

Erfolgreiche *Global Sourcer* brauchen ausreichende Ressourcen und langen Atem. Halbherzige Anläufe können viel Geld kosten. Zu einem guten Einkauf gehört, dass vor Ort nachverhandelt wird, wenn alle Spezifikationen geklärt sind – die erfolgreichen *Global Sourcer* in der Mittelstandsstudie sind stark auf Einkauf fokussiert, mit hohem Professionalisierungsgrad. Bewährt haben sich so genannte Lieferantentage in den Einkaufsländern, in denen der potenzielle Käufer sich selbst, seine Produkte und seine Anforderungen den örtlichen Lieferanten vorstellt und persönliche Kontakte knüpft. Um später einen Abschluss perfekt zu machen, sollte ein hochrangiger Manager des deutschen Unternehmens vor Ort sein.

Auch die global ausgerichteten Mittelständler in der Studie kaufen am häufigsten in West- und Osteuropa ein; die besonders Erfolgreichen haben aber außerdem eigene Einkaufsvertretungen in den Niedriglohnländern China und Indien sowie in Regionen mit hoher Technologiekompetenz wie Japan, Nordamerika und Westeuropa, idealerweise abgestimmt auf ihre Produktionsstandorte und ihre Absatzmärkte.

Auch bei der Optimierung der Wertschöpfungskette gilt: Nicht jeder Strategietyp muss alles beherrschen und praktizieren. Essenziell wichtig ist das Thema für die beiden Typen mit Kostenfokus, den *Kostenführer* und den *Kompetenzführer*. *Spezialisierer* und *Innovationschampions* nutzen die Möglichkeiten zurückhaltender (Abbildung 33).

Denn wer die Chancen der Globalisierung nutzen will, braucht viele Kompetenzen. Um die richtigen Entscheidungen hinsichtlich Selbermachen oder Einkaufen zu treffen, um fremde Fabriken zu

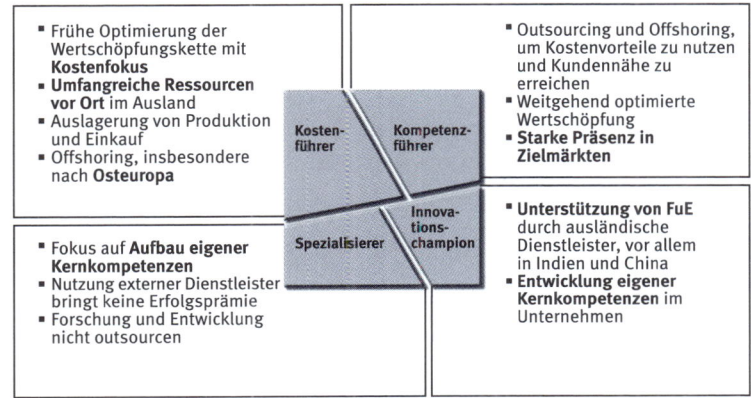

Frühe Optimierung der Wertschöpfungskette mit Kostenfokus
- **Umfangreiche Ressourcen vor Ort** im Ausland
- Auslagerung von Produktion und Einkauf
- Offshoring, insbesondere nach **Osteuropa**

- Outsourcing und Offshoring, um Kostenvorteile zu nutzen und Kundennähe zu erreichen
- Weitgehend optimierte Wertschöpfung
- **Starke Präsenz in Zielmärkten**

- Fokus auf **Aufbau eigener Kernkompetenzen**
- Nutzung externer Dienstleister bringt keine Erfolgsprämie
- Forschung und Entwicklung nicht outsourcen

- **Unterstützung von FuE** durch ausländische Dienstleister, vor allem in Indien und China
- **Entwicklung eigener Kernkompetenzen** im Unternehmen

Kostenführer · Kompetenzführer · Spezialisierer · Innovationschampion

Abbildung 33: Erfolgsfaktoren nach Strategietyp

führen und Schnittstellen zu Lieferanten in fernen Kulturkreisen zu managen, muss das Management der Mittelständler hochgradig professionell arbeiten – was uns direkt zum Thema des nächsten Kapitels führt.

Checkliste: Internationalisierung der Wertschöpfung

Wie immer: Lautet die Antwort Nein, lohnt es sich, über den Punkt nachzudenken.

	Ja	Nein
Ist Ihre Kostenposition wettbewerbsfähig?	☐	☐
Kennen Sie die Kostenvor- und -nachteile jedes Schritts Ihrer *Supply Chain*?	☐	☐
Nutzt die aktuelle Produktionsstrategie die Einsparmöglichkeiten aus Offshore-Fertigung und weltweitem Einkauf *(Global Sourcing)*?	☐	☐

Stichwort Outsourcing: Haben Sie die Kernkompetenzen entlang Ihrer Wertschöpfungskette festgelegt, die unbedingt in Ihrem Unternehmen verbleiben müssen?	❏	❏
Stichwort Offshoring: Kennen Sie die Standorte, an denen Ihre Produkte international am preisgünstigsten produziert werden können? Sind Ihnen hierfür die Gesamtkosten inklusive Transport und fortlaufender Investitionen bekannt?	❏	❏
Stichwort *Global Sourcing*: Prüfen Sie regelmäßig die internationalen Preise für Ihre eingekauften Teile und wechseln Sie Ihre Lieferanten?	❏	❏
Haben Sie Mitarbeiter benannt, die sich um die Steuerung und Kontrolle der Zulieferer kümmern?	❏	❏
Schützen Sie Ihre Produkte durch aktive Maßnahmen, etwa durch eine starke Marke und eine enge Kundenbindung?	❏	❏
Haben Sie die Risiken entlang Ihrer Wertschöpfung identifiziert und entsprechende Gegenmaßnahmen initiiert?	❏	❏
Fördern Sie Ihre eigenen Kernkompetenzen systematisch und stellen ausreichend Ressourcen zur Verfügung, um sie weiterzuentwickeln?	❏	❏

Kernaussagen:

Die systematische Optimierung der Wertschöpfungskette bildet die Basis einer international wettbewerbsfähigen Kostenstruktur.

Eine auf Basis der Kernkompetenzen zu treffende *Make-or-Buy*-Entscheidung fokussiert die Aktivitäten.

Für die eigene Wertschöpfung ist der optimale *Footprint* auf Basis von Kosten- und Kompetenzprofilen der Zielländer und unter Berücksichtigung unternehmensspezifischer Absatzmärkte zu erstellen.

Outsourcing von Nicht-Kernkompetenzen bedarf stabiler Prozesse und klarer Schnittstellendefinitionen.

Bei den zugekauften Umfängen nutzen die Spitzenreiter signifikante Kostenvorteile des *Global Sourcing*.

7 Professionalisierung: Wie die Besten organisieren, finanzieren und führen

Innovation, Internationalisierung, optimierte Wertschöpfung: Wichtige Aufgaben, doch es zählt nicht allein, was das Management anpackt – auf das Wie kommt es genauso an. Die besten Mittelständler haben längst Organisation sowie Finanz- und Risikomanagement professionalisiert. Mit systematischen Programmen gewinnen sie talentierte Mitarbeiter und binden sie an sich.

Petra und Gerd Ripp haben das Wort »Genussschein« ernst genommen: Die Hoteliers, seit 2003 Besitzer von Schloss Rheinfels in St. Goar, stillten einen Finanzierungsbedarf von 200.000 Euro auf kreative Art. Sie boten guten Kunden genussscheinartige festverzinsliche Aktien an, deren Reiz eher in den Zugaben lag. Die Zeichner kommen nämlich bei jedem Besuch des malerischen Hotels gegenüber der Loreley in den Genuss von Begrüßungschampagner, dürfen sich kostenfrei aus der Minibar bedienen und werden schon bei der Buchung in die nächsthöhere Zimmerkategorie gestuft.

Auch wenn die meisten Mittelständler es nicht so leicht haben, potenzielle Finanziers mit ihren Produkten zu locken, haben doch viele schon das Instrument der *Corporate Bonds* entdeckt – und sich so ein Stück Unabhängigkeit von den Hausbanken erobert, was klassisch bislang großen Konzernen vorbehalten war. Der direkte Zugriff auf die Konten der Anleger ist nur eins der Instrumente, die der Mittelstand den Großen abschaut: Die erfolgreichen Kleinen professionalisieren systematisch ihr Finanz- und Risikomanagement, ihre Führung und Organisation. Wenig überraschend: Je größer das Unternehmen, desto professioneller ist in der Regel das Management. Aber bei vergleichbarer Unternehmensgröße und strategischer Ausrichtung macht, das belegt die Studie, Professionalisierung den Unterschied – je professioneller die Führungsfunktionen, desto erfolgreicher das Unternehmen. Der Umkehrschluss: Ohne professionelle Führung wachsen Unternehmen kaum in diese Größenordnung – eine wesentliche Hürde für viele Mittelständler.

Vier Elemente bestimmen den Grad der Professionalität:

- **Strategiebildung:** Erfolgreiche Mittelständler entwickeln eine langfristige Strategie, überprüfen regelmäßig, ob sie auf richtigem Kurs sind, und kommunizieren die Ziele konsequent allen Mitarbeitern.
- **Organisation:** Die Topunternehmen werden von Managern mit Führungserfahrung geleitet, Zentralfunktionen sind als separate Einheiten aufgebaut. Die Organisation des laufenden Geschäfts wird ständig weiterentwickelt. Innovationen und Veränderungen treibt das Management systematisch in eigenen Projektorganisationen voran.
- **Mitarbeiter:** Unternehmen, die zu den Top-40-Prozent der Studie gehören, setzen auf variable Vergütung und investieren viel in die Weiterbildung der Mitarbeiter. Sie entwickeln systematisch die Talente ihres Führungsnachwuchses und rekrutieren diesen überregional.
- **Finanz- und Risikomanagement:** Die Besten planen ihre Finanzen mehr als drei Jahre im Voraus. Sie nutzen flexible Finanzierungsinstrumente wie *Factoring* oder *Securitization* und erschließen neue Kapitalquellen, beispielsweise über Anleihen. Ihre Geschäftsrisiken bewerten und steuern die Erfolgreichen systematisch (Abbildung 34).

Aus den Angaben zu den entsprechenden Fragen in der Mittelstandsstudie hat das Auswertungsteam einen Professionalisie-

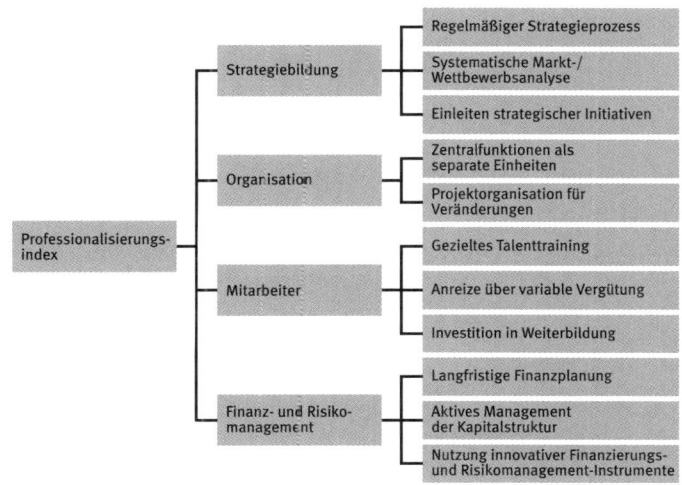

Abbildung 34: Zusammensetzung Professionalisierungsindex

rungsindex entwickelt. Der Index gewichtet die Unternehmensangaben zu Führung, Organisation, Finanz- und Risikomanagement nach ihrer Relevanz. Für jedes Unternehmen ergibt sich ein relativer Score. Je höher der Wert ausfällt, desto professioneller geht das Unternehmen mit seinen Führungs- und Finanzfunktionen um.

So gibt es etwa in der Kategorie *Organisation und Führung* für Unternehmen, die Aufgaben wie Controlling und Logistik in separaten Abteilungen organisiert haben, deren erste Führungsebene Erfahrung und Branchenkenntnisse mitbringt und nach Leistung entlohnt wird, nur die Basispunkte. Besser schneiden Mittelständler ab, die über alle Hierarchien im Unternehmen variable Gehälter zahlen, ihren Führungsnachwuchs überregional rekrutieren und überdurchschnittlich viel in Weiterbildung investieren. Topwerte bekommen diejenigen, die auch die Facharbeiter gezielt fortbilden und erfolgreiche Programme für die Entwicklung des Führungsnachwuchses aus den eigenen Reihen haben.

In der Kategorie *Finanz- und Risikomanagement* gibt es Basispunkte für das aktive Management von Kapitalstruktur und Risikoprofil. Dazu gehört die Kenntnis der Risiken auf Portfolioebene, das Management von Vertriebsrisiken und Bewerten von Internationalisierungsrisiken sowie ein gutes Hedging- und Versicherungsportfolio. Unternehmen mit mittlerer Professionalität berücksichtigen außerdem noch die Risiken bei der Performance-Messung in ihren Geschäftsfeldern, stellen also direkt Risiken und Erträge ins Verhältnis. Die Besten planen dazu noch mehr als drei Jahre im Voraus, überprüfen die Planung regelmäßig, führen ebenso regelmäßig Sensitivitätsanalysen durch, um aktuelle Schwachpunkte zu entdecken, und platzieren Aktien oder Anleihen am Kapitalmarkt.

Professionalität zahlt sich aus. Eine Regressionsanalyse zeigt, wie stark die einzelnen Faktoren die Wahrscheinlichkeit beeinflussen, dass ein Mittelständler zum Segment der erfolgreichsten 40 Prozent der Teilnehmer zählt: Mittelständler, die einen Finanzchef auf der ersten Managementebene installieren, haben eine um 6 Prozentpunkte höhere Wahrscheinlichkeit, im Topsegment zu landen, als der Durchschnitt. Die Kehrseite ist noch dramatischer: Ohne Finanzgeschäftsführer sinkt die Erfolgswahrscheinlichkeit gleich um 10 Prozentpunkte. Fast ebenso stark beeinflusst die variable Vergütung für die Führungskräfte die Chancen auf eine Platzierung im Topsegment. Wo sie eingeführt ist, steigt die Erfolgswahrscheinlichkeit um 5 Prozentpunkte, wo sie fehlt, sinkt die Chance um 17 Prozentpunkte (Abbildung 35).

Professionelle Führung ist für alle Unternehmen ein Muss. Sie ist eine notwendige, aber noch längst nicht hinreichende Bedingung für kräftiges Wachstum – was bei den Aufgaben, die sich den großen Mittelständlern stellen, unmittelbar plausibel wird: Schon in der Größenklasse ab 50 Millionen Euro Jahresumsatz umweht die meisten der starke Wind des Wettbewerbs, müssen sie im Innovationswettlauf mithalten, Preisdruck aushalten und neue

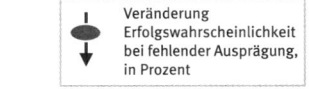

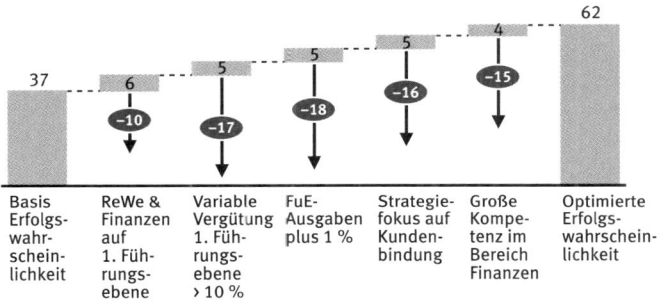

Basis Erfolgs-wahr-schein-lichkeit	ReWe & Finanzen auf 1. Füh-rungs-ebene	Variable Vergütung 1. Füh-rungs-ebene › 10 %	FuE-Ausgaben plus 1 %	Strategie-fokus auf Kunden-bindung	Große Kompe-tenz im Bereich Finanzen	Optimierte Erfolgs-wahrschein-lichkeit

Abbildung 35: Finanzkompetenz und variable Vergütung sind entscheidend für professionelle Führung

Märkte besetzen. Ohne effiziente Organisation, gute Mitarbeiter, vorausschauende Finanzplanung und gezieltes Risikomanagement ist kein Erfolg zu erzielen. Dabei räumt die Studie mit einem hartnäckigen Vorurteil auf: Den klassischen Alleinunternehmer, der stets aus dem Bauch heraus entscheidet, autokratisch gegen gängige Managementregeln verstößt und sich herzlich wenig um professionelle Standards kümmert, gibt es unter großen Mittelständlern kaum. In Sachen Professionalisierung zeigt sich kein signifikanter Unterschied zwischen eigentümergeführten Unternehmen, immerhin 45 Prozent aller Teilnehmer der Studie, und solchen mit einem familienfremden Management. Und auch in Sachen Erfolg unterscheiden sie sich kaum. Zwar wachsen eigentümergeführte Unternehmen etwas schneller als die übrigen, liegen bei der Umsatzrendite aber nur im Mittelfeld.

7 Professionalisierung: Wie die Besten organisieren, finanzieren und führen

Strategiebildung: Hier trennt sich die Spreu vom Weizen

Immer hektischer wird das Tagesgeschäft, immer härter der Wettbewerbsdruck – wann bleibt da noch Zeit zum Nachdenken? Nur etwa 15 Prozent der Mittelständler in der Studie arbeiten regelmäßig an der Strategie ihres Unternehmens. Die anderen begehen hier einen klaren Fehler: Die Studie belegt eindeutig, dass sich strategisches Denken lohnt und die Qualität des Prozesses der Strategiebildung ein entscheidender Erfolgsfaktor für profitables Wachstum ist.

Die besten Unternehmen überdenken regelmäßig ihre Strategie – je nach dem Tempo der Branche etwa alle zwei bis fünf Jahre von Grund auf neu, mit halbjährlicher Überprüfung, ob der Kurs noch stimmt. Sie übersetzen ihre Strategie in eine verständliche Vision, eine Mission sowie klare Ziele, die sie allen Mitarbeitern kommunizieren und die deren tägliches Handeln leiten – wie beispielsweise der Hersteller von Lkw-Aufliegern Schmitz Cargobull (Abbildung 36).

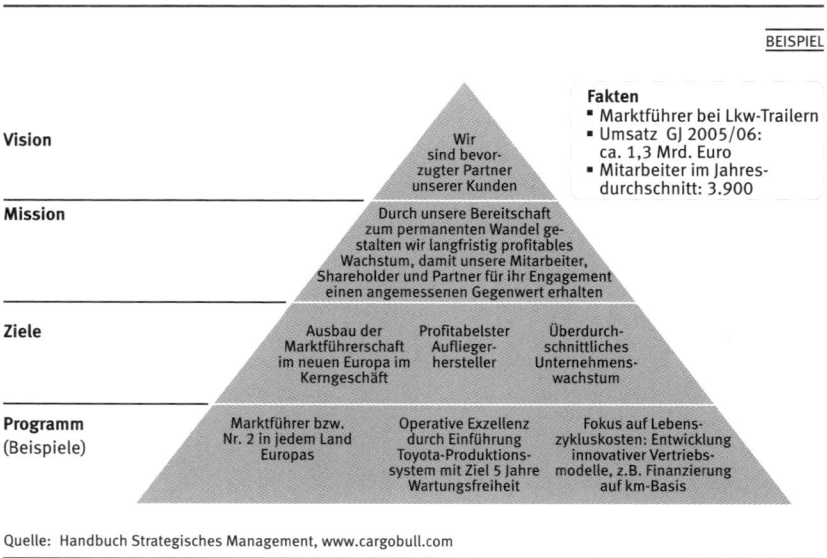

Abbildung 36: Unternehmensleitbild Schmitz Cargobull

Die erfolgreichen Unternehmen in der Mittelstandsstudie formulieren ehrgeizige Wachstums- und Ertragsziele. Stets leitet die Geschäftsleitung aus ihnen klar definierte strategische Projekte ab, deren Erfolg von einem stringenten Umsetzungscontrolling überwacht wird. Doch auf dem Weg zur optimalen Strategie brauchen die Mittelständler ein hohes Maß an Professionalität. Der typische Strategiebildungsprozess durchläuft fünf Phasen (Abbildung 37):

- Anspruchsniveau definieren,
- Situation analysieren,
- Strategie formulieren,
- Transformationspfad beschreiben,
- Umsetzung managen.

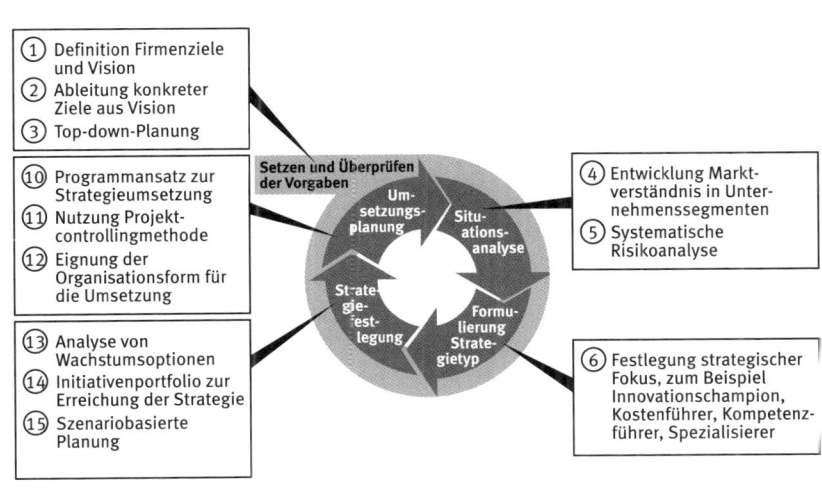

Abbildung 37: Eckpunkte strategischer Planung

Anspruchsniveau definieren: Zunächst legen Eigentümer und Management fest, wohin sich das Unternehmen entwickeln soll – qualitativ und quantitativ. Frage: Wo soll unser Unternehmen in zehn Jahren stehen? Diese Vorgaben werden dann in eine Vision übersetzt, gefolgt von konkreten Zielen.

Die Vision gibt dem ganzen Unternehmen eine klare, leicht verständliche Ausrichtung. Beispiel Schmitz Cargobull: »Wir wollen der führende Hersteller von Aufliegern in Europa sein.« Der Maschinenbauer Trumpf formuliert: »Wir wollen auf jedem Feld, auf dem wir tätig sind, sowohl technisch als auch organisatorisch führend sein.« Doch die schönste Vision nützt nichts, wenn sie nur die Geschäftsleitung kennt: Wirksam wird sie erst, wenn sie konsequent allen Mitarbeitern kommuniziert und von diesen auch verstanden wird.

Aus der Vision entwickelt das Management seine Mission, die als Handlungsanleitung in der Belegschaft verankert wird. Beispiel Hella: Unter der Überschrift »Professionalität und Menschlichkeit« hat das Unternehmen sieben Werte als Richtschnur für das tägliche Geschäft formuliert, die als Leitlinie für die ganze Mannschaft dienen:

- Handle wie ein Unternehmer.
- Arbeite mit Teamgeist.
- Denke an die Nachhaltigkeit.
- Sei leistungsstark.
- Sei innovativ.
- Sei integer.
- Sei ein Vorbild.

Im nächsten Schritt leitet das Management konkrete Einzelziele ab, die Basis für top-down verordnete Planungsvorgaben sind. Die Ziele sollen stets ambitioniert sein und können sich aus einem Benchmarking-Prozess ergeben, in dem das Unternehmen seine Funktionen und Prozesse qualitativ und quantitativ an denen der Besten in der Branche misst. So gibt die Hella-Vision 2012 die Zielsetzung klar vor: »Top Company – Being Second to None«, also die Übernahme der Führerschaft in den drei Hella-Kernkompetenzfeldern Licht, Elektronik und Handel in den Dimensionen Qualität, Technologie, Kosten und Service. Für das ganze Unternehmen können das Umsatz- und Renditeziele sein (»Wir wollen in zehn Jahren unseren Umsatz verdoppelt haben«, »Wir wollen eine Eigenkapitalverzinsung von 20 Prozent erreichen«). Um diese Gesamtziele zu erreichen, müssen bestimmte Etappenziele erreicht werden (»Wir wollen in fünf Jahren 20 Prozent unseres Umsatzes in China machen«, »Wir wollen in fünf Jahren zwei neue Geschäftsfelder aufgebaut haben«).

Insgesamt überlegt also das Management im ersten Schritt des Strategieprozesses: Wo wollen wir hin, und was müssen wir tun, um dort hinzukommen?

Situation analysieren: Die zweite Aufgabe im Prozess der Strategieentwicklung – das Unternehmen untersucht, welche Position es in seinem Umfeld einnimmt: Wie steht das Unternehmen im Verhältnis zu Wettbewerbern und Kunden? Wie entwickelt sich die Nachfrage, wie die Technologie? Welche Unsicherheiten und Risiken bestehen? Dabei muss das Management systematisch vorgehen, damit keine wichtige Frage übersehen wird. Es hat sich bewährt, die Analyse entlang den fünf Kräften, die in der bestehenden Wettbewerbslandschaft wirken, durchzuführen: Kunden, Lieferanten, neue Wettbewerber, Substitute und staatliche Regulierung. So analysiert beispielsweise ein mittelständisches Verpackungsunternehmen seine Situation:

- **Kunden:** Generell gilt auf den Märkten des Unternehmens: Preis zählt mehr als Qualität und Service. Wachstum ist regional betrachtet vor allem in Asien zu erwarten, nach Gattungen vor allem bei Tiernahrung. Die Konsolidierung der Abnehmerindustrie setzt sich fort. Resultierende Fragen für das Unternehmen: Soll es neben Hundefutter- noch Katzen-, Hamster- und Goldfischfutter-Verpackungen anbieten? Wodurch kann es sich vom

Wettbewerb differenzieren, um dem starken Preisdruck zu entgehen? Wie kann es am Wachstum in Asien partizipieren? Und erwarten die globalen Konsumgüterunternehmen, die die größten Kunden sind, künftig von ihren Verpackungslieferanten, dass sie genauso global aufgestellt sind?

- **Wettbewerber:** Einige sind globale Konzerne, andere sind Spezialisten, manche profilieren sich über Service. Aus Osteuropa können neue Wettbewerber mit aggressiv niedrigen Preisen eindringen. Gibt es eine kritische Größe, die das Unternehmen zum Überleben braucht? Welche Positionierung verspricht Erfolg?
- **Lieferanten:** Kunststoff verdrängt Papierverpackungen. Aber Kunststoff wird aus Öl gemacht – was passiert, wenn der Ölpreis weiter steigt? Bei welchem Preisniveau kippt der Trend, erleben Papier und Pappe ihr Comeback?
- **Substitute:** Tauchen ganz neue Materialien auf, die – bei weiter steigenden Ölpreisen – plötzlich wettbewerbsfähig werden?
- **Regulierung:** Greift der Staat ein, drosselt den Ölverbrauch, verordnet Materialien – ganz im Geiste des alten Öko-Mottos »Jute statt Plastik«? Gibt es neue Vorschriften zum Thema Recycling – vom Dosenpfand bis zum Grünen Punkt –, die das Verpackungsgeschäft berühren?

Die Analyse zeigt Chancen und Risiken der Positionierung des Unternehmens in seinem Umfeld und deckt den Handlungsbedarf auf.

Strategie formulieren: Im nächsten Schritt der Strategiebildung überlegt das Management, welche strategischen Optionen die vorhergegangene Analyse aufzeigt. Die Strategie beantwortet die Frage: Wie sorgen wir dafür, dass unsere Vision Wirklichkeit wird? Sie identifiziert die attraktiven Märkte und beschreibt, wie sich das Unternehmen vom Wettbewerb differenzieren kann, um sich nachhaltige Wettbewerbsvorteile zu sichern. Einer der bestimmenden Faktoren ist natürlich die Zugehörigkeit zu einem unserer vier

Strategietypen: *Innovationschampion, Spezialisierer, Kosten-* oder *Kompetenzführer* – jeder Typ hat eine Basisstrategie, auf die Unternehmen mit ihren individuellen Plänen aufsetzen. Jetzt gilt es, die strategischen Optionen mit den eigenen Kompetenzen, ausgedrückt im Strategietyp, abzugleichen: Unser Verpackungshersteller etwa hat die Optionen, auf Volumen und globale Präsenz zu setzen, beispielsweise als *Kostenführer*, oder sich auf eine bestimmte Verpackungsart zu konzentrieren, als *Spezialisierer*. Oder er geht den Weg eines *Innovationschampions* und verkauft »intelligente Verpackungen«, komplett mit Beratung. Ein anderer möglicher Weg: die vertikale Integration – der Verpackungshersteller übernimmt gleich noch die Abfüllung für den Kunden, aufgrund seiner Produktkenntnisse mit einer überlegenen Technik. Oder er entscheidet sich für horizontale Integration, kauft Unternehmen auf der gleichen Wertschöpfungsstufe hinzu. Die ideale Strategie ist diejenige, die einerseits hohes Potenzial zeigt und zu der andererseits die eigenen Kompetenzen so gut passen, dass die letzten Lücken durch Dazulernen oder Zukaufen geschlossen werden können.

Transformationspfad beschreiben: In dieser Phase entscheidet das Management, wie es die Ziele erreichen will. Setzt das Unternehmen vor allem auf internes Wachstum oder auf Akquisitionen? Dazu prüft die Geschäftsleitung, welche externen Wachstumsoptionen sich bieten, beispielsweise durch Übernahme von Wettbewerbern. Wie baut das Unternehmen das Wissen für neue Technologien auf? In Kooperationen mit Forschern oder gar mit Wettbewerbern? Indem es gezielt Know-how-Träger bei Wettbewerbern abwirbt? Indem es ein Unternehmen kauft, das die neue Technologie beherrscht? Um keine Chance zu verpassen, wird das Unternehmen in der Regel mehrere Wege gleichzeitig beschreiten. Auf der anderen Seite muss es klare Abbruchkriterien entwickeln, schließlich sind die Ressourcen der Mittelständler begrenzt, da darf sich keiner verzetteln. Aus dem gleichen Grund werden in dieser Phase die Ziele priorisiert: Ist es etwa wichtiger, eine neue

Technologie zu entwickeln als den chinesischen Markt zu erobern? Wenn beides gleichzeitig nicht zu finanzieren ist, braucht das Unternehmen eine rationale Entscheidung, was es zuerst angehen soll. Die Erfahrung lehrt allerdings, dass gerade diese Entscheidungen oft eher zufällig getroffen werden – je nachdem, welchen Experten der Chef gerade getroffen hat.

Sind diese Entscheidungen gefällt, bringt das Management ein Portfolio von Initiativen auf den Weg, setzt Ziele und Termine und verteilt Verantwortlichkeiten. In szenariobasierten Modellrechnungen werden die Risiken der Strategie quantifiziert, auf der anderen Seite die zu erwartenden Gewinne aus den Initiativen grob geschätzt (Abbildung 38).

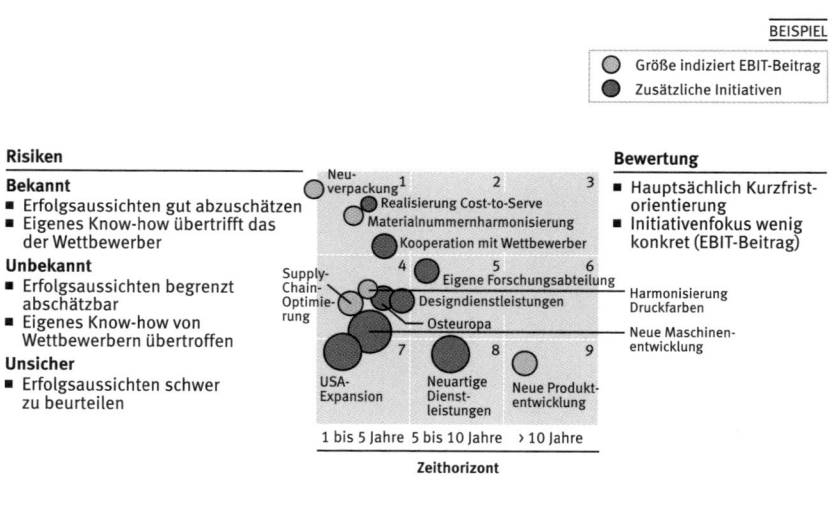

Abbildung 38: Typisches Initiativenportfolio eines Mittelständlers

Umsetzung managen: Hier geht es darum, eine schlagkräftige Projektorganisation zu entwickeln. Hella hat mit seinen 25 Implementierungsprojekten eindrucksvoll gezeigt, wie das funktioniert. Jedes Projektteam berichtet etwa alle sechs Wochen dem Steuerungskomitee über seine Fortschritte, dabei überprüft das Management, ob die Gruppe die definierten Meilensteine der Entwicklung erreicht hat. Sterben lassen, weiterarbeiten oder – weil die Entwicklungsarbeit getan ist – an die Linienorganisation übergeben heißen die Entscheidungsmöglichkeiten. Kern ist das Projektcontrolling mit regelmäßigen Berichten und Steuerkreisen. Das Management aber muss das große Bild im Auge behalten: Was ist, wenn alle Initiativen umgesetzt sind – erreicht das Unternehmen dann die gesteckten Ziele?

Die größte Gefahr im ganzen Strategieprozess allerdings lauert schon am Anfang: Zu viele Unternehmen mögen sich kaum vom Tagesgeschäft lösen, planen allzu kurzfristig eher ein bis zwei als fünf bis zehn Jahre im Voraus und setzen sich zu wenig ehrgeizige Ziele. Wer seine Strategie so nah am Operativen ansiedelt, verliert leicht den Überblick und wird von Veränderungen des Markts oft überrascht.

Wenn die Professionalisierung von außen kommt: Private Equity, Problemlöser für den Mittelstand

Wo der Unternehmergeist erlischt, stehen heute Private-Equity-Firmen bereit. Diese bringen fast immer ein professionelles Management sowie ein hohes Anspruchsniveau ein – und investieren entgegen der öffentlichen Meinung auch erhebliches Kapital. Doch weil sie dann oft auf einmal nachholen, was müde Alteigner über Jahre versäumten, steht die ganze Branche in der öffentlichen Kritik.

Beispiel Grohe: Als TPG zusammen mit der Credit Suisse 2004 Grohe vom Investor BC Partners übernahm, war das jahrzehntelang erfolgreiche Unternehmen hochprofitabel. Doch die Innenansicht ernüchterte die neuen Eigner: Das Unternehmen war seit vier Jahren kaum gewachsen, hatte wenig neue Produkte auf dem Markt und in der Pipeline, weil die Entwicklungsetats ebenso wie die Marketinginvestitionen eingedampft waren. Grohe leistete sich eine atomisierte Struktur in der Produktion, die zu 80 Prozent in Deutschland angesiedelt war, obwohl mehr als 80 Prozent des Umsatzes im Ausland anfielen. Im Vertrieb hatte sich seit zehn Jahren nichts bewegt, die Lieferfähigkeit für die insgesamt 17.000 Artikel lag bei bescheidenen 50 Prozent.

Mit der auf den ersten Blick verqueren Logik der Investoren verbuchte David Haines, der von den Finanzinvestoren eingesetzte neue Vorstandschef, das aufgedeckte Desaster als positiv: »Wir haben zwar mehr Arbeit, aber das Verbesserungspotenzial ist viel höher als beim Kauf kalkuliert.« Er entwarf rasch einen Plan mit dem Namen »Fit for the Future«. Fünf Initiativen setzte David Haines in Gang: Die erste kümmerte sich darum, was Kunden wirklich wollen (»consumer- and customer-driven demand growth«), also die nächste Generation neuer Produkte und Services. Die zweite verfolgte die konsequente Internationalisierung des Absatzes (»Deliver multimarket sales breakout«) – hier standen insbesondere neue internationale Absatzmärkte und die Professionalisierung des Vertriebs im Vordergrund. Die dritte Initiative zielte auf die Optimierung von Prozessen und Methoden und führte ein modernes Controllingsystem ein (»Implement Grohe Management System – GMS«). Bei der vierten Initiative standen die Verbesserung der Unternehmenskultur und die Mitarbeiterentwicklung (»Develop employees and culture«) im Zentrum. Die fünfte Initiative erwies sich als Zündstoff: ein Kostenprogramm (»WCG – World Class Grohe«), das jährlich 150 Millionen Euro sparen sollte.

Bei den Kosten geht es immer auch um Arbeitsplätze – ein brisantes Thema. Von interessierter Seite werden Szenarien in die Öffentlichkeit gespielt, in denen die Geschäftsleitung mögliche neue Produktionsstrukturen durchrechnet. Die Medien berichten über ein Extremszenario, nach dem 2.700 der 4.600 inländischen Jobs bei Grohe gestrichen würden – ein Aufstand bricht los am Firmensitz in Hemer im beschaulichen Westfalen. Die Politik bemächtigt sich des Falles, mitten im nordrhein-westfälischen Wahlkampf. Die Menschen verstehen nicht, dass ein gut verdienendes Unternehmen massiv Arbeitsplätze abbauen will.

Im Unternehmen bleibt die Lage ruhiger, der Betriebsrat hat ein eigenes Gutachten eingeholt, das viele Analysen des Vorstands bestätigt. Man einigt sich auf die Schließung des kleinsten Werkes, das profitabel nicht zu führen war, und deutschlandweit insgesamt 943 betriebsbedingte Kündigungen, auch die örtliche IG Metall ist mit im Boot. Draußen beeindruckt das niemanden, inzwischen ist Bundestagswahlkampf und die Grohe-Investoren sind zu Prototypen des Raubtierkapitalismus avanciert.

»In der öffentlichen Diskussion ging alles durcheinander: Private Equity, Hedge-Fonds, Buy-outs«, schaudert es David Haines, »wir wurden von Politikern im Wahlkampf missbraucht.« Inzwischen hatte sich die Grohe-Belegschaft an die Arbeit gemacht. Das Unternehmen hat die Kostensenkungsziele weit übertroffen. Die Entwicklungsetats sind verdoppelt, 2006 wurden 47 Prozent der Produktpalette erneuert. Die Lieferfähigkeit ist von 50 auf 80 Prozent gestiegen und der Umsatz ist 2006 zweistellig gewachsen. Die endgültige Zahl der betriebsbedingten Kündigungen liegt bei weniger als 700. Ob es in Deutschland auch wieder zum Aufbau von Arbeitsplätzen kommt? »Möglich, aber ich will nichts versprechen, wenn ich mir nicht ganz sicher bin«, sagt der vorsichtig gewordene David Haines.

Rationale Argumente zählen nicht in einer emotionalen Debatte, musste der Brite in Deutschland lernen: Auch mäßig begabte Demagogen konstruieren aus der Gegenüberstellung von gierigen Finanziers und gefeuerten Arbeitern flammende Reden. Dabei haben sich viele andere mittelständisch geprägte Großunternehmen in der Sache genauso verhalten, allerdings ohne großes Aufsehen zu erregen. »Schöpferische Zerstörung« hat das der Nationalökonom Joseph Schumpeter genannt: Was im Wettbewerb nicht mehr bestehen kann, muss verschwinden. Die freigesetzten Ressourcen können dann so eingesetzt werden, dass sie höheren Nutzen stiften.

Professionelles Finanz- und Risikomanagement senkt die Kreditkosten und erschließt neue Geldquellen

Strategie muss finanziert werden. Gerade Wachstum kostet meist erst einmal Geld. Für die Finanzierung der Mittelständler ist traditionell die Hausbank zuständig, auch heute noch der wichtigste Partner in diesen Fragen. Immerhin haben die unter dem Begriff Basel II zusammengefassten Vergaberichtlinien für Bankkredite jetzt allen mittelständischen Unternehmern den Zusammenhang zwischen professionellem Finanz- und Risikomanagement sowie der Zinshöhe für Fremdkapital deutlich gemacht – und prompt machen sich einige Mittelständler von ihrer Hausbank unabhängig.

Anleihen? Das ist doch nur was für Konzerne – so die gängige Meinung bis vor Kurzem. Anleihen – genau das richtige Instrument für uns, dachte der mittelständische Wurstproduzent Zimbo (etwa 400 Millionen Euro Umsatz, mehr als 3.000 Mitarbeiter) und legte in Eigenregie eine Anleihe mit einem Volumen von 15 Millionen Euro und einer Laufzeit von fünf Jahren auf, um damit die Expansion in Osteuropa zu finanzieren. Ohne Ratingagentur und Investmentbank kamen die findigen Westfalen dabei aus – selbst den Vertrieb nahmen die Wurstfabrikanten über ein eigenes Call-Center selbst in die Hand, ganz nach der branchenüblichen Wendung: Darf's ein bisschen mehr sein?

Eine Nummer größer plante der Landmaschinenhersteller CLAAS (knapp 2 Milliarden Euro Umsatz, mehr als 8.000 Beschäftigte). Weil der Absatz im Kerngeschäft stockte, wollten die Harsewinkeler per Akquisition die Produktpalette erweitern. Um die Abhängigkeit von der Hausbank zu vermindern, legte das Management eine Euro-Anleihe von 100 Millionen plus Private-Placement-Schuldverschreibungen über 200 Millionen US-Dollar, die in den USA platziert wurden, auf. Mit dem frischen Geld übernahm CLAAS die Mehrheit an Renault Agriculture und stieg zum weltweit viertgrößten Anbieter von landwirtschaftlichen Maschinen auf.

Wie Zimbo und CLAAS haben viele große Mittelständler schon einen weiten Weg zurückgelegt, seit sie mit einem Kredit von der Hausbank in das Abenteuer Unternehmertum gestartet sind. Immerhin 13 Prozent der großen Mittelständler mit mehr als 500 Millionen Euro Umsatz haben sich schon Eigenkapital über börsennotierte Aktien verschafft, 9 Prozent der Großen haben wie Zimbo und CLAAS Anleihen begeben, 13 Prozent haben per *Factoring* schon Forderungen verkauft und 12 Prozent nutzen die *Securitization*, die Verbriefung von Forderungen.

So unterschiedlich wie die Eigentümerstrukturen, Rechtsformen und Umsatzgrößen sind allerdings die Strategien des Finanz- und Risikomanagements der Teilnehmer an der Mittelstandsstudie. Einige nutzen eine breite Palette von Finanzierungsinstrumenten bis hin zum Börsengang, andere verlassen sich ganz auf Kredite der Hausbank. Manche Eigentümerunternehmen kommen gänzlich ohne Fremdkapital aus, andere leiden unter knappen Eigenkapitalquoten. Fortschrittliche Mittelständler setzen schon auf Sensitivitätsanalysen, um ihre Risiken zu bewerten und einzudämmen, andere verfügen lediglich über einen Notfallplan.

Allen Mittelständlern ist klar: Zunehmende Größe erfordert ein stetig höheres Niveau von Finanz- und Risikomanagement. Anfangs kennt jeder gute Unternehmer Markt und Kunden in seiner Nische so genau, dass er Risiken, Liquiditäts- und Kapitalbedarf recht gut abschätzen kann. Doch mit der Größe kommt die Komplexität, sind weitere Horizonte und feinere Instrumente gefragt. Fünf Dimensionen machen gutes Finanz- und Risikomanagement aus:

- Ein funktionierendes Controlling, das als Frühwarnsystem potenziell gefährliche Veränderungen rechtzeitig aufdeckt,
- ein langfristiger Finanzplanungshorizont mit revolvierender Planung,
- ein aktives Management der Kapitalstruktur und der knappe Einsatz von Working-Capital,
- die konsequente Nutzung moderner Finanzierungsinstrumente wie *Factoring* und *Securitization* und
- ein Risikomanagement, das Risiken erkennt, quantifiziert, Gegenstrategien entwickelt und das Risikobewusstsein in der Organisation verankert.

Auch im Finanzmanagement gilt: je größer, desto professioneller

Wie in allen Dimensionen der Professionalisierung gilt in der Durchschnittsbetrachtung der Studie: Je größer die Mittelständler, desto besser ihr Finanzmanagement. Im Professionalisierungsindex zum Finanzmanagement schlägt sich das so nieder: Die Unternehmen bis 100 Millionen Euro erreichen im Schnitt einen Indexwert von 4,2, die Mittelständler mit Jahresumsätzen über 500 Millionen Euro kommen im Mittel auf 5,9.

Von den Unternehmen mit weniger als 100 Millionen Euro Umsatz plant nur jedes fünfte länger als drei Jahre voraus. In der Gruppe der Unternehmen mit mehr als 500 Millionen Euro Umsatz reicht dagegen schon bei 40 Prozent der Studienteilnehmer der Planungshorizont über drei Jahre hinaus. Über alle Größenklassen bleibt die Hausbank in diesen Fragen der Ansprechpartner Nummer 1, für 78 Prozent der teilnehmenden Unternehmen ist diese Beziehung sehr wichtig, nur 20 Prozent meinen, dass die Bedeutung der Hausbank künftig abnehmen wird. Die Gruppe der umsatzstärksten Unternehmen nutzt die modernen Instrumente des Finanzmanagements deutlich am intensivsten. 83 Prozent von ihnen managen aktiv ihre Kapitalstruktur (Abbildung 39).

in Prozent der Unternehmen

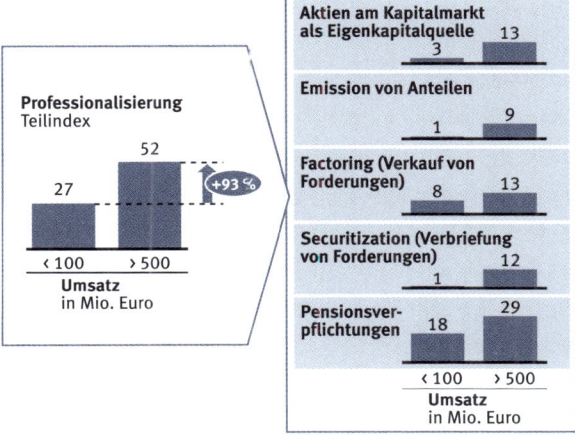

Professionalisierung
Teilindex

52

27

‹ 100   › 500
Umsatz
in Mio. Euro

+93 %

Aktien am Kapitalmarkt als Eigenkapitalquelle   13
3

Emission von Anteilen
1   9

Factoring (Verkauf von Forderungen)
8   13

Securitization (Verbriefung von Forderungen)   12
1

Pensionsverpflichtungen   18   29

‹ 100   › 500
Umsatz
in Mio. Euro

Abbildung 39: Finanzierung – große Mittelständler nutzen häufiger moderne Instrumente

Nur Unternehmen einer Gruppe fallen aus diesem Größenschema oft heraus: professionell gemanagte Start-ups auf aggressivem Wachstumskurs, wie beispielsweise der Solarzellenproduzent Q-Cells.

Seit der Gründung 1999 wächst das im beschaulichen Thalheim in Sachsen-Anhalt beheimatete Unternehmen mit Jahresraten von weit über 100 Prozent. Umsatz 2006: rund 520 Millionen Euro. Das rasante Wachstum geht nicht zulasten des Ertrags. Seit dem zweiten Betriebsjahr arbeitet Q-Cells profitabel. Heute beträgt der operative Gewinn des zweitgrößten Solarzellenherstellers der Welt (Nummer 1 ist der Großkonzern Sharp) mehr als 20 Prozent des Umsatzes. Solch aggressives und zugleich profitables Wachstum braucht vom Start weg professionelles Management der Finanzen.

»Unsere Managementprozesse sind dynamisch und chaotisch gewachsen«, schmunzelt Q-Cells-Vorstandschef Anton Milner, »wir sind mit einer extrem knapp besetzten Verwaltung gestartet und haben dann mit dem Wachstum Funktionen wie Personal,

Finanzen und Marketing ausgebaut.»Wann immer der Markt eine Atempause zuließ, professionalisierte Q-Cells gezielt das Management und optimierte die Prozesse – zuletzt wurden SAP-Systeme installiert, das interne Controlling umorganisiert und das Risikomanagement ausgebaut. Rückhalt in hektischen Zeiten fand das Management im Investorenpool, wo unter anderem die Finanziers von Apax Partners mit professionellem Rat zur Seite standen.

Der Schlüssel zum Erfolg lag in der Auswahl der richtigen Mitarbeiter, glaubt Milner, der von Anfang an dabei war:»Die ersten 150 Jobinterviews habe ich persönlich geführt.« Das Anforderungsprofil war recht speziell:»Wir brauchen Menschen, die Dynamik lieben und mit Unordnung und Unsicherheit leben können«, erklärt der Q-Cells-Chef. Leistung soll sich lohnen – deshalb hat jeder Mitarbeiter, auch die in der Fertigung, ein Bonus-Schema, nach dem das Fixgehalt aufgestockt wird. Je höher die Verantwortung, desto höher der Leistungsanteil. Auch am Aktienoptionsprogramm nehmen alle Mitarbeiter teil. Einen Mix aus »Machern und hoch qualifizierten Spezialisten« brauchte das Start-up-Unternehmen. Eine Schlüsselfigur war der Finanzchef, der den Börsengang im Jahr 2005 managen musste.»Uns war wichtig, jemanden zu finden, der schon Erfahrung mit einem IPO mitbrachte«, sagt Milner,»es wäre sehr gefährlich gewesen, hier das Rad neu erfinden zu wollen.« Der Erfolg gibt ihm recht: Die Wachstumsstory überzeugte die Anleger, die Aktie war vor Ausgabe vierzigfach überzeichnet, und der Börsengang brachte fast 250 Millionen Euro frisches Kapital.

»Damit war die Finanzierung unseres künftigen Wachstums gesichert«, sagt Anton Milner. Doch seitdem muss er sich an einige neue Regeln und Anforderungen gewöhnen.»Seit dem Börsengang sind wir bekannt«, ist er sich der Aufmerksamkeit der Öffentlichkeit bewusst. Quartalsberichte, Analystenkonferenzen, Investorentage – »Investor Relations kosten viel Zeit«, seufzt der Vorstandschef,»der Erwartungsdruck von außen macht unser Leben nicht einfacher.«

Schließlich gibt es noch den Hauptjob: In einem explodierenden Markt die Position zu behaupten. Immer schneller und preiswerter produziert die Industrie Solarzellen, immer intensiver wird der Wettlauf der Entwickler einer neuen Herstellungstechnologie, bei der die Träger nur mit einer extrem dünnen Beschichtung versehen werden müssen. Q-Cells geht das Tempo mit. Warum bleibt das Unternehmen auf dem aggressiven Wachstumspfad? »Wenn wir nicht mehr mindestens so stark wie der Markt wachsen, verlieren wir an Bedeutung, dann wäre das Geschäft nicht mehr interessant«, sagt Anton Milner, »deshalb holen wir heraus, was herauszuholen ist.« Er vergleicht das Entwicklungsstadium der Solarzellenbranche mit dem der Ölindustrie vor hundert Jahren: »Es entwickelt sich eine globale Multi-Milliarden-Industrie, und wir wollen ganz vorne dabei sein.«

Auch wenn nur die wenigsten Mittelständler wie Q-Cells Eigenkapital über die Börse besorgen können, sind sie doch im internationalen Vergleich nicht schlecht gestellt. Die durchschnittliche Eigenkapitalquote der Studienteilnehmer liegt bei immerhin 36 Prozent. Das entspricht in etwa dem Niveau in anderen europäischen Ländern wie Italien und Frankreich. Eindeutig belegen die Daten den Zusammenhang zwischen starker Eigenkapitalbasis sowie Wachstum und Rendite: Die Gruppe der Unternehmen mit unterdurchschnittlicher Eigenkapitalausstattung (mehr als 8 Prozent unter dem jeweiligen Branchendurchschnitt) wächst im Mittel mit einer Jahresrate von 5,2 Prozent und erzielt dabei eine Umsatzrendite von 2,8 Prozent. Die Gruppe mit vergleichsweise hohem Eigenkapital (mehr als 8 Prozent über dem Branchenschnitt) macht im Mittel 10,6 Prozent mehr Umsatz pro Jahr und erwirtschaftet eine Rendite von 7,5 Prozent.

Zusätzliches Eigenkapital bedeutet allerdings nicht automatisch mehr Erfolg: Nur die Unternehmen aus der Gruppe der besten 40 Prozent in der Studie haben mit neuem Eigenkapital ihre durchschnittliche Wachstumsrate um 2,5 Prozent gesteigert. Schließlich muss das Kapital sinnvoll eingesetzt werden – und diese Firmen hatten schon ein professionelles Management, das Ressourcen effizient einsetzt, und waren in Internationalisierung und Optimierung der Wertschöpfung deutlich besser als die Gesamtheit der Unternehmen.

Dabei öffnen sich die Mittelständler zunehmend für externe Kapitalgeber. Knapp ein Drittel der Studienteilnehmer hat sich so im Fünfjahreszeitraum neues Eigenkapital beschafft. Privatinvestoren, andere Unternehmen und auch Beteiligungsgesellschaften finanzieren zu nahezu gleichen Teilen dieses Eigenkapital. Dabei konzentrieren sich die Beteiligungsgesellschaften auf Firmen mit verhältnismäßig schwachen Wachstumsraten. Alle drei Interessentengruppen haben aus Sicht des aufnehmenden Unternehmens Vorzüge, bergen aber auch Risiken: Privatinvestoren begnügen sich oft mit einer stillen Beteiligung und bringen noch ein persönliches Netzwerk ein, allerdings wird die Einlage bilanziell nicht immer zu 100 Prozent als Eigenkapital gewertet. Industrielle Investoren kommen meist mit langfristigem Horizont und versprechen Synergien, allerdings nehmen sie in der Regel starken Einfluss und bürden der Beteiligung gern die Hauptlast auf, wenn es um den Kapazitätsabbau zum Heben der Synergien geht. Professionelle Beteiligungsgesellschaften bringen zwar Expertise und ein Netzwerk mit ein und helfen gerade bei Sanierungen oder auch der Finanzierung von Akquisitionen. Dafür nehmen sie starken Einfluss auf das operative Geschäft und üben hohen Erfolgsdruck aus, weil sie meist nur mit einem mittelfristigen Horizont in derlei Engagements gehen.

Fühlen versus Messen: Zu viele Mittelständler haben noch kein professionelles Risikomanagement

Zwar glauben 82 Prozent der befragten Unternehmen in der Studie, dass sie ihre wichtigsten Risiken ausreichend kennen. Doch der nähere Blick zeigt, dass viele, gerade kleinere Unternehmen sich mehr auf das Gefühl als den Kopf verlassen: Nur 34 Prozent der Unternehmen unter 100 Millionen Euro Jahresumsatz nutzen intensiv die Instrumente des Risikomanagements – etwa Sensitivitätsanalysen, Stresstests, Bewertung der Risiken des gesamten Portfolios, Risikobewertung von Internationalisierungsprojekten. Immerhin 58 Prozent der Unternehmen über 500 Millionen Euro Jahresumsatz nutzen diese Methoden. In dieser Größenklasse lauern so vielfältige Risiken für den Erfolg, dass mit dem Gefühl und der Erfahrung des Unternehmers allein kein Geschäft zu machen ist.

Die besten Mittelständler managen ihre Risiken professionell – in einem dreistufigen Prozess:

- **Risiken identifizieren, messen und dokumentieren:** Nur wenn ein Unternehmen weiß, welche Auswirkungen jedes einzelne Risiko, aber auch das gesamte Risikoportfolio unter Berücksichtigung von Wechselwirkungen haben kann, ist es in der Lage, seine Ressourcen rational einzusetzen und potenziellen Krisen gegenzusteuern. Bei den meisten stehen Identifikation und Quantifizierung von Geschäftsrisiken im Mittelpunkt – etwa Nachfrageschwankungen oder operative Risiken bei Produktionsanläufen.

- **Strategien für den Umgang mit den Risiken entwerfen:** Zunächst werden die identifizierten Risiken gegen die mit ihnen verbundenen Chancen abgewogen. Auf dieser Basis entscheidet das Management, wie es mit dem Risiko umgeht: Gar nicht erst eingehen, bewusst in Kauf nehmen, durch Limits begrenzen, durch aktives Handeln begrenzen oder auf andere abwälzen sind die Möglichkeiten.

- **Risikomanagement organisatorisch verankern:** Risiko muss neben den klassischen Dimensionen Kosten und Erträge als wichtige Kerngröße eine tragende Rolle beim strategischen und operativen Handeln von Mitarbeitern und Führungskräften spielen. Dezentrale Risikomanagement-Funktionen berichten an die Führung ihres jeweiligen Geschäftsbereichs und liefern Daten für die zentrale Funktion. Diese gleicht das Gesamtrisiko über alle Geschäftsbereiche mit der Risikotragfähigkeit des Unternehmens ab. Die zentrale Funktion gibt dabei Methoden, Modelle und Standards zur Bewertung der Risiken vor, damit die Daten über alle Bereiche vergleichbar sind.

Ein anspruchsvolles Bündel von Aufgaben – aber immerhin 35 Prozent der großen Mittelständler in der Studie betreiben aktives Risikomanagement in diesem Sinne.

Organisation und Führung: Wie es die Erfolgreichen machen

Die schönste Strategie nützt nichts, wenn sie nicht umgesetzt wird. Erst die Organisation des Unternehmens schafft die Voraussetzungen für die erfolgreiche Umsetzung. Die großen Mittelständler haben die Aufgabe angenommen, zum Beispiel Bürkert Fluid Control Systems.

»Die Treppe kehrt man von oben«, zitiert Heribert Rohrbeck, Geschäftsführer des hohenlohischen Produzenten von Systemen zum Messen, Steuern und Regeln von Gasen und Flüssigkeiten, ein regionales Sprichwort. Deshalb zogen, als vor sechs Jahren unter dem Druck des globalisierten Wettbewerbs eine Neuorganisation anstand, als Erstes die Führungskräfte in Großraumbüros und gaben die stattlichen Dienstwagen ab. »Allein in China sind uns 18 Firmen bekannt, die unsere Produkte eins zu eins kopieren«, begründet Rohrbeck den Veränderungsdruck, »wir müssen besser und innovativer sein.«

Organisation und Führung sind die Hebel, mit denen der Mittelständler dieses Ziel erreichen will: Zunächst wurden bei Bürkert alle Organigramme neu gezeichnet. Statt einer klassischen divisionalen Struktur wurden alle Verantwortlichkeiten nach Prozessen neu sortiert. Innovations-, Produktions-, Auftragsabwicklungs- und Vertriebsprozesse sind allesamt zum Kunden hin orientiert. Jeden Prozess verantwortet ein Teamcoach, der interdisziplinäre Teams führt: Auch im Innovationsprozess beispielsweise sind Vertriebler und Produktionsspezialisten beteiligt.

Und weil selbst bei einem Mittelständler wie Bürkert mit seinen 1.700 Mitarbeitern und gut 225 Millionen Euro Umsatz schon erhebliche Overheads auf den Fertigungskosten lasten, hat das Management eine atmende Struktur mit sechs Satellitenfabriken in naher Umgebung der Ingelfinger Zentrale entwickelt. Heribert Rohrbeck: »Hier werden bei uns die Produktionsspitzen abgefangen, da auch Samstags- oder Sonntagsarbeit kein Problem ist.« Der Clou: Die Unternehmer, mit denen Bürkert hier zusammenarbeitet, sind ehemalige Angestellte. So hat beispielsweise ein Meister den Werkzeugbau ausgegründet. »Wir haben ihm die ersten drei Jahre den Umsatz garantiert, perspektivisch ungefähr 40 Prozent Auslastung allein mit uns versprochen, ihn daraufhin mit den nötigen Prüfständen und Maschinen ausgerüstet und ihn dann in die Unabhängigkeit entlassen«, berichtet Rohrbeck. Die Satelliten sind eng vernetzt mit den Bürkert-Werken. Bislang ist es den Neu-Unternehmern trotz der Risiken der Selbstständigkeit gut ergangen, sagt der Bürkert-Geschäftsführer: »Auf diese Art haben wir zwei Handvoll Unternehmen mitgegründet, und manch einer hat da schon in der Scheune des Schwiegervaters ganz schöne Erfolge erzielt.«

Ebenso zielstrebig wie die Organisation wurde auch die Personalführung bei Bürkert renoviert. »Offenheit und Mitverantwortung sind die wichtigsten Stichworte«, erklärt Heribert Rohrbeck. Schon das neue Hauptquartier spiegelt diese Vorsätze wider, mit seinen Großraumbüros auch für die Führungskräfte, mit der Politik der offenen Türen und mit seinen bewusst einladenden Kaffee-Ecken: »Da unterhalten sich die Mitarbeiter natürlich über Fußball und dergleichen, aber manchmal eben auch über ein akutes Problem in der Forschungs- und Entwicklungsabteilung oder im Vertrieb.«

Im Zuge der Neuorganisation wurden auch die alten Abteilungen aufgelöst und Aufgaben sowie Verantwortung an Teams übertragen. »Die Mitarbeiter haben große Freiräume und fragen nicht bei jeder Kleinigkeit beim Abteilungsleiter nach«, sagt Rohrbeck. Bedarfsmeldungen gibt es nicht mehr, die Teams entscheiden vieles selbst. Natürlich passieren dabei Fehler: »Dann sagen wir: Jetzt haben wir wieder in die Ausbildung unserer Mitarbeiter investiert.« Aber dann – darüber freut sich der Geschäftsführer besonders – kommen die Teams auch einmal am Wochenende zusammen, um das Problem zu beheben.

»In der Produktion haben wir viel von Mettler Toledo gelernt«, berichtet Rohrbeck: »Standarddurchlaufzeiten, Marktplätze, an denen die Mitarbeiter Probleme diskutieren und lösen – alle Maßnahmen, die es uns erlauben, unsere hohe Fertigungstiefe beizubehalten, denn darin steckt viel von unserem Know-how.« Am teuren Produktionsstandort Deutschland muss die Produktion intelligent organisiert sein, sagt der gelernte Ingenieur: »Sonst hätten wir die Werke in Niedriglohnländer verlagern müssen.«

Blinde Technikgläubigkeit haben die Bürkert-Mitarbeiter überwunden, sie kennen auch die Grenzen der IT, beispielsweise in der Fabrik: So haben die Hohenloher ihr ERP-System für die Disposition in der Fertigung wieder abgemeldet. »Das läuft bei uns jetzt nach der Kanban-Methode. Die Arbeiter in der Fertigung haben die Vorräte selbst im Blick – ob die Kiste voll oder leer ist, versteht jeder, schließlich bestellt man das Mineralwasser zu Hause doch auch so rechtzeitig, dass immer Sprudel da ist«, sagt Heribert Rohrbeck.

»Mit gesundem Menschenverstand und Offenheit«, so Rohrbeck, haben die Mitarbeiter das Unternehmen in sechs Jahren komplett umgebaut. So viel Zeit gebe es nur im eigentümergeführten Mittelstand: »Unsere Gesellschafter haben uns die ganze Zeit den Rücken freigehalten, obwohl wirklich lange nicht zu erkennen war, ob das Ganze funktioniert.«

Atmende Produktionsstruktur, Prozessorganisation, Projektteams, flache Hierarchien – wie bei Bürkert hat sich die Organisation vieler erfolgreicher Mittelständler im vergangenen Jahrzehnt
drastisch modernisiert. Doch bei manchem bleiben Defizite: Oft
dominiert das operative Tagesgeschäft mit seinen vielfältigen
Herausforderungen den Terminkalender des Managements so
stark, dass nach der Anstrengung, eine tragfähige Strategie zu
entwickeln, nicht genug Zeit und Energie für eine konsequente
Umsetzung bleiben.

Fünf Faktoren bestimmen die Leistungsfähigkeit der Organisation:

- **Arbeitsteiligkeit:** Schon bei kleinen Mittelständlern stellt sich
  schnell die Frage: Was kann der Chef noch selbst machen, was
  muss er delegieren? So entstehen im wachsenden Unternehmen
  separate organisatorische Einheiten für Zentralfunktionen wie
  Personal, EDV, Logistik und Finanzen. Gerade die Finanzfunktionen spielen eine zentrale Rolle für den Erfolg des Unternehmens. Zunächst gibt es meist nur eine Buchhaltung, die sich mit
  der Zeit zum Rechnungswesen entwickelt und dann auch schon
  Kennzahlen zu Produktion und Absatz überwacht. Bei erfolgreichen Mittelständlern entsteht daraus das Controlling, in dem
  nicht allein interne Kennzahlen, sondern auch Marktinforma-
  tionen aufbereitet werden. Die professionellsten Unternehmen
  starten dann mit einem Ableger aus dem Controlling den
  Aufbau einer Stabsabteilung für Unternehmensentwicklung.
  Gerade der Erfolgsbeitrag eines professionellen Finanzmanagements ist messbar: Die Studie belegt, dass die Erfolgswahrscheinlichkeit, also die Chance, unter den wachstums- und
  renditestärksten 40 Prozent zu landen, um 6 Prozent steigt,
  wenn ein Finanzchef in der ersten Führungsebene des Unternehmens sitzt. Die Erfolgschance steigt noch einmal um weitere 4
  Prozent, wenn bei der Auswertung des Fragebogens eine Stärke

im Bereich Finanzen festgestellt wurde. Umgekehrt sinkt die Erfolgswahrscheinlichkeit ohne obersten Finanzchef gleich um 10 Prozent, ohne Stärke im Bereich Finanzen um 15 Prozent.

- **Organisation operativer Aufgaben:** Die erfolgreichen Mittelständler haben die hemdsärmeligen Aufbaujahre, als jeder noch (fast) alles machte, hinter sich gelassen und ihren Unternehmen eine saubere Struktur mit gliedernden Hauptabteilungen verordnet. Besonders Fortschrittliche gliedern das Unternehmen nach Kernprozessen. Am Ende der Kette steht immer der Kunde: Im Prozess *Auftragsabwicklung* werden Funktionen wie Vertrieb, Entwicklung und Produktion verknüpft. So werden wichtige Parameter, beispielsweise Lieferzeiten, messbar. Unternehmensfunktionen wie etwa die Produktionsplanung sind dabei exakt und transparent eingesetzt und mit den Prozessen verzahnt.

- **Organisation für Innovationen und Veränderungen:** Bei den besten Mittelständlern findet man zudem noch eine Struktur für die Innovationen und deren Umsetzung. Typische Aufgaben: Vorbereitung des Markteintritts in China, Entwicklung eines globalen Produktionsnetzwerks, Start eines neuen Produkts. Dazu braucht das Unternehmen die Fähigkeit, in Projekten zu denken und diese zu organisieren: von der Zusammensetzung der Projektteams (immer interdisziplinär, oft ein Kernteam mit dezentralen Teams in den Unternehmenseinheiten) bis zu deren Steuerung (über Steuerungsgruppen mit Topmanagement-Beteiligung) und Kontrolle (definierte Meilensteine, die zu bestimmten Zeitpunkten erreicht sein müssen; klare Kriterien für einen Abbruch des Projekts).

- **Führung über Kennzahlen:** Diese Kennzahlen dürfen sich nicht darauf beschränken, allein Kosten und Erträge zu messen, sondern sie müssen ein ganzheitliches Bild der Geschäftslage vermitteln. Bewährt hat sich die Managementmethode der *Balanced Scorecard,* die Ziele und Strategie eines Unternehmens entlang den entscheidenden Erfolgsfaktoren in Kennzahlen übersetzt. Wichtig ist, dass sich das Management auf wenige, einheitliche Messgrößen beschränkt und bei Abweichungen vom Soll konsequent reagiert. Wenn keine speziellen Ziele formuliert sind, deren Erreichen überprüft werden soll, gibt es meist je zwei Kennziffern aus vier Bereichen: In den *Finanzen* werden Umsatzgrößen (beispielsweise per Außendienstmitarbeiter) und Kosten (etwa Produktionskosten pro Stück) erhoben. Im Bereich *Kunden* könnten zum Beispiel die Kundenzufriedenheit und die Zeitspanne zwischen Auftragseingang und Auslieferung gemessen werden. Die Güte der *internen Abläufe* belegen Ausschusszahlen und Durchlaufzeiten der Produktion. Die Dimension *Wachstum und Potenziale* lässt sich in Größen wie Anteil der Neuprodukte am Umsatz oder Umsatzzuwachs in definierten Wachstumsregionen messen.

- **Einsatz von Beiräten:** Managementkapazität ist bei den meisten Mittelständlern – gerade bei den stark wachsenden – chronisch knapp. Beim Tempo der heutigen Entwicklung und dem hohen Wettbewerbsdruck sucht deshalb fast die Hälfte der Unternehmen in der Studie Rat und Hilfe von Aufsichts- oder Beiräten. Doch weil häufig der Zugang zu qualifizierten Experten fehlt, sind diese Räte oft allein mit Familienmitgliedern, lokalen Geschäftsfreunden und ehemaligen eigenen Führungskräften besetzt. Dann können sie aber kaum ihre vielfältigen Aufgaben erfüllen: Denn der ideale Beirat soll nicht nur die Geschäftsführung beraten, kontrollieren und in Diskussionen deren Strategie auf den Prüfstand stellen, sondern auch noch mögliche Unstimmigkeiten zwischen Gesellschaftern glätten, das Unternehmen nach außen repräsentieren und vor allem sein Netzwerk an nützlichen Kontakten einbringen. Um qualifizierte Experten und Unternehmen zusammenzubringen, hat McKinsey unter der Schirmherrschaft des Bundesministeriums für Wirtschaft und Technologie (BMWi) gemeinsam mit dem Deutschen Industrie- und Handelskammertag (DIHK), der KfW-Bankengruppe und der *WirtschaftsWoche* die Initiative *MittelstandPlus* (www.mittelstand-plus.de) gegründet. Weiterer Partner ist seit 2005 die IKB Deutsche Industriebank. Das Angebot ist für Experten und Unternehmen völlig kostenfrei und hat seit Gründung weit über 150 Mittelständler mit hilfreichen Beiräten versorgt.

So wie sich die Kennziffern der *Balanced Scorecard* nach den Zielvorgaben des Unternehmens richten, muss sich die gesamte Organisation an den Erfolgsfaktoren orientieren, die im gewählten Strategietyp gelten – »Structure follows Strategy« heißt die frei vom Bauhaus-Klassiker »Form follows Function« abgeleitete Maxime. Beispiel *Innovationschampion*: Eine leistungsfähige Forschung und Entwicklung erhält er, wenn frühzeitig eine eigene Abteilung für diesen Bereich, versehen mit ausreichenden Ressourcen, eingerichtet und das Topmanagement organisatorisch auch in die operativen Entscheidungen des Bereichs eingebunden wird.

Aus den Studienergebnissen hat das Analyseteam einen *Professionalisierungsindex* abgeleitet, der quantifiziert, wie stark ein Unternehmen seine Führungs- und Organisationsstruktur auf den gewählten Strategietyp ausrichtet. Ein hoher Indexwert zeigt an, dass die Strategie hohe Übereinstimmung mit den Strukturen für Organisation und Führung zeigt. Solch Gleichklang lohnt sich: Die Studie zeigt, dass Unternehmen mit einem hohen Indexwert eine im Durchschnitt um 30 Prozent höhere Umsatzrendite und sogar eine um 61 Prozent höhere Wachstumsrate erzielen als Unternehmen mit niedrigem Indexwert (Abbildung 40).

Alles in allem gilt: Ein großes mittelständisches Unternehmen ist nicht länger allein mit Unternehmerinstinkt erfolgreich zu führen. Mit dem Umsatz wächst die Professionalität – und umgekehrt: Wenn sich das Managementhandwerk nicht weiterentwickelt, ist die Wachstumsstory schnell vorbei.

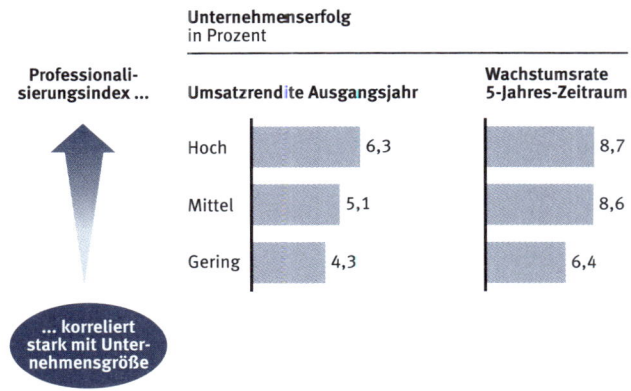

Abbildung 40: Professionell agierende Unternehmen sind erfolgreicher

Mehr als Geld und gute Worte: Wie die Besten gute Mitarbeiter gewinnen und motivieren

Die Menschen machen den Unterschied: Im harten globalen Verdrängungswettbewerb bleibt den deutschen Mittelständlern nichts anderes übrig, als auf die Kreativität und den Einsatz ihrer Mitarbeiter zu setzen. Das Aufspüren, Rekrutieren und Motivieren talentierter Kräfte wird damit zur wichtigen zentralen Führungsaufgabe.

Weil nichts so sehr motiviert wie die Beteiligung am gemeinsam erwirtschafteten Erfolg, hat das Bürkert-Management die Gehälter aller Mitarbeiter konsequent an die Erreichung individuell vereinbarter, messbarer Ziele gekoppelt – und im gleichen Zuge alle Statussymbole abgeschafft. »Büro, Auto, Handy, Laptop sind Arbeitsmittel, nicht mehr – jeder bekommt das, was er braucht«, sagt Geschäftsführer Heribert Rohrbeck, der auch Economy fliegt und in Mittelklassehotels nächtigt: »Ich kann nicht im Adlon wohnen und die Mitarbeiter ins Holiday Inn schicken.« Deshalb hat allein der Vertrieb noch Dienstwagen – einige Nummern kleiner als früher: »Die Außendienstler waren wenig unterwegs zum Kunden, weil ihr Autobudget durch die Leasingraten für die großen 7er BMW so strapaziert war, dass sie möglichst wenig Benzin verfahren wollten.« Seit Heribert Rohrbeck, der als Chef des Vertriebsprozesses einen Dienstwagen hat und selbst 140 Tage im Jahr unterwegs bei den Kunden ist, sich in seiner Zeit als Verantwortlicher für den deutschen Vertrieb selbst einen karg ausgestatteten Audi A4 bestellte, haben auch seine Außendienstler ihre Statusprobleme überwunden.

Um die Entlohnung konsequent an die Leistung zu koppeln, wurden weltweit alle Arbeitsverträge umgestellt. Damit die Mitarbeiter einverstanden waren, dass statt wie früher 100 nur noch 70 Prozent Gehalt fix waren, mussten zunächst die Basiswerte um bis zu 7 Prozent angehoben werden. »Wir haben für die Vertriebler jetzt viel klarere Ziele definiert, die nicht nur den Umsatz und den Deckungsbeitrag berücksichtigen, sondern auch die Beratungsleistungen und die Unterstützung für Kollegen.«

Auch für die anderen Funktionen dachte sich das Management erfolgsabhängige Kriterien aus. Die Entwickler etwa werden danach entlohnt, ob ein neues Produkt zum verabredeten Termin marktreif ist, und nach dem Anteil der Neuprodukte am Gesamtumsatz. Am schwierigsten war das Zielsystem in der Fertigung umzusetzen: »Den Mitarbeitern der untersten Lohngruppe können Sie auch bei Misserfolgen nichts wegnehmen«, beschreibt der Geschäftsführer die Grenzen des Programms bei Geringverdienern. Entsprechend haben diese Mitarbeiter größere Chancen auf Zusatzprämien und ein geringeres Risiko, etwas vom Grundgehalt zu verlieren.

Gerade der Ansporn durch variable Vergütung für die ganze Belegschaft, wie beim schwäbischen Mittelständler Bürkert, wird bei den Teilnehmern der Studie zum Erfolgsfaktor. Für alle Größenklassen gilt: Die erfolgreichen Unternehmen haben einen höheren Anteil variabler Vergütung als die mittelmäßigen oder gar die Nachhut.

Die besten Unternehmen aber bauen die Vergütung in ein ganzes System ein, mit dem sie die richtigen Mitarbeiter finden, führen, entwickeln und motivieren. Voraussetzung für den strukturierten Prozess ist eine Personalabteilung, die strategische Aufgaben in den Mittelpunkt stellt und sich dafür auch die Freiräume schafft. Während beim Gros der Unternehmen die Personalabteilungen zwischen 70 und 80 Prozent ihrer Ressourcen auf administrative Dinge verwenden – Bescheinigungen ausstellen, Versetzungen planen, Akten verwalten, Reisekosten abrechnen –, haben fortschrittliche Unternehmen diese Routineaufgaben in *Human Resources Factories* gebündelt, in denen spezialisierte Mitarbeiter mit IT-Unterstützung diese Standardprozesse effizient abarbeiten. Allerdings fehlt selbst großen Mittelständlern meist die kritische Masse, um derlei »Fabriken« allein auszulasten. Ihnen bietet sich das Outsourcing dieser Aufgaben an Spezialisten an. So können sie dafür sorgen, dass im Personalmanagement rund 50 Prozent der Zeit für echte Führungsaufgaben übrig bleibt: für fokussiertes Personalmarketing, echtes Leistungsmanagement und die Einführung eines stimulierenden Vergütungssystems.

Mitarbeiter gewinnen: Am Anfang stehen Fragen: Welche Talente braucht das Unternehmen? Geht es um akademische *Highflyer* oder eher um »Macher«, Nachwuchskräfte, die möglichst früh Verantwortung in der Linie übernehmen? Wie viele Nachwuchskräfte braucht das Unternehmen? Wo sind sie zu finden? Ein Lebensmittelhersteller organisiert hierzu Kennenlern-Workshops an der lokalen Universität, sponsert dort auch Diplomarbeiten und kooperiert darüber hinaus mit einer nahen Fachhochschule. Diese Maßnahmen zur Nachwuchswerbung sind so erfolgreich, dass der Mittelständler auf Medienwerbung ganz verzichten kann.

Vor dem Auftritt an den Universitäten erfolgt die Selbstanalyse: Wofür steht das Unternehmen – was macht die »Marke« auf dem Arbeitsmarkt aus? Was verspricht es interessierten Talenten? So wirbt ein mittelständischer Wärmepumpenhersteller mit seiner

»familiären« Unternehmenskultur, verspricht dem Nachwuchs frühzeitige Auslandsaufenthalte und schnelle operative Verantwortung – ein attraktives Paket, typisch Mittelstand. Schließlich gilt es, einen professionellen Prozess für das Management der Bewerbungen zu entwickeln, von der Einladung bis zur Vertragsunterzeichnung.

Der Aufwand um die Mitarbeiter lohnt, denn Talent ist immer eine knappe Ressource und wird hierzulande noch viel knapper: Bis zum Jahr 2020 schrumpft in Deutschland die Altersgruppe der 35- bis 44-Jährigen, der typischen Aufsteiger im Management, um fast 30 Prozent. Zwar haben Umfragen ergeben, dass es beim Nachwuchs kaum Vorbehalte gegen Mittelständler als Arbeitgeber gibt, doch kämpfen viele Unternehmen mit einem Standortnachteil: Sie residieren meist in der tiefsten Provinz, ganz am Rande der Spaßgesellschaft. Da erwarten Talente schon mal einen »Pampa-Bonus« zum Gehalt, damit genug Taschengeld für ein Wochenende in der nächstgelegenen Metropole bleibt.

Vor allem bedeutet die Verknappung des Angebots, dass die Mittelständler ihr Suchfeld für Talente über die eigene Umgebung systematisch erweitern müssen. Die Erfolgreichen suchen längst bundesweit, viele rekrutieren schon international. Sie nutzen beispielsweise Uni-Kontakte, Karrieremessen, Internetforen und Alumni-Netzwerke, um mit vielversprechenden Bewerbern in Kontakt zu kommen.

Mitarbeiter evaluieren: Hier geht es um eine Betrachtung in drei Dimensionen:

- Am Anfang steht die Frage nach der Leistung: Hat der Mitarbeiter das verabredete Ziel erreicht?
- Dann wird untersucht, wie er sein Ziel erreicht hat: Wie steht es um seine Kompetenz?
- Schließlich wird abgeschätzt, was der Mitarbeiter noch erreichen kann: Wie hoch ist das Potenzial?

Gute Talentmanager schaffen hierfür einen sehr strukturierten Prozess, vor allem für das Erheben der Informationen. Sie operationalisieren die Anforderungen und sorgen dafür, dass Vorgesetzte und Mitarbeiter klare, nachvollziehbare Ziele verabreden, deren Erreichung regelmäßig überprüft wird. Dabei ist es wichtig, dass sich die Vorgesetzten genügend Zeit nehmen, um die Ergebnisse in allen drei Dimensionen sorgfältig zu bewerten. Die Ergebnisse besprechen Vorgesetzte und Mitarbeiter ausführlich, Defizite werden klar benannt, Entwicklungsprogramme abgeleitet. Bei dauerhaft schlechten Ergebnissen trennt sich das Unternehmen konsequent von dem Mitarbeiter.

Talente entwickeln: Die Fähigkeiten der Mitarbeiter müssen systematisch und individuell weiterentwickelt werden. Dabei geht der Trend weg von der klassischen Weiterbildung in Seminaren hin zum Training on the Job.

Die Erfahrung hat gezeigt, dass konkrete Aufgaben und Verantwortung auf neuen Positionen oder bei der Leitung von Projekten, begleitet von einem Coaching durch Vorgesetzte oder Kollegen, Nachwuchsmanager stärker fördert als die theoretische Ausbildung. Dazu gehört aber eine sorgfältige Planung der Schritte von Position zu Position. Als weltweites Vorbild für diese geplanten Entwicklungsschritte gilt General Electric: Der Konzern identifiziert ganz gezielt Positionen, auf denen Nachwuchstalente in operativer Verantwortung viel lernen und sich beweisen können, üblicherweise in Turnaround-Situationen oder beim Aufbau von Neugeschäften.

Natürlich sollen nicht nur die Führungskräfte von morgen ständig dazulernen: Die besten Mittelständler qualifizieren alle Mitarbeiter durch systematische Weiterbildung. Auch hier steigt der Aufwand mit der Unternehmensgröße. In den Wissensaufbau ihrer Belegschaft investieren die kleineren Unternehmen in der Studie im Schnitt drei Tage pro Mitarbeiter und Jahr, die Großen vier Tage. Auffällig ist, dass erfolgreiche Unternehmen den Umgang mit den Mitarbeitern strukturell anders regeln als weniger erfolgreiche. In den Topunternehmen sind die obersten Führungskräfte deutlich stärker in operative Entscheidungen im Bereich Personal eingebunden als in weniger erfolgreichen Unternehmen. Personalentwicklung hat bei den Erfolgreichen einen höheren Stellenwert.

Talente halten: Hier spielt natürlich die leistungsgerechte Bezahlung – wie schon beschrieben – eine große Rolle. Aber Geld ist nicht alles: Spannende Aufgaben mit entsprechenden Freiräumen können ebenfalls stark motivieren, ebenso öffentliche Auszeichnungen, die Aufnahme in Führungszirkel und die Förderung von Netzwerken zwischen den Mitarbeitern.

Talentmanagement kostet Zeit und Geld – und es lässt sich nicht delegieren. In den besten Unternehmen wendet das Topmanagement rund 30 Prozent seiner Zeit dafür auf. Hier ist das Management der Talente eng mit der Unternehmensentwicklung verzahnt: Wenn beispielsweise der Markteintritt in China oder der Aufbau eines neuen Geschäfts geplant wird, bedenken die Unternehmensentwickler gleich mit, was diese Schritte für die Anforderungen an den Talentpool im Management nach sich ziehen.

Sofort angehen: vier Aufgaben, die keinen Aufschub dulden

In den vorangegangenen Kapiteln stellten sich die Aufgaben – von der Internationalisierung bis zum Innovationsmanagement – je nach Strategietyp verschieden dar. Das Thema Professionalisierung dagegen trifft alle Unternehmen gleichermaßen, unabhängig von Strategietyp oder Branche. Hier wird die Basis für nachhaltigen Erfolg gelegt – oder auch nicht. Vier zentrale Themen dulden keinen Aufschub:

- Wer lange nicht über seine Strategie nachgedacht hat, sollte noch in diesem Jahr prüfen, ob die Richtung stimmt.

- Wer noch keinen Finanzchef auf der Topebene hat, sollte schleunigst diese Funktion schaffen und mit einem Experten für die relevanten Instrumente des Risikomanagements sowie des Finanzmanagements besetzen.
- Für nachhaltige Veränderungen und die Entwicklung von Innovationen sollte systematisch eine Projektorganisation entwickelt werden, dafür muss auch die erste Managementebene Zeit investieren.
- Weil die knappe Managementkapazität bei den meisten Mittelständlern immer wieder zu Engpässen und dem Vergeben von Chancen führt, muss die Rekrutierung und Förderung von Talenten zur Chefsache werden.

Es gibt viel zu tun, aber die erfolgreichen Mittelständler machen es vor: Wer sein Handwerk beherrscht, kann auch heute in Deutschland profitabel wachsen.

Checkliste: Professionalisierung

Antworten Sie einmal oder mehrmals mit Nein, sollten Sie Ihre Praxis überdenken.

	Ja	Nein
Stufen Sie Ihr Management in Bezug auf Industrie- und Branchenkenntnisse, Auslandserfahrung sowie Kundenbeziehungen ein: Zählen Sie sich zu den Besten der Branche?	❏	❏
Nutzen Sie zur Motivation und Steuerung des Topmanagements systematische Vergütungssysteme? Liegt der Anteil variabler Vergütung für das Topmanagement bei mindestens 25 Prozent?	❏	❏

Rekrutieren Sie Ihren Nachwuchs überregional und bieten Sie ihm übergreifende Förderprogramme an?	❏	❏
Sind die Vergütungssysteme an zentrale Mess- und Steuerungsgrößen, wie etwa an den *Economic Value Added* (EVA) oder an eine *Balanced Scorecard*, gekoppelt?	❏	❏
Stellen Sie Ihren Mitarbeitern genügend Angebote und Zeit zur Weiterbildung (mindestens drei bis fünf Tage pro Jahr) zur Verfügung?	❏	❏
Verfügt Ihr Unternehmen über leistungsfähige, zentrale Funktionen, wie zum Beispiel Controlling, Einkauf und Personal?	❏	❏
Haben Sie eine detaillierte Geschäfts- und Finanzplanung für die nächsten drei Jahre formuliert?	❏	❏
Diskutieren Sie regelmäßig Ihre Kapitalstruktur im Führungskreis und passen diese an sich verändernde Investitionsbedarfe und Risiken an?	❏	❏
Nutzen Sie moderne Finanzierungsinstrumente, wie zum Beispiel Unternehmensanleihen, Mezzanine, *Factoring* und *Securitization*?	❏	❏
Kennen Sie die Hauptrisiken Ihres Geschäfts, und haben Sie diese ausreichend abgesichert?	❏	❏

Kernaussagen:

Zur klaren strategischen Ausrichtung eines Unternehmens bedarf es eines regelmäßigen, markt- und wettbewerbsorientierten Strategiebildungsprozesses. Spitzenreiter leiten hieraus strategische Initiativen und Projekte ab, die regelmäßig geprüft werden.

Für eine stufenweise Organisationsentwicklung im Wachstumsprozess sind die zunehmende Delegation von Verantwortung und die systematische Spezialisierung von Abteilungen erfolgskritisch.

Spitzenreiter suchen nicht nur breiter nach Talenten, sie investieren auch signifikant mehr in deren Weiterbildung. Wesentlicher Erfolgsparameter darüber hinaus ist die Einrichtung von Anreizsystemen und variabler Vergütung.

Spitzenreiterunternehmen nutzen neben den gängigen Controllingprozessen deutlich intensiver innovative Finanzierungs- und Risikomanagementinstrumente.

»Was können Finanzinvestoren besser als Familienunternehmer?«
Interview mit Dr. Jürgen Heraeus und Steve Koltes

Was macht gerade dieses Segment der deutschen Wirtschaft so erfolgreich? Und wie können Familienunternehmen aus eigener Kraft auf dem Erfolgspfad bleiben? Dr. Jürgen Meffert diskutierte mit Dr. Jürgen Heraeus, Aufsichtsratschef der familiengeführten Heraeus-Gruppe, und Steve Koltes, Deutschland-Chef des britischen Investors CVC, über Erfolgsfaktoren, Anspruchsniveaus und die Rolle von Private Equity im deutschen Mittelstand.

Was macht die großen Mittelständler als Gruppe so erfolgreich?

Koltes: Viele große Mittelständler befinden sich offensichtlich in den richtigen Händen. Da stimmen Unternehmensstruktur und -kultur, es herrscht Harmonie. In der Größenklasse drunter sind die Kräfte meist sehr begrenzt, die finanziellen Spielräume sind eng und die Unternehmen sind oft eigentümergeführt und das Management hängt häufig allein an der Person des Unternehmers. Diese Unternehmen sind verletzlicher.

Heraeus: Wir haben einen harten Ausleseprozess: Schlecht geführte Unternehmen schaffen es gar nicht, in diese Umsatzgrößen vorzudringen, sie scheiden schon vorher aus dem Markt aus.

Koltes: Und gegenüber den Konzernen haben die großen Mittelständler auch einige Vorteile. Die wirklich Guten arbeiten sehr fokussiert auf wenigen Feldern und kämpfen nicht mit der gewaltigen Komplexität, die manchem Großkonzern das Ergebnis verdirbt. Im Markt agieren sie schnell und wendig: Entscheidungen fällen sie zügig, denn zwischen Management und Eigentümern gibt es in der Regel kurze Wege.

Was zeichnet Erfolgsunternehmen aus?

Koltes: Der Schlüssel liegt immer in der Qualität des Managements. Die Eigentümer müssen ihre Unternehmen attraktiv für Talente gestalten – die besten Manager begeben sich nicht in unklare Situationen: Sie erwarten Transparenz, ein klares Berichtswesen und eindeutige Managementstrukturen. Das sind gleichzeitig die Voraussetzungen für nachhaltigen Erfolg am Markt.

Warum stürzen manche familiengeführten Unternehmen ab?

Heraeus: Das liegt dann meist nicht an der Steuerlast oder an zu hohen Löhnen am Standort Deutschland. Schuld ist viel häufiger ein Streit unter den Gesellschaftern, wenn Familienstämme gegeneinander arbeiten, oder das Stammesdenken dazu führt, dass aus Proporzgründen auch nicht geeignete Familienmitglieder ins Management einrücken. Mein Vater hat immer gesagt: Nur erstklassige Leute haben auch erstklassige Mitarbeiter, für zweitklassige Unternehmer arbeiten nur drittklassige Leute. Früher war das nicht so gefährlich, da liefen viele Geschäfte auch mit mittelmäßigen Managern. Heute ist das tödlich.

Leiden Familienunternehmen nicht auch oft unter den Leidenschaften der Eigner – von den Kosten für eine neue Yacht bis zum Aufwand für eine teure Scheidung?

Heraeus: Die Unternehmen leiden dann oft doppelt: Es fehlt nicht nur das für's Vergnügen entnommene Geld für Investitionen, sondern der demonstrative private Luxus untergräbt auch die Moral der Mitarbeiter.

Koltes: Das ist nicht nur ein Thema in inhabergeführten Unternehmen. Wir kaufen meist Tochterunternehmen von Konzernen, und da stellt sich immer die Frage: Wie bedient sich das Management?

Dabei geht es nicht um private Bereicherung, sondern um den Luxus bei der Arbeit: Wie prächtig sind die Arbeitsräume der Chefs, wie repräsentativ die Zentrale, welche Extras gönnen die sich?

Stimmt in solch schwächeren Unternehmen das Anspruchsniveau, sind die Ziele ehrgeizig genug gesteckt? Gibt es überhaupt ein Bewusstsein für die Tatsache, dass Wachstum nötig ist?

Heraeus: Oft ist der Druck der Gesellschafter nicht so hoch wie bei einer Aktiengesellschaft oder gar bei einem Private-Equity-Investor.

Koltes: Wie geht ein Private-Equity-Investor vor? Wir treten mit einem klaren Plan an und wollen bei einem Zeithorizont von drei bis sieben Jahren unseren Kapitaleinsatz mindestens verdoppeln. Wenn es in den Unternehmen vorher nicht gut läuft, liegt das nach meiner Beobachtung weniger an falschen Zielen als an falschem Handeln. Wenn wir irgendwo einsteigen, schaffen wir als Erstes einen *Sense of Urgency* im Unternehmen. Tenor: Wir müssen besser werden, und das schnell. Dazu nehmen wir uns die Kostenstrukturen vor, von den Gemeinkosten über das eingesetzte Kapital bis zu den Produktionskosten. Das ganze Unternehmen muss »lean« werden.

Nichts gegen Kostensenken – aber die erfolgreichen Mittelständler fallen eher als Innovatoren auf. Ihre Wachstumsdynamik und Profitabilität beruht vor allem auf Kreativität. Dafür sind Private-Equity-Unternehmen nicht eben berühmt geworden, schließlich zahlen sich Investitionen in Forschung und Entwicklung meist erst aus, wenn sie das Unternehmen längst weiterverkauft haben.

Koltes: Dass wir nicht in Innovation investieren, ist einfach falsch. Aber wenn wir in ein Unternehmen einsteigen, sorgen wir zunächst dafür, dass es effizient arbeitet. Das schafft doch erst die Basis für Innovationen und deren erfolgreiche Umsetzung. Wenn die Hausaufgaben auf der Kostenseite gemacht sind, häufig aber auch schon parallel dazu, schauen wir natürlich nach weiteren Wachstumspotenzialen und unterstützen das Management bei Akquisitionen, wenn das eine Wertsteigerung verspricht. So haben wir zum Beispiel nur ein Jahr nach dem Kauf der BASF Druckfarben eine Milliarden-Akquisition in den USA durchgeführt. Dadurch haben wir die Größe des Geschäfts fast verdoppelt und zur weltweiten Nummer 2 gemacht.

Heraeus: In Sachen Innovation und Investitionen unterscheiden sich die einzelnen Private-Equity-Unternehmen stark. Je kürzer ihr Zeithorizont bei den Engagements, desto weniger sind sie geneigt, in Innovationen zu investieren.

Nach dem gängigen Bild von den »Heuschrecken« fährt der Übernehmer ein Kostenprogramm, reicht dann das Unternehmen teurer an ein zweites Private-Equity-Unternehmen weiter, das noch einmal an der Kostenschraube dreht und anschließend an einen Dritten verkauft, der nur noch an dem Markennamen interessiert ist und die Fertigung nach China verlegt.

Koltes: Nach unserer Erfahrung wäre dieses Verhalten alles andere als wertsteigernd. Kein Unternehmen kann wertvoller werden, indem man es ausquetscht und nur die Kosten herunterfährt. Es muss sinnvoll investiert werden und vor allem muss das Unternehmen so aufgestellt werden, dass es schneller im Markt agiert. Wertvoller als eine kurzfristige Sparmaßnahme ist es meist, wenn ein neues Produkt ein Jahr früher marktreif wird. Viele unserer Kritiker verstehen nicht, dass Private-Equity-Investoren langfristigen Wert schaffen müssen, um mittelfristig Gewinne zu erzielen. Man sollte niemals den nächsten Käufer unterschätzen, egal ob das ein Stratege, ein weiterer Finanzinvestor oder die Börse ist – alle analysieren das Unternehmen genau und bewerten seine langfristigen Perspektiven. Da wäre ein kurzfristiges »Ausquetschen« geradezu kontraproduktiv. Nehmen Sie das Beispiel ista: Da haben wir mehrere große Akquisitionen unterstützt, obwohl wir erklärtermaßen bereits einen Ausstieg vorbereiteten.

Heraeus: Unterbleiben solche Investitionen, wird oft sogar der Firmenwert gefährdet. Denn wer beim heutigen Entwicklungstempo in vielen Branchen seine Innovationsanstrengungen auch nur für wenige Jahre drosselt, verschwindet leicht vom Markt. Umgekehrt steigert nicht jede Investition den Wert. Bestes Beispiel ist Messer Griesheim: Als die noch zum Hoechst-Konzern gehörten, wurden bis zu 25 Prozent vom Umsatz investiert. Nachdem dann Goldman Sachs und die Allianz das Unternehmen übernommen hatten, kündigten die neuen Eigner an, künftig Investitionsanträge kritisch zu prüfen. Prompt gingen die Anträge drastisch zurück und pendelten sich auf einem Niveau von 9 bis 10 Prozent vom Umsatz ein – obwohl das Investment-Committee nie einen Antrag des Managements ablehnte.

Sie trimmen die Unternehmen fit und verhelfen ihnen auch noch zu einer innovativen Zukunft – das klingt, als ob Private-Equity-Unternehmen heute die Rolle der visionären und ehrgeizigen Kapitäne des Wirtschaftswunders übernommen hätten. Wie lassen sich diese Stärken von Mittelständlern nutzen, die gern den Sense of Urgency *in ihren Unternehmen wecken möchten, ohne aber gleich an Investoren verkaufen zu wollen. Ist es auch denkbar, dass die Finanzinvestoren mit einer Minderheitsbeteiligung zufrieden sind und den Mittelständler aufs rechte Gleis bringen?*

Heraeus: Nein, wer die Mehrheit hat, bestimmt den Kurs. Eigentümer akzeptieren nur einen Minderheitsanteil, wenn sie schon resigniert haben. Und Finanzinvestoren akzeptieren keine Minorität, weil sie ihren Kapitalgebern gegenüber nicht rechtfertigen können, Geld zu riskieren, ohne im Unternehmen das Sagen zu haben.

Koltes: Wenn wir in ein Unternehmen einsteigen, setzen wir auf Basis des Preises unsere Ziele und definieren den Zeithorizont für den Ausstieg. Wie wollen Sie das verlässlich tun, wenn Sie nicht die Kontrolle haben? Nein, für mittelständische Unternehmer gibt es andere Wege, ihre Ergebnisse zu steigern, als uns ins Haus zu holen. Sie müssen sich ehrgeizige Ziele setzen und ihr Management richtig am Erfolg beteiligen. Wenn sie die richtigen Leute haben, dann werden die Ziele auch erreicht.

Welche Manager sind denn die richtigen für einen großen Mittelständler? Unterscheiden sie sich von denjenigen, die in den Großkonzernen reüssieren?

Heraeus: Mittelständler brauchen richtige Unternehmertypen.

Koltes: Wir richten unser Augenmerk zunächst auf den Vorsitzenden der Geschäftsführung und den Finanzchef. Da wünschen wir uns typische Buy-out-Manager – mit dem ausgeprägten Wunsch, entscheiden zu können, das Sagen zu haben. Sie sollten sich darauf verstehen, Wert zu schaffen – und keine Lust auf die üblichen Rituale und Machtspiele der Konzerne haben. Nach meiner Schätzung verwenden Manager in Großunternehmen 30 bis 40 Prozent ihrer Arbeitszeit mit solch administrativen und taktischen Dingen. Wenn wir einsteigen, reduziert sich dieser Anteil auf vielleicht 10 Prozent. Wer für uns arbeitet, soll Wert schaffen – das macht Spaß und bringt letztlich allen Beteiligten, auch den Managern, mehr Geld ein.

Halten Mittelständler mittelmäßige und schlechte Manager zu lange im Amt? Warum?

Heraeus: Weil sie um die Ruhe im Gesellschafterkreis fürchten: Wenn sie da auf die Ablösung von Schlüsselpersonen drängen, bekommen die anderen Gesellschafter Angst um ihr Investment und haben den Eindruck, sie hätten die Lage nicht im Griff.

Was wird aus dem Standort Deutschland? Kennt der Mittelstand noch eine Heimat oder agiert er ohne Bindung, ganz global?

Heraeus: Selbst in Familienunternehmen werden die Bindungen schwächer. Auch die Besten müssen in Deutschland viel von ihrer dynamischen Kraft an die Bürokratie und an unsinnige Gesetzeslagen – bestes Beispiel ist das Gleichstellungsgesetz – verschwenden. Man wird als Unternehmer dauernd angesprochen, den Wohnsitz und natürlich das Geschäft zu verlegen. Die Österreicher sind da besonders aktiv, und bei manchen Familien wohl auch erfolgreich.

Koltes: Entgegen einem verbreiteten Vorurteil ist übrigens das System der Mitbestimmung und der Betriebsräte in unseren Augen kein Standortnachteil. Nach unserer Erfahrung schlägt das Herz der Betriebsräte für ihr Unternehmen, mit ihnen können wir gut arbeiten.

Was können wir tun, um die Chancen des Standorts zu verbessern?

Heraeus: Wir müssen uns entschlossen dem Wettbewerb stellen. Schutzzäune, die unseren Wohlstand halten sollen, halten nicht.

Koltes: Mir als Amerikaner fehlt es in diesem Land am Respekt vor so genannten Eliten. Das fängt bei der Bildung an – der Anspruch ist egalitär, nicht elitär. So sinkt das gesamte Niveau – das schadet auch der Wirtschaft. Das Bildungssystem darf die besten Schüler und Studenten nicht im Stich lassen, sondern muss sie fördern.

Heraeus: Wir Unternehmer müssen den Mut haben, nicht alles zu akzeptieren, was als politisch korrekt gilt. Das bedeutet beispielsweise, einen Arbeitsgerichtsprozess auch einmal wirklich stattfinden zu lassen, statt sofort den teuren Vergleich zu suchen. Wir müssen unsere Meinung öffentlich artikulieren, eben auch, wenn wir auf einem Empfang unseren Bürgermeister treffen: Unternehmer sollen ruhig eckige Persönlichkeiten sein.

Koltes: Mut sollen sie auch gegenüber Mitarbeitern zeigen. Und ihr wichtigstes Instrument ist die offene Kommunikation. Die darf nicht nur in eine Richtung gehen, vom Eigner zu den Mitarbeitern, sondern muss auch in der Gegenrichtung funktionieren.

Heraeus: In Sachen Offenheit haben viele Mittelständler noch Defizite. Denn auch die Geschäftszahlen sollten transparent sein – wenn es einmal eng wird, glaubt ihnen sonst die Belegschaft nicht, dass drastische Maßnahmen nötig sind.

Und was wird aus denen, die keine Transparenz aufweisen, bei denen unklare Eigentümerstrukturen herrschen, deren Manager die Instrumente nicht kennen?

Koltes: Dafür gibt es uns, um in schwach aufgestellten Unternehmen eine Konstellation zu schaffen, die Erfolg möglich macht. Für eine optimale Konstellation brauchen Sie ein erstklassiges Team von Vorstandsvorsitzendem und Finanzchef, einen erfahrenen, engagierten, aber sich nicht in das Tagesgeschäft einmischenden Mehrheitsinvestor und einen realistischen, gleichwohl ehrgeizigen Dreijahresplan. Und das funktioniert. Ich habe noch nie erlebt, dass am Ende einer guten Konstellation ein schlechtes Ergebnis stand.

8 Profitables Wachstum: Die Manager haben es in der Hand

Machen die gut fünftausend Unternehmen im Segment der mittelständisch geprägten Großunternehmen so erfolgreich weiter wie bisher, schaffen sie in fünf Jahren knapp eine Million neue Jobs in Deutschland. Die wichtigste Botschaft: Niemand muss auf bessere Rahmenbedingungen warten, um Erfolg zu haben. Der Weg ist vorgezeichnet – die Manager haben es in der Hand.

Finanzinvestor Steve Koltes ist sicher: »Der Schlüssel für den Erfolg liegt in der Qualität des Managements.« Die positive Aussage hat eine Kehrseite: Auch die Verantwortung für Misserfolge liegt dann häufig bei den Unternehmenslenkern, Standortprobleme hin oder her. Und neben den professionellen Schlüsselqualifikationen brauchen die Manager vor allem eine Tugend: Mut. Mut zu unpopulären Schritten, wenn es darum geht die Basis des Erfolgs zu sichern und die Wertschöpfung zu optimieren. Wenn dabei Arbeitsplätze gestrichen werden, bekommt das Management starken Gegenwind. Den muss es aushalten, sonst droht ein Ende wie bei Grundig, wo die notwendigen Einschnitte so lange herausgeschoben wurden, bis es für das ganze Unternehmen zu spät war.

Besser natürlich, das Unternehmen wächst so stark, dass es ohne Belegschaftsabbau in Deutschland seine Produktionsstrukturen optimieren kann. Im Falle unserer mittelständisch geprägten großen Unternehmen ist die Sache für den Standort Deutschland sowie für seine Arbeitnehmer positiv ausgegangen: Allein die rund 700 Unternehmen in der Studie haben in den vergangenen fünf Jahren rund 120.000 neue Jobs in Deutschland geschaffen. Die Lehre: Wachstum und Gewinn schaffen Jobs in Deutschland,

Unternehmen, die ihre Wertschöpfung optimieren, dürfen auch vor schmerzhaften und unpopulären Schritten nicht zurückschrecken. Volkswirtschaftliche Überlegungen müssen andere anstellen, sagte schon der legendäre Chef von General Motors, Alfred Sloane: »The business of business is business.« Wenn jedes einzelne Unternehmen seine Leistung optimiert, so die Theorie, erreicht auch die ganze Volkswirtschaft ihr Optimum an Wohlstand.

Insgesamt betrachtet hat das Segment der Unternehmen zwischen 50 Millionen und 3 Milliarden Euro Umsatz den Rat des General-Motors-Chefs beherzigt und sein Geschäft im Griff – zum Wohle des Landes, dem die gut 5.000 Unternehmen über einen Fünfjahreszeitraum fast eine Million neue Arbeitsplätze brachten und so den Jobabbau der anderen Segmente dämpften. Insgesamt erarbeiten die mittelständisch geprägten Großunternehmen 27 Prozent des Bruttosozialprodukts. Sie beschäftigen rund 5 Millionen Mitarbeiter.

Obwohl die erfolgreichen Unternehmen in einem Zeitraum von fünf Jahren durchweg Arbeitsplätze im Ausland aufbauten (im Schnitt jedes Unternehmen rund 170), schufen sie zugleich fast dreimal so viele Jobs im Inland (knapp 450 im Mittel). Wenn sich die Entwicklung dieser Unternehmen in den nächsten fünf Jahren so fortsetzt, schafft unser Erfolgssegment hochgerechnet fast eine Million neue Arbeitsplätze im Inland – ein eindeutiger Beleg für die These, dass Deutschlands großer Mittelstand zu den Gewinnern der Globalisierung zählt.

Wenn die Nachzügler zu den guten Unternehmen aufschließen können, gibt es Millionen neue Jobs

Auch in der Entwicklung der Mitarbeiterzahlen zeigt sich die zunehmende Polarisierung in Sachen Erfolg zwischen Unternehmen mit gutem und solchen mit schlechtem Management. Die Nachhut der befragten Mittelständler, also die 20 Prozent mit dem geringsten Wachstum und der schwächsten Rendite, haben in Deutschland massiv Arbeitsplätze abgebaut: Pro Unternehmen gingen in den vergangenen fünf Jahren im Schnitt 100 heimische Jobs verloren. Zur selben Zeit stellten die Spitzenreiter mehr als 400 Mitarbeiter ein (Abbildung 41).

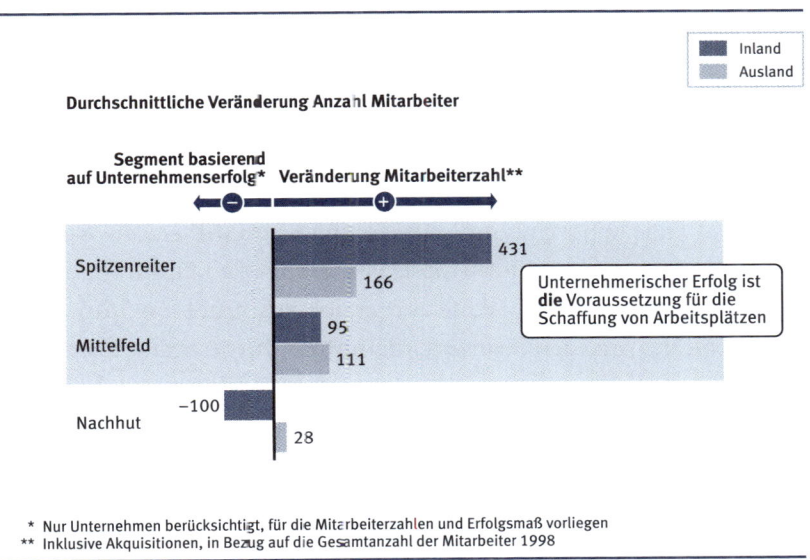

Abbildung 41: Die erfolgreichen Unternehmen schaffen vor allem in Deutschland massiv Arbeitsplätze

Würden alle Segmente der deutschen Wirtschaft sich so erfolgreich entwickeln wie unsere großen Mittelständler, wäre wieder nahezu Vollbeschäftigung möglich, trotz Standortnachteil und Lohnkostenlast.

Was wäre wenn? Eine Modellrechnung

Was geschieht in der deutschen Volkswirtschaft, wenn die mittelständisch geprägten Großunternehmen noch erfolgreicher arbeiten? Wenn entweder durch eine Verbesserung der Rahmenbedingungen oder aber durch einen kollektiven Schritt auf der Lernkurve, also durch besseres Management, 10 Prozent der Unternehmen in die nächsthöhere Erfolgsklasse aufsteigen? Statt 40 erfüllten dann 50 Prozent der Unternehmen die Erfolgskriterien für »Spitzenreiter«, die Kriterien der »Nachhut« träfen nur noch auf 10 Prozent zu. Dazu müssten die Aufsteiger im Schnitt ihre Wachstumsrate um 1,4 Prozent und ihre Rendite um 1,0 Prozent steigern. In Bezug auf die von uns analysierten Erfolgsfaktoren können sie das schaffen, indem sie ihre Investitionen in Forschung und Entwicklung um durchschnittlich 1,5 Prozent vom Umsatz erhöhen, einen zusätzlichen Auslandsmarkt erschließen oder aber im Management dazulernen und um eine »Professionalisierungsklasse« aufsteigen. Dies sind allesamt Maßnahmen, die durchaus im Rahmen der Möglichkeiten liegen. Deutschland und sein großer Mittelstand definieren »best in class« neu.

In einer Modellsimulation lassen sich die Auswirkungen solch einer kollektiven Verbesserung errechnen. Zusätzlich zu der knappen Million Jobs, die allein beim Fortschreiben der Erfolgsgeschichte in fünf Jahren in Deutschland entstehen, brächte die Leistungssteigerung noch einmal zusätzlich gut eine Viertelmillion inländische Arbeitsplätze (Abbildung 42).

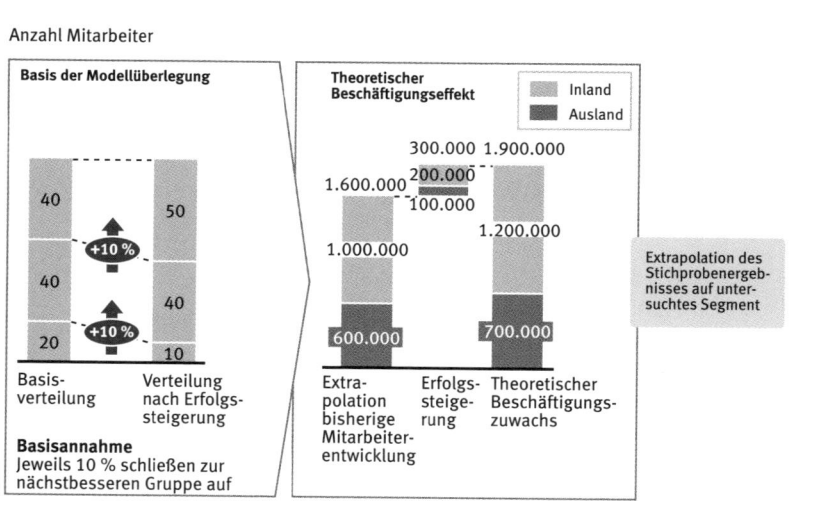

Abbildung 42: Möglicher Beschäftigungseffekt bei Erfolgssteigerung

Eineinviertel Millionen neue Stellen – solche Zahlen beflügeln nicht nur die Phantasie der Politiker. Was wäre wenn die anderen beiden Segmente der Volkswirtschaft, die kleinen und mittleren Betriebe bis 50 Millionen Euro Umsatz sowie die Großkonzerne, den Hebel umlegten und ebenso erfolgreich wie unsere mittelständisch geprägten Großen arbeiteten? Dann entstünden hochgerechnet fast vier Millionen neue Jobs in Deutschland, die Arbeitslosigkeit wäre rechnerisch beseitigt – wenn sich denn die Posten besetzen lassen.

Was macht das Segment so erfolgreich, dass die anderen nicht mithalten können?

Derlei Hochrechnungen werden wohl eine schöne Vision bleiben. Aber warum erreichen die beiden anderen Größensegmente der Wirtschaft nicht die Leistung der mittelständischen Großen? Was prädestiniert unsere Gruppe für den Erfolg?

- Die mittelständisch strukturierten Großunternehmen haben eine vorteilhafte Größe: Sie sind einerseits groß genug, um im internationalen Geschäft mitzumischen und sich den Zugang zur nötigen Finanzierung, zu Managementressourcen sowie zu Forschungs- und Entwicklungsergebnissen sichern zu können. Andererseits sind sie nicht so groß, dass sie Märkte absolut dominieren und schon ausschöpfen – es bleibt ihnen Spielraum für signifikantes Wachstum.
- Dank ihrer mittelständischen Herkunft und Struktur bleibt die Organisation schlank und reaktionsschnell.

David Haines, der früher für Vodafone und Coca-Cola arbeitete, kennt die Welt der Großkonzerne ebenso wie das Leben der Mittelständler: »Früher habe ich mich in Kämpfen mit der Bürokratie und dem System verschlissen«, sagt der Grohe-Chef, »heute geht alles viel schneller und reibungsloser – ein Unterschied, als ob Sie statt einer schweren Limousine einen Gokart steuern.«

Wenn jetzt noch die Rahmenbedingungen besser werden …

Natürlich könnte es auch bei unseren großen Mittelständlern noch besser laufen. Doch dafür, meinen viele der Studienteilnehmer, müsste die Politik die Rahmenbedingungen verbessern. Überbordende Bürokratie, schwache Binnennachfrage und Finanzierungsengpässe nennen sie als wesentliche Wachstumsbremsen. Neben der Reduzierung der bürokratischen Hemmnisse erwarten die Unternehmer vor allem Hilfe bei Investitionen in Forschung und Entwicklung sowie eine Stärkung von Bildung und Fortbildung. Dann könnten die Mittelständler auch die Wachstumschancen offensiver und erfolgreicher angehen (Abbildung 43).

in Prozent der Nennungen

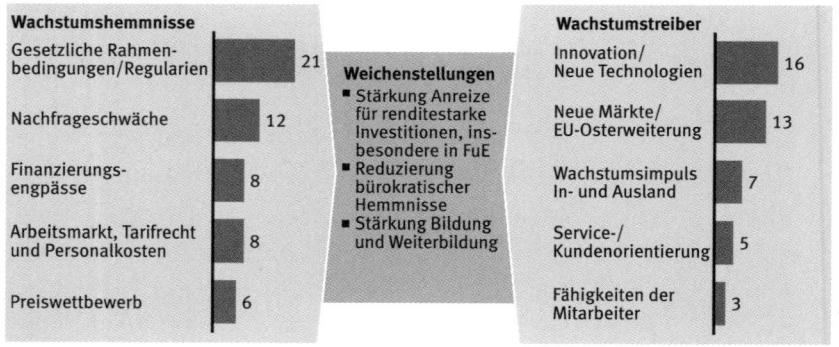

Abbildung 43: Unternehmer und Manager erwarten auch Weichenstellungen durch die Politik

Vier Ansatzpunkte, das wird aus der Umfrage und den Tiefeninterviews deutlich, ergeben sich für die Politik, wenn sie die Erfolgschancen der großen Mittelständler verbessern wollen:

- **Innovation fördern:** Das Wissen ist da, aber es entstehen zu wenig innovative Produkte. Damit Mittelständler, deren Res-

8 Profitables Wachstum: Die Manager haben es in der Hand

sourcen chronisch knapp sind, von dem Know-how in Hochschulen und Forschungseinrichtungen profitieren können, muss
die Zusammenarbeit systematisch gefördert werden. Erste Voraussetzung dafür wäre, die Zuständigkeiten für Innovation und
Zukunft zu bündeln, denn bisher ist mal das Bundesministerium
für Bildung und Forschung, mal das Wirtschaftsministerium,
mal das Umweltministerium Ansprechpartner.

- **Bildung als Investition verstehen:** Hochqualifizierte Kräfte sind
knapp, schlecht ausgebildete Menschen haben kaum noch Chancen auf dem deutschen Arbeitsmarkt: Wer die Leistungsfähigkeit
des Bildungssystems erhöht, baut Arbeitslosigkeit ab und macht
Wachstum möglich, weil Unternehmen, die ihre offenen Stellen
besetzen, eher ihre Marktchancen ausschöpfen können. Ein Teil
der Investitionen sollte in die Universitäten fließen, um durch den
Ausbau von internationalen Austausch- und Förderprogrammen
die Qualität der Ausbildung zu steigern.

- **Moderne Finanzierungsinstrumente zugänglich machen:** Auch
viele mittelständisch geprägte Großunternehmen nutzen bislang
keine modernen Finanzierungsmittel wie *Factoring*, *Securitization* oder Kapitalmarktanleihen. Öffentliche Finanzinstitute
könnten ihnen diese Instrumente gezielt zugänglich machen.

- **Bürokratie abbauen:** Jede neue Regierung verspricht es, und
dann fügt sie fleißig neue Vorschriften hinzu: Auch wenn keiner
mehr an einen Erfolg glaubt, bleibt die Forderung an die Politik
aktuell.

Eine gute Botschaft für den Wirtschaftsstandort Deutschland

Doch natürlich gibt es auch spezifische Schwächen des Segments. Eine
liegt häufig auf der Eigentümerseite: Viele Unternehmerfamilien hem-
men die Entwicklung durch ein zu niedriges Anspruchsniveau in Bezug
auf Wachstum und Rendite. Anstatt sich an den Chancen zu orientieren, definieren sie Vorgaben, die sich an ihren persönlichen Entnahme-
bedürfnissen orientieren. Und wenn dann der Kauf einer neuen

Segelyacht wichtiger ist als die Investition in einen neuen Markt, bleibt das Unternehmen endgültig unter seinen Möglichkeiten.

Auch ein anderes häufiges Problem hat mit den Unternehmerfamilien zu tun: Es geht um die Rolle der Familienmitglieder im Unternehmen – einerseits Söhne und Töchter, die ohne ausreichende Qualifikation auf entscheidenden Posten sitzen, andererseits fehlende oder desinteressierte Nachfolger charismatischer Gründer. »Für diejenigen, die nicht mehr können oder nicht mehr wollen, gibt es ja uns«, sagt Steve Koltes vom Finanzinvestor CVC.

Im lebhaften Interesse der internationalen Fonds an großen deutschen Mittelständlern liegt eine für den Standort tröstliche Botschaft: Diese Profis investieren das Geld ihrer Anleger nicht in Ländern, in denen die Standortbedingungen schlecht und die Voraussetzungen für profitable Geschäfte nicht gegeben sind. Manager wie der Amerikaner Steve Koltes und der Brite David Haines glauben an Deutschland – und an ihr eigenes Können. Sie bestätigen die Ausgangshypothese dieses Buches: Auf das Management kommt es an. Wer ein hohes Anspruchsniveau mit professionellem Management kombiniert, konsequent auf Wachstum setzt und von der Innovation über die Internationalisierung bis zur Professionalisierung seine Prozesse optimiert, hat beste Chancen auf Erfolg.

Und erfolgreiche Mittelständler – auch dies ist eine Mut machende Erkenntnis aus der Studie – investieren überdurchschnittlich am Heimatstandort und schaffen Arbeitsplätze. Die vielen Vorbilder in diesem Buch beweisen: Erfolg ist machbar, hier im Lande, zu heutigen Standortbedingungen. Die Aufgabe geht an alle Manager und Eigentümer: Sie halten den Schlüssel zum Erfolg in der Hand.

Beispielauswertung: Wie die Mittelständler von der Umfrage profitiert haben

Rund 700 Unternehmen haben an der Umfrage zur Mittelstands-initiative »Unternehmertum Deutschland« teilgenommen. Das Mitmachen hat sich gelohnt – jeder Teilnehmer bekam ein individuelles Feedback, das sein Unternehmen mit den Leistungen der Wettbewerber abglich und Stärken sowie Schwächen heraus-arbeitete. So wurde deutlich, wo jeder einzelne Mittelständler ansetzen muss, um noch erfolgreicher zu arbeiten. Lesen Sie die Auszüge aus einem prototypischen Feedback.

Gut 700 Unternehmen in Deutschland haben an der Umfrage teilgenommen

Vergleichsgrundlage

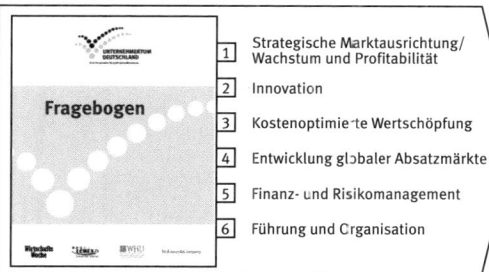
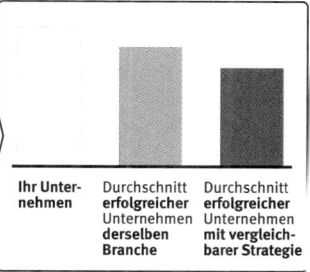

Abbildung 44: Das individuelle Feedback vergleicht das befragte Unternehmen mit erfolgreichen Unternehmen aus derselben Branche und mit vergleichbarer Strategie

Kernergebnisse

Mögliche Ansatzpunkte

1 Strategische Marktausrichtung
- Ausrichtung als Innovationsführer
- Überlegen in Markenportfolio sowie Vertrieb und Marketing

Wachstum und Profitabilität
- Starkes Umsatzwachstum und durchschnittliche Profitabilität führen zur Einstufung ins Mittelfeld

2 Innovation
- Innovationsproduktivität unterdurchschnittlich
- Innovationsfokus und Fähigkeitsprofil weisen Optimierungspotenzial auf

3 Kostenoptimierte Wertschöpfung
- Nutzung von Outsourcing in drei Bereichen
- Produktion nur in Westeuropa

4 Entwicklung globaler Absatzmärkte
- Internationaler Vertrieb mit Fokus auf Europa
- Lernfähigkeit in der Internationalisierung und im internationalen Informationsaustausch verbesserungsbedürftig

5 Finanz- und Risikomanagement
- Verbesserungsbedarf im Versicherungs- und Hedging-Portfolio und in der systematischen Risikoübernahme

6 Führung und Organisation
- Starke und gut eingebundene erste Führungsebene
- Variable Vergütung entspricht Branchendurchschnitt, Weiterbildungsaufwand hoch

A Profitablen Wachstumspfad sichern
- Stärkung Umsatzwachstum globaler Absatzmärkte außerhalb Europas, z.B. in Asien
- Erhöhung der Profitabilität durch Standardisierung und Komplexitätsreduktion

B Kostenoptimierte Wertschöpfung
- Verstärkte Präsenz der Produktion in Low-Cost-Ländern (z.B. Asien)

C Innovation
- Weiterentwicklung der Innovationsfähigkeiten

D Professionalisierung
- Verstärkter Fokus auf systematisches Risikomanagement und Anpassung des Versicherungs- und Hedging-Portfolios

Abbildung 45: Die individuelle Unternehmensauswertung zeigt Ansatzpunkte für profitables Wachstum

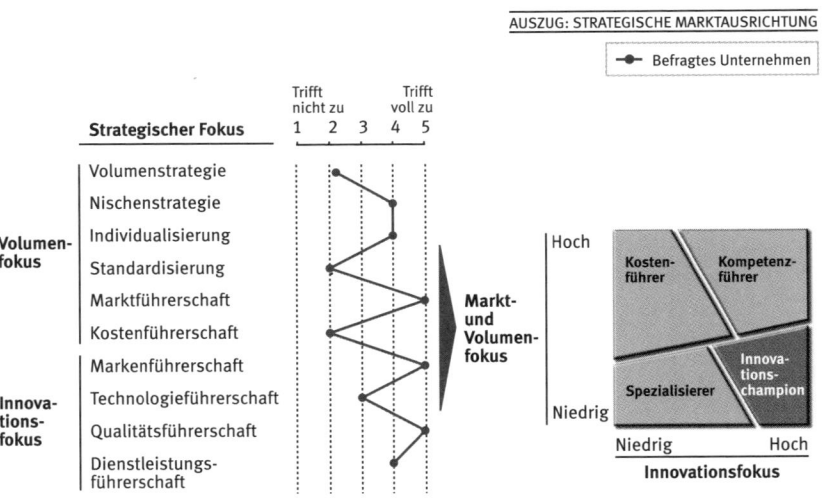

AUSZUG: STRATEGISCHE MARKTAUSRICHTUNG

Abbildung 46: Nach statistischer Zuordnung ist das Unternehmen ein Innovationschampion

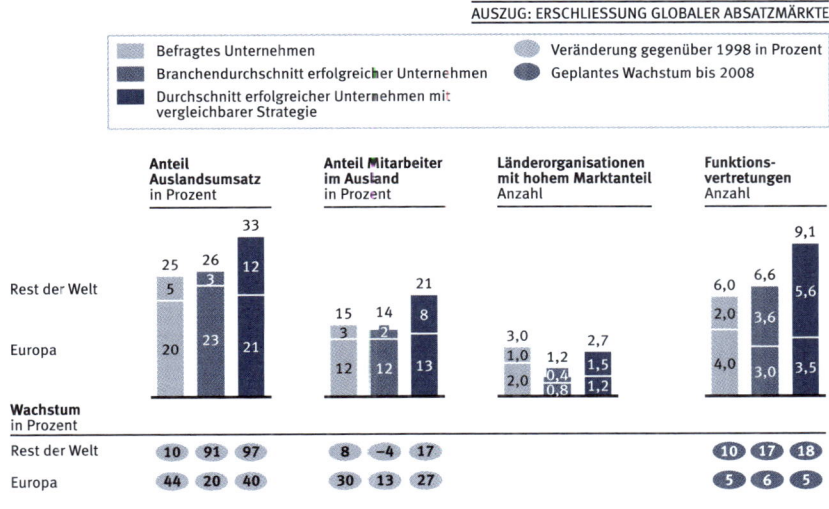

Abbildung 47: Eine Steigerung des Umsatzwachstums ist möglich durch die Erschließung globaler Absatzmärkte außerhalb Europas

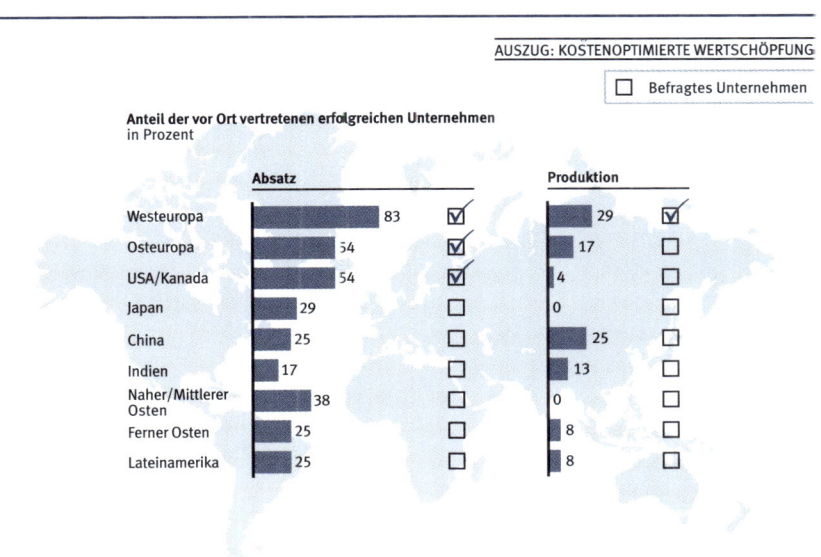

Abbildung 48: Die Ausweitung bzw. Verlagerung der Produktion in Niedriglohnländer, zum Beispiel nach Asien, zur kostenoptimierten Wertschöpfung, scheint sinnvoll

Beispielauswertung: Wie die Mittelständler von der Umfrage profitiert haben

221

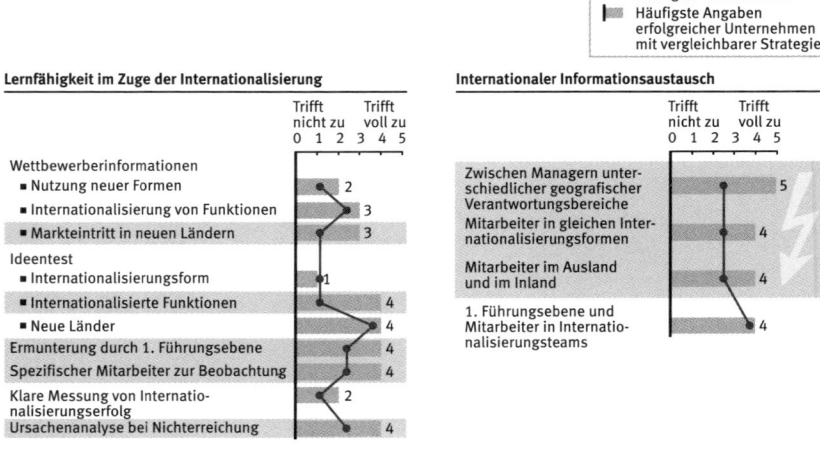

Abbildung 49: Der Internationalisierungsprozess im befragten Unternehmen zeigt Verbesserungsbedarf bei Vorbereitung und laufendem Geschäft

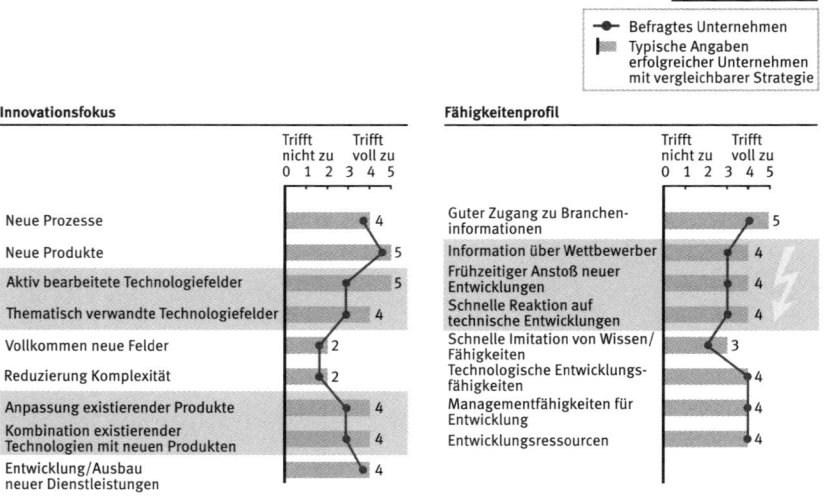

Abbildung 50: Die Weiterentwicklung der Innovationsfähigkeiten bietet weiteres Potenzial zur Performancesteigerung

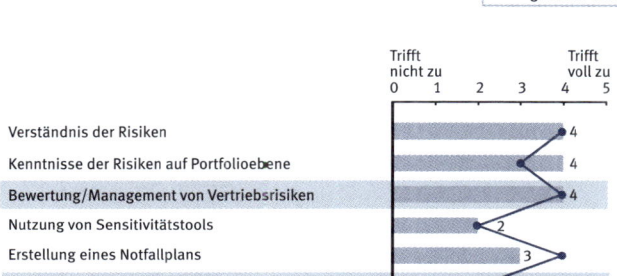

Trifft
nicht zu
0 1 2 3 4 5 Trifft voll zu

Verständnis der Risiken — 4

Kenntnisse der Risiken auf Portfolioebene — 4

Bewertung/Management von Vertriebsrisiken — 4

Nutzung von Sensitivitätstools — 2

Erstellung eines Notfallplans — 3

Systematische Risikoübernahme — 4

Anpassung der Bewertungen nach Risikoübernahme — 4

Zufriedenheit mit Versicherungs- und Hedging-Portfolio — 4

Abbildung 51: Im Finanz- und Risikomanagement sollte verstärkt auf Systematik sowie das Versicherungs- bzw. Hedging-Portfolio geachtet werden

Beispielauswertung: Wie die Mittelständler von der Umfrage profitiert haben

Sachregister

Unternehmensregister

Danksagung

Vier Jahre Engagement in der *Initiative Mittelstand*, rund 700 ausgefüllte Fragebögen in zwei groß angelegten Umfragen: Das bedeutet auch ein beträchtliches Maß an Engagement bei vielen, vielen Beteiligten von der inhaltlichen Konzeption über den Entwurf der Fragebögen und deren Auswertung bis hin zur Dokumentation und Kommunikation der Ergebnisse. Allen Kollegen und Freunden, die zum Gelingen der Umfragen »Unternehmertum Deutschland« und zu diesem Buch beigetragen haben, danken die Autoren herzlich!

Ratgeber, Co-Initiatoren und Sparringspartner: Professor Dr. Ralf Ewert, Professor Dr. Jörg Freiling, Michael Gatermann, Professor Dr. Thomas Hutzschenreuter, Professor Dr. Jürgen Kluge, Barbara Kux, Dr. Philipp Radtke.

Mitarbeiter am Projekt »Unternehmertum Deutschland«: Reinhold Barchet, Jens Echterling, Maria-José Estevão, Sascha Israel, Clemens Kadow, Ph. D., Ulrike Kempkes, Dr. Richard Lenz, Dr. Michael Lierow, Dr. Annette Minn, Nicolai Müller, Christoph Schulte, Dr. Nicole Schneider, Dr. Markus Simon, Dr. Michael Welling.

Weitere Mitarbeit: Josef Arweck, Gernot Brenzel, Martin Checinski, Christiane Dreiers, Hubert Dicks, Ursula Dietrich, Thomas Drabik, Franziska Dyck, Katharin von Gehlen, Gabriele Kandlin, Antje Klemt, Wolfgang Limbeck, Katharina Meffert, Anja Merkert, Rainer Mörike, Daniel Münch, Ursula Neumann, Monika Orthey, Andrea Rapp, Dr. Hella Reese, Dr. Stefan Rehbach, Karen Richter, Katrin Rosendahl, Andrea Schmitz, Gabriele Schmitz, Siham Schahadat, Charlotte Walkling, Andrea Woesler.

Danksagung

Autoreninformation

Dr. Jürgen Meffert ist Director im Düsseldorfer Büro von McKinsey & Company und Leiter der europäischen Telecommunications Practice. Er trat 1990 in die Firma ein, ist seit 1996 Partner, im Jahr 2002 wurde er zum Director gewählt. Seine berufliche Laufbahn begann er 1986 bei der Nixdorf Computer AG, und im Jahre 1987 war er Mitglied des Start-up-Teams der Open Software Foundation.

Dr. Jürgen Meffert ist Ingenieur für Elektrotechnik, hat einen M. B. A. der Kellogg Graduate School of Management/Northwestern University und promovierte in Wirtschaftswissenschaften an der Hochschule St. Gallen (Schweiz). Seine berufliche Laufbahn begann er 1986 bei der Nixdorf Computer AG, und im Jahr 1987 war er Mitglied des Start-up-Teams der Open Software Foundation. Er arbeitete mehrere Jahre in den USA und betreut heute überwiegend Klienten aus der europäischen Telekommunikations- und Hightech-Industrie. Seine Klientenarbeit deckt dabei ein sehr breites Themenspektrum ab: Strategieentwicklung, Innovationsmanagement und Post-Merger-Management gehören ebenso dazu wie die Optimierung der Investitionsplanung oder die Entwicklung einer Preisstrategie. Darüber hinaus leitet er die Mittelstandsinitiative von McKinsey und hat die Umfrage »Unternehmertum Deutschland« initiiert, die empirische Basis des vorliegenden Buches.

Dr. Holger Klein ist Principal im Düsseldorfer Büro von McKinsey & Company und Mitglied der Leadership-Gruppe des europäischen Automotive & Assembly Sector. Er absolvierte sein Studium zum Diplom-Wirtschaftsingenieur an der TU Darmstadt und der Ecole Centrale de Lyon mit dem Schwerpunkt Fahrzeugtechnik. 2001 promovierte er an der TU Darmstadt im Bereich Technologiemanagement.

Dr. Holger Klein hat sieben Jahre Erfahrung in der Leitung von Projekten in der internationalen Automobilindustrie sowie im Maschinen- und Anlagenbau. Der Schwerpunkt seiner Arbeit liegt dabei auf Technologiemanagement, Strategieprojekten sowie Performance-Steigerungsprogrammen. Seit 2002 ist er Mitglied der Leadership-Gruppe der Mittelstandsinitiative von McKinsey und konzentriert sich auf die Beratung mittelständisch geprägter Unternehmen. Zusammen mit Dr. Jürgen Meffert hat er die Studie »Unternehmertum Deutschland« geleitet.

MittelstandPlus
DAS STARKE EXPERTENNETZWERK

Mit dem richtigen Beirat
zum unternehmerischen Erfolg

www.mittelstand-plus.de

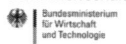